El mundo de la juventud

WRITING AND CONSULTING STAFF
CENTER FOR CURRICULUM DEVELOPMENT

RESEARCH AND WRITING

Writers   MANUEL G. SANDOVAL
GUILLERMO LAWTON ALFONSO

Consulting Editor   MARINA LIAPUNOV
Consulting Linguist   JAMES W. HARRIS, Massachusetts Institute of Technology
Editor   JORGE GARCIA-RODRIGUEZ

CONSULTANTS

General Consultants   NELSON BROOKS, New Haven, Conn.
PIERRE J. CAPRETZ, Yale University

Culture Consultant   RUTH PEÑAHERRERA de NORTON, Southwest Missouri State, University
Greenwood Laboratory School
Springfield, Mo.

TEACHER CONSULTANTS   MARIO FIERROS, Cortez High School
Phoenix, Ariz.
FIORINA MARTINEZ, South Shore High School
Brooklyn, N.Y.
MARTHA D. STROTHER, Highland Park Middle School
Dallas, Tex.
JACK THAYER, Rolling Hills High School
Rolling Hills Estates, Calif.
HENRY P. ZIEGLER, Princeton High School
Cincinnati, Ohio

El mundo de la juventud

Spanish 2

HBJ **HARCOURT BRACE JOVANOVICH, PUBLISHERS**
Orlando   New York   Chicago   San Diego   Atlanta   Dallas

PICTURE CREDITS

Positions are shown in abbreviated form, as follows: *t,* top; *c,* center; *b,* bottom; *l,* left; *r,* right.

TEXT PHOTOS

All photos by Gerhard Gscheidle/HBJ Photo except: Page 12 *tl,* Courtesy of Sociedad Española de Automóviles de Turismo, S.A.; *tc,* Courtesy of Fiat Motors of North America, Inc.; *tr,* Courtesy of Renault, USA, Inc.; *cl,* Courtesy of Volkswagen of America, Inc.; *cc,* Courtesy of Jaguar Rover Triumph, Inc.; *cr,* Courtesy of Chevrolet Motor Division of General Motors Corporation; 50-1, 55-6, 91, *tl,* HBJ Photo; 173 *tcl, bcl, bcc, bcr, br,* HBJ Picture Library; 183 *tl, tr, bl,* Robert Frerck; *bcl,* Jane Latta; 209 *top background,* HBJ Photo; 210 *t,* Richard Melloul/Sygma; 226 *t,* Robert Frerck; *br,* HBJ Photo; 241 *t,* Adam Woolfitt/Woodfin Camp; *b,* Russell Thompson/Taurus Photos; 242 *t, b,* HBJ Picture Library; 249 *t, c,* Leo Monahan; 252 *tl, cl, bc, br,* HBJ Picture Library; *tr,* William Strode/Woodfin Camp; 253 *tr, cl, cc, cr,* 254 *t,* HBJ Picture Library.

PLATES

All photos by Gscheidle/HBJ Photo except Plate 1 *tl, br,* Bookcraft Projects; *tr,* HBJ Photo; Pl. 2 *tl,* L. L. T. Rhodes/Taurus Photos; *tr,* HBJ Picture Library; *cl,* Peter Menzel; *cr,* Russell Abraham/Jeroboam; *b,* Eric Kroll/Taurus Photos; Pl. 3 *cl,* Courtesy Nuestro Publications, photograph courtesy of American Museum of Natural History; Courtesy New Mexico Magazine, photograph by Mark Nohl; *cr,* Courtesy of La Compañía de Teatro de Albuquerque, photograph by Jonathan A. Meyers; Pl. 4 *t,* T. Fujihira/Monkmeyer Press Photos; *c,* Bookcraft Projects; *b,* David Bellak/Jeroboam; Pl. 5 *tl,* Eric Kroll/Taurus Photos; *tr, bl,* H. J. Oppenheimer; *br,* Rosa Fein; Pl. 6 *tl, cl,* HBJ Photo; *tr,* Courtesy of Museo del Barrio, New York City, artists Jorge Soto and Jose Gaztambide; *b,* Bookcraft Projects; Pl. 7, HBJ Photos; Pl. 8 *t,* Bookcraft Projects; *c,* Kerrie La Fontaine; Pl. 9 *t, br,* Robert Frerck; *bl,* David Follansbee; Pl. 10 *t,* Kurt Scholz/Shostal; *bl,* Robert Frerck; *br,* Editorial Photocolor Archives; Pl. 11, Robert Frerck; Pl 12 *tl, tr,* Robert Frerck; *b,* A. L. Goldman/Photo Researchers; Pl. 13 *tr,* Porterfield-Chickering/Photo Researchers; *cl, br,* Robert Frerck; Pl. 14 Robert Frerck; Pl. 15 *t, br,* Robert Frerck; *bl,* HBJ Photo; Pl. 16 *tl* Robert Frerck; *tr,* Christian Vioujard/Gamma; *cl,* David Follansbee; *b,* HBJ Photo; Pl. 18 *tl, tr,* Robert Frerck; *b,* HBJ Picture Library; Pl. 19 T. Fujihira/Monkmeyer Press Photos; *tr, br,* Rosa Fein; *bl,* Bradley Smith/Photo Researchers; Pl. 20, 21, Robert Frerck; Pl, 22, *tr, tl, bl,* Peter Menzel; *br,* Rosa Fein; Pl. 23 *t,* Ronald F. Thomas/Taurus Photos; *cl, cr,* C. Bruce Hunter; *br,* Rosa Fein; Pl. 24 *tl* Charles Marden Fitch/Taurus Photos; *tr,* John Elk III/Bruce Coleman, Inc.; *bl,* Jane Latta; *br,* HBJ Picture Library; Pl. 25 *br,* HBJ Picture Library; Pl. 26 *tl, br,* Peter Menzel; *bl,* Robert Frerck; Pl. 27 *t,* HBJ Photo; *cl, br,* Dr. H. L. Schwartz; *cr,* Carl Frank/Photo Researchers; Pl. 28 *t,* HBJ Picture Library; *cr,* Dr. H. L. Schwartz; *bl,* Peter Menzel; Pl. 29 *tr,* Dr. Georg Gerster/Photo Researchers; *cr,* Carl Frank/Photo Researchers; *br, bl,* Peter Menzel; Pl. 30 *t, c, br,* Carl Frank/Photo Researchers; *bl,* John Moss/Photo Researchers; Pl. 31 *tl,* Carl Frank/Photo Researchers; *tr,* Catherine Ursillo/Photo Researchers; *cl,* HBJ Picture Library; *cr,* Serraillier/Photo Researchers; *br,* Gianni Tortoli/Photo Researchers; Pl. 32 *tl,* Richard B. Peacock/Photo Researchers; *c,* Richard Hufnagle/Monkmeyer Press Photos; *bl,* Carl Frank/Photo Researchers; *br,* Dr. Georg Gerster/Photo Researchers.

ART CREDITS:

Pages 1, 19, 28, 41, 67, 72, 78, 115, 129, 131 *b,* 138, 147, 157, 190, 196, 200, 206, 249, Len Ebert; 49, 193 Bob Brown; 65, 76, 85-6, 105, 140, 159, 177, Lois Ehlert; 7, 94, 97, 146, 161, 172, 182, 227, 233 *b,* Don Crews; 10, 38, 61, 73, 110, 113, 127, 131 *t,* 141, 187, 225, 232, 233 *c,* 234-5, 243, Sven Lindman; 52-3, 241, Michael Vivo. All other maps and mechanical art by HBJ Art.

HBJ photographers: Oscar Buitrago, Glyn Cloyd.

Acknowledgments

We wish to express our gratitude to the young people pictured in this book, to their parents for their cooperation, to the merchants who let us use their premises, and to the many people who assisted us in making this project possible.

Our Friends: Some of our friends have been renamed in the units. In the list that follows, the fictional names appear in parentheses next to the real names. Santiago Puente (Miguel) and his friends Luz and Inés, Unit 25; Olga and Mark (Gon) and their friends Isabel (Silvia) and Berta, Unit 26; Dagoberto Martínez (Beto), Alcides Brito (Pablito) and friends from the fishing village of Bayahibe, Unit 27; Ignacio Portuondo (Pedro), Jorge Díaz-Silveira (Instructor), and Iris, Unit 28; Luz Enid Zayas, Rafael, Daniel, Sergio and Roberto, of the musical group "La Juventud," David, Félix, and Ramón, of the "Trío Lugo," Ángel, Tomás, and Diego, of "Los Playeros," and Irma, Unit 29; Mirta, José Miguel (Pepín), Belén, Aurora, and Eduardo Santos-Espinal (Polanco), their cousins, and friends, Unit 30; Diana Torruella (María) and friends, and José Rodriguez (Jorge), sisters, and friends, Unit 31; Debora Gurman (Isabel) and her cousin Gerardo, Luis Aguirre (Pepe), Alfredo Alberdi (Santi), Alejandro Beale-Caballero (Alex), and his surfer friends, Unit 32; Tomás and Joseph Yánez, Lázaro Rodríguez, Jerry Velásquez, David Ramírez, and Kevin Ramírez, Unit 33; Luz and Graciela, Unit 34; Luisa and Margot, Unit 35; Alejandra Encinas and Lynette Sandoval (Ochoa), Unit 36; Adrián and classmates, Unit 37; Luis Martínez Jiménez, Unit 38; Héctor, Nina, Delia, Flora, Julio, Unit 40.

Teachers: Melania González and Luz María Sandoval (Cuernavaca, Mexico), Lucía Herrero-González (Mexico City); Félix Revilla (Madrid, Spain).

Our special thanks to the following people and institutions: Antonio Hernández of the Mexican Consulate (New York City); Margarita A. de Laris of the Instituto Nacional de Antropología e Historia, Concepción Badillo, familia Encinas, familia González Alarcón and their son Oscar (Mexico City); familia Ortega (Metepec, Mexico); Comité Organizador de las Festividades del Lunes del Cerro, 1978, and Teodora Blanco (Oaxaca, Mexico); familias Bousquet, Gómez-Acebo, Aguirre, and Alberdi, and the Auto-Escuela Orense (Madrid, Spain); José and Betsy Padín, and familias Torruella and Rodríguez (Bayamon, Puerto Rico); familia Llansó-González del Valle and their son Kiko (San Pedro de Macoris, D.R.); Pablito and Mariana Brito (Bayahibe, D.R.); familia Santos-Espinal (Santo Domingo, D.R.); familias Portuondo-LaGuardia and Díaz-Silveira, Elena Alfonso de Casuso, and José M. Herrera, Regional Manager, Miami, Mexicana Airlines (Miami, Fla.); students from Brady Senior High School, hockey team from Humboldt Senior High School, Our Lady of Guadalupe Parish, Thomas Richardson, Keith Warrick, F.S.C., familias Yánez and Coronado (St. Paul, Minnesota); Wolfgang and Clara Peuchert, familia Mora and their son Eugenio, familia Gurman (Caracas, Venezuela); Colegio de Agronomía la Salle (Valencia, Venezuela); familia García Cárdenas (Maracaibo, Venezuela).

Contents

● *basic material*
▲ *grammar*
■ *material for fun and cultural awareness*
▼ *reference*

PHOTO ESSAY   Hispanic Americans in the U.S.   Plates 1–8

Contents   **ix**

El mundo de la juventud

Los automóviles y tú

El coche o automóvil

- el parabrisas
- el volante
- el freno de mano
- el motor
- el faro
- el radiador
- el óvalo
- el neumático
- la placa de matrícula
- la palanca de velocidades
- la carrocería
- la batería

M-4437-BF

los pedales

- el freno
- el acelerador
- el embrague

2 La licencia de conducir ⊗

1

Miguel se matriculará en la autoescuela.

Miguel cumplió 18 años ayer—la edad de conducir automóviles en España. ¡Miguel sacará la licencia de conducir en un mes! Hoy mismo fue a la autoescuela para matricularse. Va a tomar clases teóricas por las noches. Por las tardes practicará en el coche de doble control de la escuela. Ya conoce muchas señales de tráfico porque conduce una moto desde hace dos años. ¡Pronto será un magnífico chófer!

2

Aprenderá las señales de mano…

3

y las señales internacionales de tráfico.

3 Contesten las preguntas.

1. ¿Cuántos años cumplió Miguel ayer?
2. ¿Qué puede hacer Miguel ahora?
3. ¿Qué sacará Miguel?
4. ¿Adónde fue hoy mismo?
5. ¿Para qué fue allí?

6. ¿Qué clases va a tomar por las noches?
7. ¿En qué practicará por las tardes?
8. ¿Qué conduce él ya?
9. ¿Qué conoce él ya?
10. ¿Qué será él pronto?

4 PRÁCTICA ORAL ⊗

5 *In Spain, applicants for a driver's license must be at least eighteen years old. In addition, the applicants must submit two passport-size pictures and proof of a clean police record. They also have to take an eye test. Many applicants for a license take a course in driver education, which includes driving lessons. Driving schools prepare students for both the written examination and the driving test. Tourists with valid foreign licenses are permitted to drive in Spain for a limited length of time. Those with an international driver's license may use it as long as it's valid.*

6 CURSO PROGRAMADO

This is the course that Miguel will follow in order to get his driver's license. Check this program and see how many of these steps you already know. A good driver would know all of them.

Lecciones° de repaso°	Lección	Número del test	NORMAS° Contenido°	
1.ª	1.ª	1 2	Luces y señales obligatorias° de vehículos Luces y señales de tráfico	
	2.ª	3 4	Cómo usar vías públicas Velocidad	
2.ª	3.ª	5 6	Cómo empezar la marcha° Normas generales para conducir	
	4.ª	7 8	Separación entre vehículos Preferencia de paso°	
	5.ª	9 10	Cómo adelantar° a otro vehículo Ceder el paso	
3.ª	6.ª	11 12	Cómo dar la vuelta° Dar marcha atrás°	
	7.ª	13 14	Cuándo parar (paradas°) Cómo estacionar (estacionamiento°)	
4.ª	8.ª	15	Conducir de noche	
	9.ª	16 17	Conducir cuando hay poca visibilidad° Conducir cuando hay nieve o hielo	
5.ª	10.ª	18	Qué hacer en caso de accidente	

PALABRAS ADICIONALES: la norma: *rule, regulation;* la lección: *lesson;* el repaso: *review;* el contenido: *content;* obligatorio, -a: *obligatory, mandatory;* empezar la marcha: *to start the car (moving);* la preferencia de paso: *right of way;* adelantar: *to pass, overtake;* dar la vuelta: *to turn around;* dar marcha atrás: *to back up;* la parada: *stop;* el estacionamiento: *parking;* poca visibilidad: *poor visibility.*

7 Las clases para sacar la licencia de conducir ⊗

Miguel estudia todos los días en la biblioteca de su casa. No va a aprender en un coche de cambios automáticos. Va a aprender en un coche de cambios manuales. Hoy asistiremos a una de sus clases finales.

INSTR.   Vas a frenar un poco, si no, entrarás demasiado rápido en la intersección. En la luz roja, pones el coche en neutro. Ahora, sin olvidar el embrague, vas a salir en primera velocidad. Pisas un poco el acelerador. Si no, se parará el motor. Muy bien. Ahora vas a pisar el embrague, pones el coche en segunda y sigues por esa calle. ¡CUIDADO CON ESE COCHE!

MIGUEL   ¿De dónde salió?

INSTR.   Tienes que tener más cuidado, porque el examinador te dará mala calificación. En la próxima calle vas a cambiar la velocidad. Bien. Vamos a estacionar ahora. Entras de frente. Luego estacionaremos en marcha atrás y entonces regresamos a la escuela.

1

Asistirá a clases y estudiará las normas de circulación.

Usará el coche de la escuela. Aprenderá con el instructor. Conducirá por Madrid.

8 Contesten las preguntas.

1. ¿Dónde estudiará Miguel todos los días?
2. ¿En qué clase de coche aprenderá él?
3. ¿Con quién aprenderá él?
4. ¿Por dónde conducirá Miguel?
5. ¿A qué asistiremos hoy?

6. ¿Qué hace en la luz roja?
7. En la luz verde, ¿en qué velocidad va a salir?
8. ¿Por qué pisa él un poco más el acelerador?

9 PRÁCTICA ORAL ⊗

10 THE FUTURE OF -ar, -er, and -ir VERBS

1. You have learned that the present tense is often used in Spanish to express future time.
   a. With a time expression that refers to future time:
      Miguel llama más tarde. *Miguel will call later.*
   b. When future time is understood from context:
      ¿Llamas más tarde? Sí, llamo.
      Will you call later? *Yes, I'll call.*

2. You also learned that a present-tense form of the verb **ir,** followed by the preposition **a,** and the infinitive of the main verb is also often used in Spanish to express future time.
      Miguel va a llamar. *Miguel is going to call.*

The following chart reviews these two ways of expressing future time.

	Present Tense Expressing Future Time	Present Tense of **ir** + **a** + Infinitive
Yo	**llamo** (mañana).	**voy** a llamar.
Tú	**llamas** (mañana).	**vas** a llamar.
Ud. /Él / Ella	**llama** (mañana).	**va** a llamar.
Nosotros, -as	**llamamos** (mañana).	**vamos** a llamar.
Uds. / Ellos / Ellas	**llaman** (mañana).	**van** a llamar.

3. The *future tense* is yet another way of expressing future time in Spanish. The following chart shows how to form the future tense of regular **-ar, -er,** and **-ir** verbs.

FUTURE TENSE Regular Verbs	
Infinitive	Endings
llamar aprender subir	-é -ás -á -emos -án

a. Notice that future-tense endings are added <u>to the infinitive</u> and not to the stem of the verb, as when forming the present, preterit, and imperfect tenses.

If you add **-é** to the infinitive **llamar,** you get **llamaré.**
If you add **-ás** to the infinitive **aprender,** you get **aprenderás.**
If you add **-emos** to the infinitive **subir,** you get **subiremos.**

b. All future-tense forms have a written accent on the vowel of the last syllable, except in the **nosotros, -as** form: **llamaremos, aprenderemos, subiremos.**

11 Miguel conversa con una amiga. ⊗

No sé si aprenderé a conducir.   ¿Y por qué no aprenderás?
No sé si ellos aprenderán.
No sé si Inés y yo aprenderemos.
No sé si tú aprenderás.
No sé si tú y yo aprenderemos.
No sé si ella aprenderá.
No sé si Uds. aprenderán.

12 Miguel cree que todos estudiarán. ⊗

¿Crees que van a estudiar?   Claro que estudiarán.
¿Crees que vas a estudiar?
¿Crees que voy a estudiar?
¿Crees que tú y yo vamos a estudiar?
¿Crees que Uds. van a estudiar?
¿Crees que va a estudiar?

13 Miguel habla solo. ⊗

¿Mañana cambio el coche?   Sí, cambiaré el coche.
¿Mañana cumple 16 años?
¿Mañana examinan a Inés?
¿Mañana tú y yo estudiamos juntos?
¿Mañana aprendes la lección?
¿Mañana estaciono el coche en el garage?

EJERCICIOS ESCRITOS

A. *Write out the answers to Exercises 11, 12, and 13.*

B. *Rewrite the following sentences, changing all the underlined verbs to the future tense.*
1. Ahora <u>pasas</u> a ese coche por la izquierda. 2. En el semáforo ellos <u>doblan</u> a la derecha. 3. Dos cuadras después, <u>estacionamos</u> frente a la escuela. 4. Entonces tú <u>conduces</u> hasta el final de la calle. 5. Por la noche, Miguel <u>conduce</u> con mucho cuidado. 6. Yo <u>aprendo</u> a conducir en un coche de cambios automáticos. 7. <u>Estudio</u> contigo más tarde. 8. <u>Aprendes</u> conmigo.

EJERCICIO DE COMPRENSIÓN ☉

	0	1	2	3	4	5	6	7	8	9	10
Present + future-time expression											
Present of **ir** + **a** + *infinitive*											
Future tense	✓										

16 Un juego de correspondencia

Can you match the following terms with the corresponding symbols below?

Primeros auxilios°   Animales sueltos°   Curva a la izquierda
Semáforo   Intersección (cruce)   Cruce de peatones
Prohibido° pasar   Vía de bicicletas   Hombres° trabajando
Cruce° de trenes   Velocidad máxima   Gasolina
Doble circulación   Prohibido estacionar   Curva a la derecha
Cruce de niños   Ceder el paso   Entrada en autopista

1

2

3

4

5

6

7

8

9

10

11

12

13

14

15

16

17

18

PALABRAS ADICIONALES: el auxilio: *aid, help;* prohibido, -a: *forbidden;* el cruce: *crossing;* suelto, -a: *loose;* el hombre: *man*

17 Un juego con las reglas del tráfico: ¿Cuántas conoces?

En España, si hay dos o más coches en una intersección, el coche que no tiene otro a su derecha puede pasar primero.

1. ¿Quién tiene que ceder el paso?

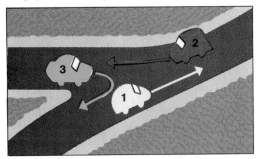

2. ¿En qué orden deben pasar?

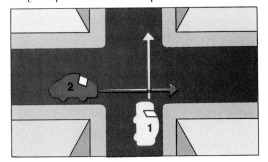

3. ¿En qué orden deben pasar?

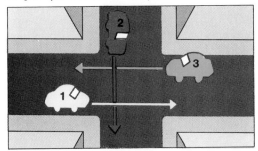

4. ¿En qué orden deben pasar?

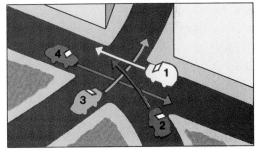

5. ¿Quién pasa primero?

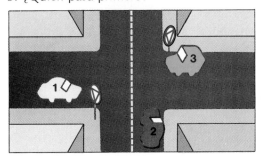

6. ¿En qué orden deben pasar?

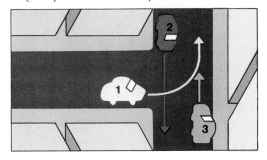

7. ¿En qué orden deben pasar?

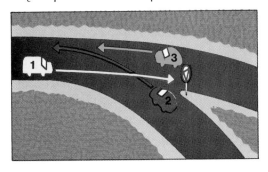

8. ¿Quién conduce correctamente?

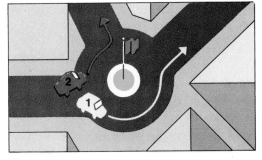

18 El coche de Miguel ⊗

Miguel sale de la autoescuela. Él tendrá el examen de conducir la semana próxima. Hará todo por pasar. ¡Qué dirán sus amigos! Él podrá conducir solo y todo Madrid sabrá quién es el mejor chófer de la ciudad. Ve a su amiga Inés y le da la buena noticia.

INÉS   ¿Nos llevarás a pasear a Luz y a mí? Ella vive en el pueblo de El Escorial pero nosotras pondremos el dinero para la gasolina.

MIGUEL   Gracias, pero ¡no valdrá mucho la gasolina! Es un viaje corto y el coche es muy económico. Hace muchos kilómetros por litro.

INÉS   ¿Vas a comprar un coche nuevo o de segunda mano? ¿Y de qué marca?

MIGUEL   Bueno, mi padre va a comprar un Seat nuevo. Seguro me querrá regalar el coche viejo.

INÉS   ¿Cabremos las dos en tu coche? ¿Habrá espacio para llevar a mi amigo Pierre también?

MIGUEL   Ya verás. El fin de semana próximo saldremos a pasear.

¡Tendrá que tener cuidado con los peatones!

PARA CRUZAR PULSE BOTON

19 Contesten las preguntas.

1. ¿Qué tendrá Miguel la semana próxima?
2. ¿Qué hará Miguel para pasar el examen?
3. ¿Qué podrá hacer Miguel?
4. ¿Qué sabrá todo Madrid?
5. ¿Qué le pregunta una amiga?
6. ¿Cómo se llama su amiga?
7. ¿Dónde vive Luz?
8. ¿Cómo es el coche de Miguel?
9. ¿Cuántos kilómetros hace por litro?
10. ¿Qué va a comprar el padre de Miguel?
11. ¿Qué le querrá regalar su padre?
12. ¿Cuándo saldrán a pasear?

20 PRÁCTICA ORAL ⊗

21 FUTURE TENSE: IRREGULAR FORMS

In Spanish, only a few verbs are irregular in the future tense. The future tense is formed by adding the future-tense endings to an irregular verb-stem rather than to the infinitive. These irregular verbs are listed below.

Infinitive	Stem	Ending
salir, *to go out*	**saldr-**	
tener, *to have*	**tendr-**	
poner, *to put*	**pondr-**	
venir, *to come*	**vendr-**	é
valer, *to be worth*	**valdr-**	ás
		á
poder, *to be able*	**podr-**	emos
saber, *to know*	**sabr-**	án
caber, *to fit*	**cabr-**	
haber, *to have*	**habr-**	
querer, *to want*	**querr-**	
hacer, *to do, make*	**har-**	
decir, *to say*	**dir-**	

1. Notice that in the first group, the last vowel of the infinitive is replaced by **d** to form the stem: **salir** → **saldr-**. In the second group, the last vowel is dropped: **poder** → **podr-**. Hacer and **decir** follow no special rule.

2. In the future tense, the endings are the same for regular and irregular verbs.

22 Luz le pregunta a Miguel. ⊗

¿Tendrás el examen mañana?
¿Hará tu amigo todo para pasar?
¿Dirán tus amigos que él es buen chófer?
¿Podré yo aprender a conducir? ·
¿Tu padre te querrá regalar el coche?
¿Tú y yo saldremos a pasear juntos?
¿Habrá mucho tráfico en la carretera?

Tendré el examen mañana.

23 Ella y Miguel siguen conversando. ⊗

¿Le pondrás agua al radiador?
¿Sabrán Uds. cómo llegar hasta allá?
¿Ellos nos vendrán a buscar?
¿Cabremos mis amigas y yo en el coche?
¿Valdrá cara la batería nueva?
¿Podrás cambiar el neumático tú solo?
¿Querrás cambiar el motor?

Creo que le pondré agua al radiador.

24 En el garaje ⊗

TATO   ¿Lleno el tanque de la gasolina?

CARLOS   Sí, por favor.

TATO   ¿Reviso el aceite?

CARLOS   Gracias, y también el aire de los neumáticos y el agua del radiador. Mañana volveré. Quiero comprar un gato nuevo y otro neumático de repuesto, por si pincho. También necesito una batería nueva y tal vez una linterna.

TATO   Si trae el coche mañana temprano, puedo revisar los frenos y las luces de los faros. Veo que la placa de la matrícula es nueva. ¿Acaba de comprar el coche?

CARLOS   Es un regalo de mi padre. Pero quiero revisar todo: el embrague, el acelerador, el volante, el claxon, los cinturones de seguridad….

TATO   Pues ya verá Ud. Quedará como nuevo. Lola le revisará hasta la carrocería.

25 PRÁCTICA ORAL ⊗

26 ¿Cuántas partes del coche conoces?

Look at the drawing of a car on page 1, and complete the following paragraph.

Lola cree que Miguel quiere revisar su _____ antes de conducir. Seguramente ella le pone aire a los _____ y ve si la _____ tiene agua suficiente. Luego mira si la placa de la _____ está en su lugar, ve si los _____ dan buena luz, y limpia el _____ para ver bien cuando conduce. Entonces entra en el _____. Toma el _____ en sus manos y arranca el _____. Pisa el _____ con el pie izquierdo y cambia la velocidad. Ahora pisa el _____ un poco, y con mucho cuidado sale del garaje para entrar a la calle.

27 Los automóviles en la carretera ⊗

Esa semana Miguel practica todos los días en el fuerte tráfico de Madrid. También practica en la Casa de Campo. Allí hay menos coches y hay menos peligro para él. El sábado revisa su coche y luego va hasta El Escorial. Va a recoger a sus amigas y a un muchacho francés. El chico está pasando unos días en casa de Luz. Deciden ir hasta Toledo, para visitar la Casa de El Greco. Allí van a ver los maravillosos cuadros de este famoso pintor. En la carretera hay muchos coches de turistas que vienen de toda Europa. "Mira ese coche," dice Luz. "¿Ves la **F** en el óvalo, al lado de la matrícula?" "Es un Renault, una marca francesa de coches. Seguramente viene de Francia, como yo," dice el muchacho francés. "Ese VW tiene una **D** en el óvalo — es alemán," dice Miguel. "Veremos quién adivina la nacionalidad de los coches," deciden todos para pasar el rato. Y empiezan a nombrar los países y las nacionalidades de los automóviles de matrícula extranjera que pasan.

MIGUEL	¿Qué marca es ese coche deportivo que viene ahora?
LUZ	La **GB** del óvalo quiere decir que viene de Inglaterra. Es un Jaguar inglés.
INÉS	Y el cacharro que viene atrás, ¿no es de Italia?
PIERRE	Es un coche italiano de los años cincuenta.
LUZ	Para mí, el mejor de todos es ese Chevy americano. ¿Estamos de acuerdo?
MIGUEL	¡Qué va! El mejor de todos es este Seat, muy español, que nos lleva adonde queremos ir.

1 Miguel en la Casa de Campo

2 Los muchachos se reúnen en El Escorial.

3 En la carretera, hacia Toledo

28 **Contesten las preguntas.**

1. ¿Dónde practica Miguel?
2. ¿Quién pasa unos días en casa de Luz?
3. ¿Adónde deciden ir los muchachos?
4. ¿Qué van a visitar en Toledo?
5. ¿De qué país es el coche de la **F**?
6. ¿De qué nacionalidad es el Renault?
7. ¿De qué país y nacionalidad es el VW?
8. ¿De qué país es el coche de la **GB**?
9. ¿De qué nacionalidad es el Jaguar?
10. ¿De qué país y nacionalidad es el cacharro?
11. ¿Y el Seat?

29 **PRÁCTICA ORAL** ⊗

30 La marca, el país y la nacionalidad de los coches ⊗

Un Seat español, de España

Un Fíat italiano, de Italia

Un Renault francés, de Francia

Un Volkswagen alemán, de Alemania

Un Jaguar inglés, de Inglaterra (Gran Bretaña)

Un Chevrolet americano, de los Estados Unidos

31 Las marcas de los automóviles ⊗

En Inglaterra (Gran Bretaña)

En Francia

Austin

Rolls-Royce

MG

Renault

Peugeot

Citroën

En España

En Italia

En Alemania

Alfa-Romeo

Ferrarri

Fíat

Porsche

Mercedes

Volkswagen

32 ¿Cómo son los coches? ⊗

El coche es: grande o pequeño   bueno o malo   cómodo o incómodo
lento o rápido   de lujo o económico   nuevo o de segunda mano
pesado o liviano   ancho o estrecho   bonito o feo

33 ¿Cómo son los automóviles que conoces?

1. El coche de tu amigo, ¿es grande o pequeño; lento o rápido?
2. Y el de tu casa, ¿es de lujo o económico; bonito o feo?
3. El coche de tu mejor amiga, ¿es cómodo o incómodo; ancho o estrecho?
4. Y el de tu profesor, ¿es pesado o liviano; nuevo o de uso?

34 También los muchachos los llaman: ⊗

Un cacharro…   es un coche viejo, lento, malo.
Una limosina…   es un coche grande, pesado, de lujo.
Un coche deportivo…   es un coche pequeño, rápido.
Un convertible…   es un coche con capota que se baja.

35 ADJECTIVES OF NATIONALITY

You already know that adjectives agree in gender (masculine or feminine) and number (singular or plural) with the nouns they describe or modify. Adjectives that refer to nationality also agree in gender and number with the nouns they describe or modify.

	Masculine Singular Form Ends in **-o**		Masculine Singular Form Ends in a Consonant	
Singular	colombiano	colombiana	español	española
Plural	colombianos	colombianas	españoles	españolas

1. Adjectives of nationality, like all other adjectives that end in **-o** for the masculine singular form, end in **-a** for the feminine form. Their plural forms add **-s** to the last vowel.

    chic**o** colombian**o**   chic**a** colombian**a**
    chic**os** colombian**os**   chic**as** colombian**as**

2. There are adjectives of nationality that end in a consonant for the masculine singular form. Unlike other adjectives, the feminine is formed by *adding* **-a** to the final consonant:

    chic**o** españo**l**   chic**a** español**a**

To form their plurals you add **-es** to the masculine singular and **-s** to the feminine singular:

    chic**os** español**es**   chic**as** español**as**

3. If the last syllable of the masculine singular form has a written accent, the accent is dropped in the other forms:

    chico franc**és**   chica franc**esa**   chicos franc**eses**   chicas franc**esas**
    chico alem**án**   chica alem**ana**   chicos alem**anes**   chicas alem**anas**

36 Signos internacionales usados en los coches ⊗

Signos internacionales	País	Adjetivo de nacionalidad (masculino singular)
A	Austria	austriaco
B	Bélgica	belga
BG	Bulgaria	búlgaro
CH	Suiza	suizo
CS	Checoslovaquia	checoslovaco
D	República Federal de Alemania	alemán
DDR	República Democrática Alemana	
E	España	español
F	Francia	francés
GB	Gran Bretaña (Inglaterra)	británico inglés
GR	Grecia	griego
H	Hungría	húngaro
I	Italia	italiano
IRL	Irlanda	irlandés
NL	Holanda	holandés
P	Portugal	portugués
PL	Polonia	polaco
R	Rumania	rumano
SU	Unión Soviética (Rusia)	ruso
USA	Estado Unidos de América	americano
YU	Yugoslavia	yugoslavo

37 Luz quiere saber la nacionalidad de los coches. ⊗

¿Ese coche es francés?

La letra es francesa. Esos coches son franceses.

¿Ese coche es suizo?
¿Ese coche es griego?
¿Ese coche es portugués?
¿Ese coche es húngaro?

38 ¿Cuál es la nacionalidad? ⊗

Mi amigo es francés.

Su hermana es francesa. Ellos son franceses.

Mi amigo es alemán.
Mi amigo es español.
Mi amigo es ruso.

39 Signos internacionales de los países europeos

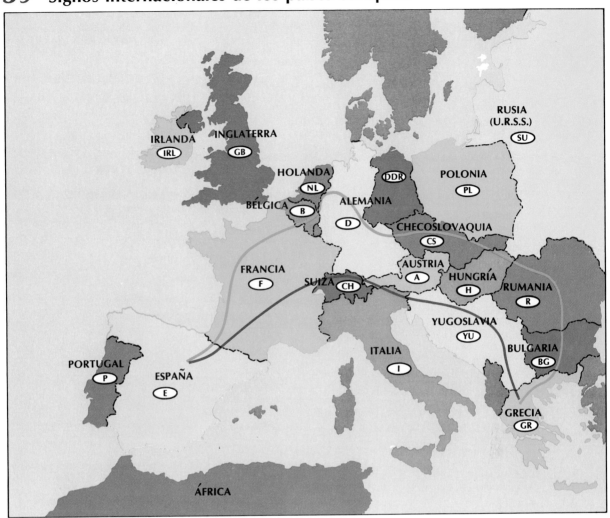

40 EJERCICIO DE CONVERSACIÓN

Le preguntas a un compañero o compañera lo que querrá hacer el próximo fin de semana.
1. ¿Adónde irá? 2. ¿Qué hará allí? 3. ¿Con quiénes estará? 4. ¿Qué coche usarán para ir?
5. ¿Cómo es el coche en que viajarán? 6. ¿De qué marca es? 7. ¿Qué revisarán en el coche
antes de salir? 8. ¿Quién conducirá? 9. ¿A qué hora saldrán? 10. ¿Qué día regresarán?

41 EJERCICIO DE COMPOSICIÓN

Usando el mapa de Europa, escribe una composición de unas 60 a 80 palabras.

   Piensa que darás un paseo en coche por Europa con unos amigos. Saldrán de España y
conducirán hasta Grecia. Sigue la línea roja del mapa de Europa. Escribirás sobre los países
que pasarán y los signos internacionales de estos países. Nos dirás la nacionalidad de las
muchachas de esos países. Ahora sigue la línea verde y cuenta cómo volverán de Grecia a
España por otros países. Nos dirás la nacionalidad de la gente que vive en cada país.

VOCABULARIO

1–17

el **acelerador** *accelerator, gas pedal*
la **autoescuela** *driving school*
el **automóvil** *car, automobile*
la **batería** *battery (of car)*
la **biblioteca** *library*
los **cambios automáticos** *automatic shift*
los **cambios manuales** *manual shift*
la **carrocería** *body (of car)*
el **chófer, la ch.** *driver, chauffeur*
el **embrague** *clutch*
el **examinador, -a** *examiner*
el **faro** *headlight*
el **freno** *brake*
el **freno de mano** *hand (emergency) brake*
el **instructor, -a** *instructor*
la **intersección** *intersection*
la **licencia de conducir** *driver's license*
el **motor** *motor*
el **neumático** *tire (of car)*
el **óvalo** *oval plaque that identifies nationality of car registry*
la **palanca de velocidades** *gear shift*
el **parabrisas** *windshield*
el **pedal** *pedal*
la **placa de matrícula** *license plate*
el **radiador** *radiator*
la **señal de mano** *hand signal*
el **volante** *steering wheel*

correctamente *correctly, the right way*
final *final*
internacional *international*
próximo, -a *next*
rápido, -a *fast*
teórico, -a *theoretical*

aprenderá *(he) will learn*
asistir a *to attend*
  asistirá a *(he) will attend*
  asistiremos a *we will attend*
conducir *to drive*
  conducirá *(he) will drive*
dará *(he) will give*
entrarás *you (fam.) will enter*
estacionar *to park*
estudiará *(he) will study*
frenar *to brake*
matricularse *to register, sign up*
  se matriculará *(he) will register*
pararse *to stop*
  se parará *(it) will stop*
pasar *to pass, go ahead*
pisar *to step on*
regresar *to return*
sacar *to obtain, get, take out*
  sacará *(he) will get*
será *(he) will be*
usará *(he) will use*

de doble control *dual control*
hoy mismo *today, right now*
si no *otherwise, if not*

cambiar la velocidad *to shift gears*
cumplió...años *was...years old*
de frente *head-on*
desde hace...años *...years ago*
en marcha atrás *in reverse*
en neutro, primera, segunda *in neutral, first, second gear*
sacar la licencia *to get one's license*
salir en primera *to start in first gear*
sin olvidar *without forgetting*

18–26

el **aceite** *oil*
el **aire** *air*
el **cinturón de seguridad** *seat belt*
el **claxon** *horn*
el **espacio** *space*
la **gasolina** *gas, gasoline*
el **gato** *jack*
la **noticia** *news*
el **orden** *order*
la **regla** *rule, regulation*
el **tanque** *tank*

económico, -a *economical*

caber *to fit*
  cabremos *we will fit*
dirán *(they) will say*
haber *to have*
  habrá *there will be, it will have*
hará *(he) will do*
podrá *(he) will be able*
pondremos *we will put*
querrá *(he) will want*
revisar *to inspect, check*
sabrá *(he) will know*
saldremos *we will go out*
tendrá *(he) will have*
tendrá que *you (pol.) will have to*
valer *to cost*
  valdrá *(it) will cost*

hasta *even*

de repuesto *spare (tire)*
de segunda mano *second-hand*
¿En qué orden deben pasar? *In what order should they proceed?*
hace muchos kilómetros por litro *it gets good kilometers (mileage) per liter*
hará todo por pasar *(he) will do anything to pass*
por si pincho *in case I get a flat tire*
quedará como nuevo *it will be like new*
tener cuidado *to be careful*
todo Madrid *all of Madrid*

27–41

el **cacharro** *jalopy*
la **capota** *top (of convertible)*
el **coche deportivo** *sports car*
el **convertible** *convertible*
la **limosina** *limousine*
la **marca** *make, brand*
la **matrícula extranjera** *foreign license plate*
la **nacionalidad** *nationality*
el **cuadro** *painting, picture*

estrecho, -a *narrow*
incómodo, -a *uncomfortable*
lento, -a *slow*
liviano, -a *light*
pesado, -a *heavy*
seguramente *surely*

adivinar *to guess*
nombrar *to name*
recoger *to pick up*

de los años cincuenta *from the 50's*
de lujo *luxurious*
de maravilla *a marvel*
estar de acuerdo *to agree*
que se baja *that goes down*
¡Qué va! *No way!*
quiere decir *means*

Nuestros amigos trabajan

2 Trabajos de verano ⊗

¡Gon ya está trabajando en el picadero! Todo empezó hace una semana. Su hermana Olga le habló del lugar donde ella trabaja. "¿Te gustaría trabajar en el picadero? ¿Querrías ser mi ayudante?" le preguntó ella. "Claro, me gustaría y querría ser tu ayudante. Sería maravilloso trabajar allí," contestó él. Entonces él pensó: "Yo abriría una cuenta de banco. Aprendería a ahorrar y me compraría un caballo." Tal vez no le darían el trabajo porque sólo tiene 14 años. Pero iría con Olga al picadero a pedir trabajo. Y así lo hizo, y ese mismo día le dieron el trabajo.

Al principio Gon estaba asustado. ¿Lo obedecerían sus alumnos? ¿Aprenderían a montar a caballo? Lo mejor sería tener mucho cuidado. Pero, ¿qué otro trabajo de verano le gustaría más? Le pagarían cinco pesos la hora por ayudar con las clases de los alumnos nuevos y lo dejarían montar gratis. ¡Un sueño hecho realidad!

3 Contesten las preguntas.

1. ¿Dónde está trabajando Gon?
2. ¿Cuándo empezó todo?
3. ¿Qué le preguntó Olga a Gon?
4. ¿De quién querría él ser ayudante?
5. ¿Qué sería maravilloso para él?
6. ¿Qué abriría él?
7. ¿Qué aprendería?
8. ¿Qué se compraría?
9. ¿Qué no le darían tal vez? ¿Por qué?
10. ¿Con quién iría al picadero? ¿A qué?
11. ¿Qué sería lo mejor?
12. ¿Le gustaría otro trabajo más que éste?
13. ¿Cuánto le pagarían por hora?
14. ¿Por ayudar con qué clases?

4 ¿Qué crees tú?

1. ¿Te gustaría aprender a montar a caballo? ¿Por qué?
2. ¿Querrías trabajar en el verano? ¿Dónde querrías trabajar?
3. ¿Qué clase de trabajo te gustaría?
4. ¿Alguno(-a) de tus amigos(-as) trabaja? ¿Qué hace? ¿Dónde trabaja?
5. ¿Crees que trabajar es bueno o malo para los muchachos y las muchachas? ¿Por qué?

5 PRÁCTICA ORAL ⊗

6 ¿Cómo son los trabajos de los amigos de Olga y Gon? ⊗

Una encontró trabajo en una gasolinera. Es muy duro.

Su amigo trabaja en un restaurante. Es muy fácil.

Otro trabaja de vendedor en una tienda de juguetes. A veces es aburrido.

Esta muchacha buscó trabajo en una pastelería. Le pagan por hora.

Su amigo maneja la caja registradora. Al principio es un trabajo muy difícil.

Otra cuida niños por hora. Ella tiene que tener mucha paciencia.

Lourdes es empleada de un taller de bicicletas. Le pagan semanalmente.

Gustavo trabaja en un banco. Es un trabajo interesante. Le pagan mensualmente.

Su hermana trabaja en una tienda de ropa. Su trabajo es divertido y bien pagado.

7 PRÁCTICA ORAL ⊗

8 THE CONDITIONAL OF -ar, -er, and -ir VERBS

Lean los siguientes ejemplos. ⊗

> Gon **comprar**ía un caballo.
> Él **aprender**ía a ahorrar.
> Él **abrir**ía una cuenta de banco.

What do these sentences mean? Do they refer to what happened, what will happen, or what would (or might) happen? To what form of the verb are the endings attached? Are the endings the same for **-ar, -er,** and **-ir** verbs?

9 Lean el siguiente resumen.

1. The *conditional* is used to express a condition, something that *would* or *could happen if...* The usual English equivalent of the Spanish conditional is *would* + *verb*.

Gon compraría un caballo.	*Gon would buy a horse.*
Él aprendería a ahorrar.	*He would learn how to save.*
Él abriría una cuenta de banco.	*He would open a bank account.*

2. The conditional, like the future tense, is formed by adding the endings to the *infinitive* of the verb. The following chart shows the verbs **comprar**, **aprender**, and **abrir**, (**-ar**, **-er**, and **-ir** verbs) in the conditional.

CONDITIONAL: REGULAR FORMS					
comprar		**aprender**		**abrir**	
Compraría	un caballo.	**Aprendería**	a montar.	**Abriría**	una cuenta.
Comprarías	un caballo.	**Aprenderías**	a montar.	**Abrirías**	una cuenta.
Compraría	un caballo.	**Aprendería**	a montar.	**Abriría**	una cuenta.
Compraríamos	un caballo.	**Aprenderíamos**	a montar.	**Abriríamos**	una cuenta.
Compraría	un caballo.	**Aprenderían**	a montar.	**Abrirían**	una cuenta.

Notice that the endings of the conditional are the same as the endings used to form the imperfect tense of **-er** and **-ir** verbs: **-ía, -ías, -ía, -íamos, -ían**.

3. Only verbs that are irregular in the future are irregular in the conditional. The stem of the conditional is the same as the stem of the future. The following chart reviews the verbs that are irregular in both the conditional and the future.

CONDITIONAL: IRREGULAR FORMS		
Infinitive	*Stem*	*Ending*
salir, *to go out*	**saldr–**	
tener, *to have*	**tendr–**	
poner, *to put*	**pondr–**	
venir, *to come*	**vendr–**	
valer, *to be worth*	**valdr–**	**ía**
poder, *to be able*	**podr–**	**ías**
saber, *to know*	**sabr–**	**ía**
caber, *to fit*	**cabr–**	**íamos**
haber, *to have*	**habr–**	**ían**
querer, *to want*	**querr–**	
hacer, *to do, make*	**har–**	
decir, *to say*	**dir–**	

4. The endings of the conditional are the same for regular and irregular verbs: **-ía, -ías, -ía, -íamos, -ían.** Notice that <u>all</u> the verb forms in the charts above have a written accent on the **í**.

10 ¿Qué compraríamos con el dinero? ⊗

¿Qué compraría Gon?
¿Y tú?   ¿Y Uds. dos?   ¿Y ellas?   ¿Y yo?   ¿Y Olga?   ¿Y mi amigo y yo?

Gon compraría muchas cosas.

11 ¿Qué haríamos? ⊗

¿Irías al picadero?
¿Montarías a caballo?
¿Trabajaríamos por la tarde?
¿Volverías a la pastelería?
¿Buscarían Uds. trabajo en el banco?

Claro que iría al picadero.

12 ¿Cómo buscaríamos trabajo? ⊗

¿Escribirías una carta?
¿Uds. llamarían por teléfono?
¿Olga y yo le preguntaríamos a la maestra?
¿Yo hablaría con mis amigos?
¿Gon leería el periódico?
¿Harías un anuncio para buscar trabajo?

Sí, escribiría una carta.

13 ¿Qué pensó Olga? ⊗

¿Ya él fue a la gasolinera?
¿Ya ellos trabajaron en la caja?
¿Ya preguntaste en la farmacia?
¿Ya Uds. comieron en el restaurante?
¿Ya ella llegó del supermercado?
¿Ya pasaste por el banco?
¿Ya Uds. le escribieron al hotel?

Yo pensé que iría más tarde.
Yo pensé que trabajarían más tarde.

14 EJERCICIOS ESCRITOS

A. *Write out the answers to Exercises 10, 11, 12, and 13.*

B. *Rewrite the following paragraph, changing all the underlined verbs to the conditional.*
¿Quieres trabajar en un hospital durante el verano? Creo que puedes ganar buen dinero. Tienes que llegar a las nueve de la mañana, pero te dan una hora para almorzar. Tu trabajo termina a las tres y entonces tienes toda la tarde libre. Te gusta ganar dinero, ¿no? Pues magnífico. Lo mejor es empezar hoy mismo.

15 EJERCICIO DE CONVERSACIÓN

Le preguntas a un compañero o a una compañera si le gustaría trabajar en el verano. En qué querría trabajar, dónde, si el trabajo sería interesante, por qué, si estaría bien pagado, qué haría con su dinero, qué días tendría que trabajar, qué horas. Después, tu compañero o compañera te preguntará a ti y tú contestarás sus preguntas.

16 ¿Cómo sería el trabajo de Olga? ⊗

1
Según Olga, ella trabajaría todos los días.

2
Escogería las monturas de los jinetes.

3
Entonces sacaría los caballos a la pista.

4
Después enseñaría a los alumnos nuevos.

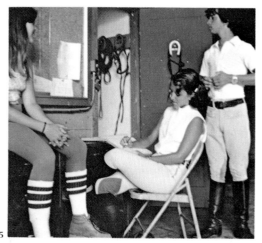

5
Gon la ayudaría a llevar los libros.

6
Y ella les daría instrucciones a sus alumnos.

A las once de la mañana, los hermanos se ponen la ropa de montar y las botas. Entonces chequean el libro en que anotan sus clases diarias, para saber cuántos jinetes vienen ese día.

GON ¡Qué bien, Olga! Robertito ensilló su caballo él solo.

OLGA Mejor chequea la cincha, se puede caer la montura. ¡Cuidado con Elsa, que no llega a los estribos! ¡Todo puede pasar!

Cuando los muchachos saltan la barrera, porque es peligroso, Olga y Gon trabajan juntos.

Robertito querría ensillar su caballo él solo.

Gon podría dar algunas clases él solo.

Así Olga podría descansar un rato.

17 Contesten las preguntas.

1. ¿Qué haría Olga todos los días?
2. ¿Qué escogería luego?
3. ¿Adónde sacaría los caballos?
4. ¿Qué haría después?
5. ¿Quién la ayudaría a llevar los libros?
6. ¿A quién le daría instrucciones ella?

7. ¿A qué hora se ponen la ropa de montar?
8. ¿Qué chequean los hermanos?
9. ¿Para saber qué?
10. ¿Quién ensilla su caballo solo?
11. ¿Quién no llega a los estribos?
12. ¿Cuándo trabajan Olga y Gon juntos?

18 PRÁCTICA ORAL ⊙

19 EJERCICIOS DE COMPRENSIÓN ⊙

A.

	0	1	2	3	4	5	6	7	8	9	10
Conditional	√										
Imperfect											

B.

	0	1	2	3	4	5	6	7	8	9	10
Conditional	√										
Future											

CLASIFICADOS DE PERIÓDICO ⊗

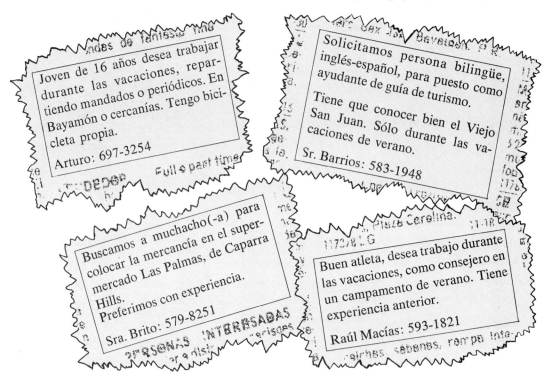

Joven de 16 años desea trabajar durante las vacaciones, repartiendo mandados o periódicos. En Bayamón o cercanías. Tengo bicicleta propia.

Arturo: 697-3254

Solicitamos persona bilingüe, inglés-español, para puesto como ayudante de guía de turismo.

Tiene que conocer bien el Viejo San Juan. Sólo durante las vacaciones de verano.

Sr. Barrios: 583-1948

Buscamos a muchacho(-a) para colocar la mercancía en el supermercado Las Palmas, de Caparra Hills.
Preferimos con experiencia.

Sra. Brito: 579-8251

Buen atleta, desea trabajo durante las vacaciones, como consejero en un campamento de verano. Tiene experiencia anterior.

Raúl Macías: 593-1821

ANUNCIOS DE TRABAJOS DE VERANO EN EL TABLÓN DE LA ESCUELA

Alumna de secundaria quiere trabajar en hoteles durante el verano. Acepta cualquier tipo de trabajo. Muy cumplidora. Luisa Sánchez: 692-1524

Doy clases de inglés, individuales o en grupo. Lunes, miércoles y viernes, de 5-8. $10 la hora. Ana Nieves: 765-9347. Calle Mercado #12, Río Piedras

Pensión La Rosa Isla Verde
Se solicita muchacho (-a) para servir desayuno y almuerzo. Trabajo ligero. Buen sueldo y comidas. Referencias.
945-3219 Doña Rosa

Acepto candidatos para aprender a navegar a vela. Precios módicos, por hora. Sábados y domingos, 9-6. Marina de Fajardo, Muelle 3. Preguntar por Hilda Rodríguez

21 Contesten las preguntas.

1. ¿Dónde quiere trabajar el atleta?
2. ¿Qué quiere repartir el joven?
3. ¿Qué puesto ofrece el supermercado?

4. ¿Qué enseña Ana Nieves? ¿Qué días?
5. ¿Qué solicita la pensión La Rosa?
6. ¿Quién enseña a navegar a vela? ¿Dónde?

22 ¿Y tú?

1. ¿Dónde y cómo buscarías trabajo?
2. ¿Qué días podrías trabajar?
3. ¿Qué horas querrías trabajar?

4. ¿Qué tipo de trabajo podrías hacer?
5. ¿Cómo querrías que te pagaran? ¿Cuánto?
6. ¿Qué harías con el dinero de tu trabajo?

23 PRÁCTICA ORAL ⊗

24

Thousands of Puerto Rican young people find a wide variety of summer jobs made available to them through a number of government-sponsored programs. The work experience ranges from helping in hospitals and other social-services agencies to keeping up the island's public beaches and park areas. The tourism industry also offers many job opportunities. Although the tourist season is at its peak during the winter months, many visitors prefer to take advantage of the lower off-season rates of the spring, summer, and fall. San Juan and the major cities have many hotels and family-run pensiones where high-school students can find part-time work during the school year and vacations. Shops of all kinds also employ students, and many young people find their own ways of earning their own money by forming musical combos or offering personal services, such as babysitting and tutoring.

25 El "part-time" de Silvia ⊗

Durante el año escolar, Silvia trabaja un *part-time* tres días a la semana, después que termina sus clases. Ella trabaja en una pastelería que queda cerca de su casa. Trabaja detrás del mostrador. Ella sirve refrescos, pastelillos y muchas otras cosas a los clientes de la pastelería.

También hace tostadas en la tostadora y enciende la cafetera. Pone a enfriar en el refrigerador las botellas y latas de refrescos. Ella prepara las ensaladas y corta en lascas los quesos, el jamón y la pierna de cerdo. Silvia cobra las cuentas y maneja la caja. Todos pasan un rato muy agradable conversando con Silvia. Para ella es una gran experiencia. Al final del día, ella barre el piso un poco y limpia el mostrador. Después apaga las luces y cierra la tienda. Hoy ella es la jefa y la vemos atendiendo a su clientela.

SILVIA	Entre, señora, pase Ud. Venga acá. Ud. tiene el primer turno.
CLIENTE	¿Tiene¹ algo sabroso para picar?
SILVIA	Coma este pastelillo de guayaba. Acabadito de hacer. ¿Le gusta?
CLIENTE	¡Delicioso! Mire, ponga Ud. dos docenas en una bolsa.
SILVIA	Son seis pesos. ¿Quiere algo más?
CLIENTE	Sí, no cierre la cuenta. También quiero un pan fresco y tres paquetes de palitroques. Ah, ¿me da un refresco? Por favor, abra la lata. Lo voy a tomar aquí.

Y así, atendiendo al público, se va el día.

3

¡Acabaditos de salir del horno!

26

Contesten las preguntas.

1. ¿Dónde trabaja Silvia?
2. ¿Qué sirve ella?
3. ¿Qué otras cosas también hace ella?
4. ¿Qué corta en lascas?
5. ¿Qué cobra y qué maneja ella?

6. ¿Qué hace al final del día?
7. ¿Qué dice la cliente?
8. ¿Cuántos pastelillos compra?
9. ¿Qué más quiere la señora?
10. ¿Cómo se va el día?

27

¿Y a ti?

1. ¿Dónde te gustaría tener un *part-time*?
2. ¿Qué clase de *part-time* te gustaría?

3. ¿Sería una buena experiencia? ¿Por qué?
4. ¿Cuánto crees que te pagarían por hora?

28

PRÁCTICA ORAL ⊗

29

FORMAL COMMANDS
usted AND ustedes FORMS

Lean los siguientes ejemplos. ⊗

¿**Entro** yo ahora?	¡**Entre** usted ahora!
¿**Como** yo temprano?	¡**Coma** usted temprano!
¿**Abro** yo la puerta?	**Abra** usted la puerta.

What do these sentences mean? Are the left-hand sentences questions or commands? and the right-hand sentences? Do the commands use **tú** or **usted**? Are the commands addressed to one person or several? Is the verb in the first pair of sentences an **-ar, -er,** or **-ir** verb? and the verb in the second pair of sentences? and in the third?

¡**Entren** ustedes!
¡**Coman** ustedes temprano!
No **abran** la puerta.

Are these commands addressed to one person or several? How is the plural command formed?

¹ The customer does not know Silvia, therefore she uses **Ud.** to address her.

30 Lean el siguiente resumen.

Formal commands direct or request one or more persons—whom you address as **usted** or **ustedes**—to do something. The following chart shows the formal commands.

Infinitive	Stem	Singular Formal Command	Plural Formal Command
entrar	**entr-**	**entre** usted	**entren** ustedes
comer **abrir**	**com-** **abr-**	**coma** usted **abra** usted	**coman** ustedes **abran** ustedes

1. To form the **usted** formal command of regular **-ar** verbs, you add **-e** to the verb stem.
2. To form the **usted** formal command of regular **-er** and **-ir** verbs, you add **-a** to the verb stem.
3. To form the plural **ustedes** form, you add **-n** to the **usted** formal command.
4. Subject pronouns may be used with formal commands for emphasis or politeness.

¡**Venga usted** mañana!
No **cierre usted** la cuenta, por favor.

31 La jefa le contesta a Silvia. ⊗

Señora, ¿trabajo detrás del mostrador?   Trabaje detrás del mostrador, por favor.
Señora, ¿corto el queso?   ¿Preparo la ensalada?   ¿Cobro la cuenta?   ¿Limpio el mostrador?   ¿Barro el piso?

32 Silvia le pregunta al jefe. ⊗

¿Vendo el jamón?   Sí, venda el jamón.
¿Abro la caja registradora?   ¿Meto los pastelillos en el horno?   ¿Subo los refrescos?
¿Como ahora?   ¿Escribo la cuenta?

33 EJERCICIO ESCRITO

Write out the answers to Exercises 31 and 32.

34　IRREGULARITIES IN THE FORMAL COMMANDS

1. Most verbs that are irregular in the **yo** form of the present tense show the same irregularity in the formal commands.

Infinitive	yo Form Present Tense	Singular Formal Command	Plural Formal Command
cerrar	**cierro**	**cierre**	**cierren**
poner	**pongo**	**ponga**	**pongan**
pedir	**pido**	**pida**	**pidan**

2. The formal command forms of **saber** and those verbs whose **yo** form ends in **-oy** are <u>not</u> formed from the **yo** form of the present tense. The following chart shows the singular and plural command forms of some of these verbs.

Infinitive	Singular Formal Command	Plural Formal Command
saber, to know	**sepa**	**sepan**
estar, to be	**esté**	**estén**
dar, to give	**dé**	**den**
ser, to be	**sea**	**sean**
ir, to go	**vaya**	**vayan**

35 La jefa le dice a Silvia lo que no debe hacer. ⊗

¿Pido más lechuga?   No, no pida más lechuga.

¿Enciendo la cafetera?   ¿Hago la ensalada?   ¿Traigo los quesos?   ¿Pongo las botellas allí?   ¿Caliento el sandwich?   ¿Enfrío los refrescos?   ¿Cierro la tienda?

36 EJERCICIO ESCRITO

Rewrite the following paragraph, changing the underlined verbs to the formal command form.
<u>Va</u> a la panadería y <u>trae</u> diez panes frescos. Entonces <u>pone</u> los helados en el refrigerador y <u>limpia</u> el mostrador. <u>Prepara</u> algunas hamburguesas y <u>atiende</u> al público hasta la hora de almuerzo. <u>Termina</u> de trabajar después de almuerzo y no <u>vuelve</u> hasta mañana.

37 ¿Qué harán con el dinero de sus trabajos? ⊗

Silvia usa una cuarta parte de su dinero para comprar ropa.

Su amiga no ahorra. Se compra una moto.

Gon ahorra la mitad de su sueldo y se compra un barquito.

Un amigo invierte en una bicicleta. Es muy útil para repartir periódicos.

Olga guarda su dinero en el banco para ir a la universidad.

Su amigo toma clases de guiar.

38 ¿Cómo dividirías tu sueldo?

1. ¿Qué parte de tu sueldo vas a ahorrar?
2. ¿Qué parte usarías para tus gastos?
3. ¿Y para tus diversiones?
4. ¿Y para regalos a tus amigos y familia?
5. ¿Comprarías cosas útiles o cosas para placer?

39 PRÁCTICA ORAL ⊗

40 En el campamento de verano ⊗

Durante el verano, Silvia trabaja como consejera en un campamento de verano para niñas. "A ver, abran bien los brazos. Salten a tiempo. Uno, dos, tres, ¡todas a la vez!" grita Silvia. Luego vienen las carreras de obstáculos. Silvia toca el silbato y todas salen corriendo. De pronto, una se cae... ¡y no se levanta! Por suerte no es nada serio y las muchachas pueden seguir sus clases. Ahora, todas van al tiro al blanco.

1

2

3

SILVIA   Berta e Hilda, vengan conmigo, por favor. Vamos a practicar con el arco y las flechas.

BERTA   ¿Puedo tirar la primera, señorita?

SILVIA   Bueno, pero como son siete u ocho para tirar, no te demores mucho.

Es una clase muy divertida e interesante. Todas creen que Silvia es la consejera más simpática e inteligente del camp.

41 Contesten las preguntas.

1. ¿Dónde están las muchachas?
2. ¿Qué les dice Silvia a Berta e Hilda?
3. ¿Con qué van a practicar?
4. ¿Qué pregunta Berta?
5. ¿Puede o no puede ella tirar la primera?
6. ¿Cuántas muchachas son?
7. ¿Cómo es la clase?
8. ¿Qué creen todas las muchachas?

42 PRÁCTICA ORAL ⊗

THE CONJUNCTIONS y AND o

43

1. Conjunctions are words used to link two or more words, phrases, or sentences. You are familiar with the Spanish conjunctions **y** (*and*) and **o** (*or*).

> Olga **y** Silvia   *Olga and Silvia*
> Homero **o** Gon   *Homero or Gon*

2. The conjunction **y** changes to **e** when it comes before a word that begins with the sound [i], spelled **i-** or **hi-**.

> Silvia **e** Isabel
> Silvia **e** Hilda

3. The conjunction **o** changes to **u** when the next word begins with the sound [o], spelled **o-** or **ho-**.

> Siete **u** ocho muchachas
> Gon **u** Homero

44   **¿Qué dicen los amigos de Gon?** ⊗

Gon es inteligente y simpático.   Gon es simpático e inteligente.
Le gusta visitar iglesias y museos.   Estudia historia y geografía.   Aprende italiano y francés.   Habla inglés y español.   Va a la playa en invierno y verano.

45   **Silvia quiere saber.** ⊗

¿Cuándo estuviste allí, hoy o ayer?   ¿Cuándo estuviste allí, ayer u hoy?
¿Quién llegó, Homero o Gon?   ¿Cuántos eran, ocho o seis?   ¿Qué son, horas o minutos?
¿Quién trabaja, Olga o Elsa?   ¿Qué era, hotel o pensión?

46   **¿Qué hace Silvia con el dinero que gana?** ⊗

Le regala un lindo vestido a su hermanita.

Le compra un juguete a su sobrinita.

Y para su familia...¡el estéreo de sus sueños!

47   **PRÁCTICA ORAL** ⊗

48 EJERCICIO DE CONVERSACIÓN

A. *Choose a classmate to play the role of a job interviewer. He or she will ask you questions that have to do with the job you are applying for, and you will answer them.*
1. ¿Qué edad tiene?   2. ¿Dónde vive?   3. ¿Trabajó antes?   4. ¿Dónde?   5. ¿Qué clase de trabajo busca?   6. ¿Qué experiencia tiene para este trabajo?   7. ¿Cuándo puede empezar?
B. *You will now ask the interviewer and he or she will answer you.*
1. ¿Cuándo empieza el trabajo?   2. ¿Hasta cuándo es el trabajo?   3. ¿Pagan por hora, semanalmente o mensualmente?   4. ¿Cuánto pagan?   5. ¿Dan comida con el trabajo?
6. ¿Necesito ropa especial?   7. ¿Tengo que comprar la ropa o la dan Uds.?

49 CARTA PARA PEDIR TRABAJO ⊗

```
                                          4 de abril, 1980
Sr. Director
Campamento de Verano Cerro Tintillo
Bayamón, Puerto Rico 00619

    Me interesaría mucho trabajar como consejera en ese
campamento de verano.  Tengo dieciséis años y estoy en
el tercer año de secundaria, en la Escuela Superior de
Bayamón.  Hablo español e inglés.

    Mi profesora, la Srta. Ruanes, me recomendó este puesto.
Yo la ayudo en las clases de baile y canto, de las alum-
nas de primaria.  También ayudo a la Srta. Hidalgo en los
distintos deportes que ella supervisa.

    Le adjunto cartas de recomendación de las Srtas. Ruanes
e Hidalgo.  También una carta de mi jefe, el Sr. González,
de la Pastelería las Delicias, donde trabajo un part-time
desde hace un año, y un resumé personal.

                                       Atentamente,
                                   Silvia Hernández S.
Srta. Silvia Hernández S.
Calle Sauco No. 1374
Río Piedras, Puerto Rico 00927
```

PALABRAS ADICIONALES: distinto, -a: *different;* adjuntar: *to enclose, attach*

50 EJERCICIO DE COMPOSICIÓN

Escribe una carta para pedir un trabajo que te gustaría para el verano.

VOCABULARIO

2–15

el **ayudante, la a.** *assistant, aide*
el **banco** *bank*
la **caja registradora** *cash register*
la **cuenta de banco** *bank account*
el **empleado, -a** *employee, worker*
la **gasolinera** *gas station*
la **pastelería** *bakery, pastry shop*
el **picadero** *riding school*
el **principio** *beginning*
el **taller** *(repair) shop*
el **trabajo** *job, work*

asustado, -a *frightened*
duro, -a *hard, tough*
mensualmente *monthly*
semanalmente *weekly*
sólo *only*

abriría *(I) would open*
ahorrar *to save*
aprendería *(I) would learn*
aprenderían *(they) would learn*
compraría *(I) would buy*
cuidar *to take care of*
darían *(they) would give*
dejarían *(they) would allow*
gustar:
  me gustaría *I would like*
  te gustaría *you (fam.) would like*
iría *(I) would go*
manejar *to handle, manage, take care of*
obedecer *to obey*
  obedecerían *(they) would obey*

pagarían *(they) would pay*
querría *I would want*
querrías *you (fam.) would want*
sería *(it) would be*

bien pagado, -a *well paid*
lo mejor *the best (thing)*
por ayudar *for helping*
por hora *by the hour*
tener (mucho) cuidado *to be (very) careful*
tener paciencia *to be patient*
trabaja de vendedor, -a *works as a salesperson*
¡Un sueño hecho realidad! *A dream come true!*

16–24

el **atleta, la a.** *athlete*
la **barrera** *barrier, obstacle*
el **campamento de verano** *summer camp*
el **candidato, -a** *candidate*
las **cercanías** *vicinity*
la **cincha** *cinch, girth*
el **clasificado de periódico** *newspaper classified ad*
el **consejero, -a** *counselor, adviser*
el **estribo** *stirrup*
la **experiencia** *experience*
el **guía, la g.** *guide*
el **jinete, la j.** *(horse) rider*
los **mandados** *orders, groceries*
la **montura** *(horse) saddle*
la **pensión** *boarding house*

la **pista** *(race) track*
el **puesto** *position*
la **ropa de montar** *riding clothes*
la **(escuela) secundaria** *high school*
el **tablón** *bulletin board*
el **turismo** *tourism*

anterior *previous*
bilingüe *bilingual*
cualquier *any*
cumplidor, -a *reliable*
diario, -a *daily*
individual *individual*
junto, -a *together*

ligero, -a *light*
módico, -a *moderate*
propio, -a *one's own*

aceptar *to accept*
chequear *to check, inspect*
desear *to want*
ensillar *to saddle*
servir (i) *to serve*
solicitar *to look for*

llevar los libros *to do the books (accounting)*
¡Todo puede pasar! *Anything can happen!*

25–36

el **año escolar** *academic year*
la **cafetera** *coffee maker*
la **caja** *(cash) box*
la **clientela** *clientele*
la **docena** *dozen*
el **horno** *oven*
el **jefe, -a** *boss*
la **lata** *tin can*
la **lasca** *slice*
el **mostrador** *counter*
el **palitroque** *breadstick*
el **paquete** *package*
el **pastelillo** *pastry, turnover*
la **pierna de cerdo** *roast leg of pork*
el **público** *public*
el **refresco** *soft drink*

el **refrigerador** *refrigerator*
la **tostada** *toast*
la **tostadora** *toaster*
el **turno** *turn*

abra *(you, pol.) open (command)*
barrer *to sweep*
cerrar (ie) *to close*
cobrar *to collect money*
coma *(you, pol.) eat (command)*
enfriar *to chill, cool*
entre *(you, pol.) enter (command)*
mire *(you, pol.) look (command)*

pase *(you, pol.) come in (command)*
picar *to nibble*
ponga *(you, pol.) put (command)*
venga *(you, pol.) come (command)*

acá *here, over here*
después que *after*
sabroso, -a *delicious*

acabadito, -a de hacer *just-made*
acabaditos de salir *just out of*
al final del día *at the end of the day*
no cierre la cuenta *don't add up the bill (yet)*
se va el día *the day goes by*

37–50

el **arco** *bow*
la **carrera de obstáculos** *obstacle race*
el **estéreo** *stereo (record player)*
la **expresión** *expression*
la **flecha** *arrow*
la **mitad** *half*
el **silbato** *whistle*
el **sobrinito, -a** *little nephew, niece*
el **sueño** *dream*
el **sueldo** *salary*

el **tiro al blanco** *target shooting*

caerse *to fall down*
ganar *to earn*
guiar *to drive*
invertir (ie) *to invest*
tocar *to sound*

distinto, -a *different*

personal *personal*

e *and*
u *or*

a la vez *at the same time*
a tiempo *on time*
a ver *let's see*
no te demores *don't take long*
por suerte *luckily*

1 *Bayahibe is a small fishing village on the southeastern coast of the Dominican Republic, about 125 kilometers from the capital city of Santo Domingo. A fishing fleet of about twenty sailboats leaves on Monday, around four in the morning, taking advantage of the land wind. After several hours of sailing toward the island of La Saona, they anchor their boats off the island, where the fish are large and plentiful. During the day, the fishing is done with hook and line, and with huge nets. At night, the fishing continues with powerful underwater lamps that attract the fish to traps. On the third day, the fleet returns to Bayahibe, taking advantage of the afternoon wind. After repairing boats and fishing gear, the fleet returns to La Saona for another two days of fishing. The expedition returns early on Saturday afternoon to spend the rest of the weekend in Bayahibe.*

2 La pesquería ⊗

BETO Ayúdame con la trampa Pablito. Tenemos como 150 lbs. de pescado.

PABLO Siempre dices lo mismo. ¿Trajiste la pesa?

BETO No la traje, pero sé lo que te digo. Ya lo dije anoche, que en este viaje ganaríamos buen dinero. Mira, llama a los de ese bote para saber cuánto pescaron.

PABLO ¡HOOOLAA…los del Corsario Rojo! ¿Cuánto pescaron?

BOTE Tenemos el vivero lleno. Regresaremos con la brisa de la tarde.

Los pescadores ya trajeron la pesca.

Pero no todos tienen veleros para ir a La Saona. Algunos sólo tienen yolas y pescan con red. Pescan sardinas y peces pequeños, cerca de la costa. Otros tienen botes. Les ponen motores y pescan peces inmensos, en alta mar. Otros atrapan mariscos: langostas, cangrejos y camarones.

Pablito y Beto navegan hacia La Saona.

Beto y Pablito suben la trampa.

Algunos pescan inmensos peces con cordel y anzuelo.

Pero aún cuando están en el pueblo, los pescadores dicen que no pueden descansar. Ellos tienen que reparar sus botes y redes de pescar. Y siempre miran al horizonte para ver si viene mal tiempo. A veces en verano vienen huracanes o ciclones. Entonces la flota no puede salir. El viento y la lluvia azotan sus barcos y casas. Las familias se encierran en sus casas hasta que pasa la tormenta.

Otros pescan con red, peces más pequeños.

Reparando la red

Preparando las trampas

3 Contesten las preguntas.

1. ¿Cuánto cree Beto que pesará la pesca?
2. ¿A quién llama Beto?
3. ¿Qué tienen lleno en el Corsario Rojo?

4. ¿Qué tienen algunos en vez de veleros?
5. ¿Con qué pescan en las yolas?
6. ¿Dónde pescan los que tienen motor?

4 PRÁCTICA ORAL ⊗

5   el verbo decir

The following chart shows the present tense of the irregular verb **decir,** *to say.*

decir			
Digo	que hay buena pesca.	**Decimos**	que hay buena pesca.
Dices	que hay buena pesca.		
Dice	que hay buena pesca.	**Dicen**	que hay buena pesca.

1. **Decir** changes the **e** of the stem to **i** in all forms of the present tense, except the **nosotros, -as** form: **decimos.**
2. Notice that in the present tense, the **yo** form is **digo.**

6   Beto quiere saber qué pasó. ⊗

¿Dices que el velero salió?	Digo que el velero salió.
¿Dice Pablo que pescó 40 libras?	Pablo dice que pescó 40 libras.
¿Dicen ellos que llenaron el vivero?	
¿Dicen Uds. que fueron a La Saona?	
¿Decimos que pescamos en alta mar?	
¿Digo que atraparon las langostas?	

7   Pablito le dice a Beto. ⊗

Le gusta pescar con red.	Y dice que le gusta mucho.
Te gusta pescar con trampa.	Y dices que te gusta mucho.
Les gusta pescar con cordel.	
Me gusta pescar en una yola.	
Le gusta pescar cerca de la costa.	
Nos gusta pescar en alta mar.	
Me gusta pescar langostas.	

8   EJERCICIO ESCRITO

Write out the answers to Exercises 6 and 7.

9   THE PRETERIT OF decir AND traer

The verbs **decir,** *to say,* and **traer,** *to bring,* are irregular in the preterit tense. The following charts show the preterit-tense forms of these verbs.

decir		traer	
Dije	que la flota ya salió.	**Traje**	los mariscos.
Dijiste	que la flota ya salió.	**Trajiste**	los mariscos.
Dijo	que la flota ya salió.	**Trajo**	los mariscos.
Dijimos	que la flota ya salió.	**Trajimos**	los mariscos.
Dijeron	que la flota ya salió.	**Trajeron**	los mariscos.

1. The stems of **decir** and **traer** are irregular in the preterit tense: **dij-, traj-.**
2. The preterit-tense endings of **decir** and **traer** are also irregular: **-e, -iste, -o, -imos, -eron.**

10 Pablito le contesta a otro pescador. ⊗

¿Dices que viene un ciclón?   No, ya dije que no viene un ciclón.
¿Dicen que viene una tormenta?   ¿Dice que viene un huracán?   ¿Dicen Uds. que viene
viento fuerte?   ¿Decimos que viene mal tiempo?   ¿Digo que viene lluvia?

11 ¿Cuándo trajeron las cosas? ⊗

¿Trajeron la trampa?   Creo que trajeron la trampa ayer.
¿Trajimos la carnada?   ¿Traje la yola?   ¿Uds. trajeron el motor?   ¿Trajiste la red?
¿Trajeron los camarones para pescar?   ¿Trajo los anzuelos?

12 EJERCICIOS ESCRITOS

A. *Write the answers to Exercises 10 and 11.*
B. *Fill in the appropriate forms of the verb* decir *in the present tense.*
1. Beto _____ que trae los cangrejos.   2. Yo _____ que traigo las sardinas para usar de
carnada.   3. Los del bote _____ que traen dos langostas.   4. Nosotros _____ que traemos
los camarones.   5. Tú _____ que traes las redes.   6. Uds. _____ que traen la carnada.
C. *Rewrite the sentences above, changing all forms of the verbs* decir *and* traer *from the
present tense to the preterit tense.*

13 Los compradores° de pescado ⊗

En Bayahibe, como en las otras villas pesqueras de la República Dominicana, todo gira°
alrededor de° la pesca. A las 10 de la mañana llega el camión° de los compradores de pescado.
Va hasta el final° de la calle principal. Allí, los compradores cuelgan una gran pesa° en un
árbol. Toda la mañana y toda la tarde, los pescadores vuelven del mar con sus yolas llenas
de pescado. Los veleros vuelven con los viveros llenos. Entonces los pescadores llenan unas
cestas con el pescado y las llevan hasta la pesa.

PALABRAS ADICIONALES: el comprador, -a: *buyer;* girar: *to revolve;* alrededor de: *around;* el camión: *truck;* el final:
end; la pesa: *scale (for weighing)*

1

2

14 ¿Qué ven Tato y Lola en el mar? ⊗

1. un tiburón
2. un cangrejo
3. una estrella de mar
4. algas
5. una picuda

6. un camarón
7. una morena
8. un erizo de mar
9. un coral
10. un pulpo

11. una langosta
12. un caballito de mar
13. una tortuga
14. un caracol
15. sardinas

15 Por el pueblo ⊗

Al° pasar por la calle principal, o por las callecitas° de tierra, vemos a algunos niños limpiando pescado. Los mayores cocinan° con carbón° en grandes calderos.° La escuelita está cerrada° por las vacaciones de verano. Por eso hay muchos otros niños jugando por los patios o dentro de sus casas. A veces pescan en las rocas, al borde de la bahía. Otras veces se bañan en los manantiales° de agua dulce o en el mar.

Hay varios colmados pequeños donde las familias compran las cosas que necesitan. Al atardecer,° los muchachos vienen a conversar al muro° que está frente al colmado principal. Este colmado° es más que una tienda, es un centro social para ellos. Las familias comen y se acuestan temprano, porque el duro° trabajo del pescador comienza antes de salir el sol.

1
Lavando la ropa

2
Bañándose en el manantial de agua dulce

PALABRAS ADICIONALES: al: *while;* la callecita: *little street (dim.);* cocinar: *to cook;* el carbón: *coal;* el caldero: *cauldron;* cerrado,-a: *closed;* el manantial: *(water) spring;* el atardecer: *dusk, sunset;* el muro: *fence wall;* el colmado: *grocery store;* duro,-a: *hard, difficult;* freír (i): *to fry*

3
Limpiando el pescado

4
Friendo° pescado en el patio

5
Rosario descansando un rato

6
El colmado

7 Los niños jugando en la casa

8 Jugando en el manantial

9 Pescando en las rocas

10 Conversando frente al colmado

Al anochecer,° las calles del pueblo se quedan° oscuras.° El pueblo no tiene electricidad.° De lejos, los quinqués° de las casitas parecen alegres luciérnagas° en la noche. Afuera en la bahía, las yolas y los veleros anclados° se mueven suavemente con las olas. Esperan el amanecer° del día siguiente.

PALABRAS ADICIONALES: el anochecer: *nightfall;* se quedan: *(they) get;* oscuro, -a: *dark;* la electricidad: *electricity;* el quinqué: *oil lamp;* la luciérnaga: *firefly;* anclado, -a: *anchored;* el amanecer: *dawn*

16 Los manantiales de agua dulce ⊗

Algunos se han quedado en el pueblo. Esperan el regreso de los pescadores que han salido para La Saona. Mientras, hacen los trabajos de la vida diaria.

DANIEL   Emilio, ¿ya has estado en el pozo a buscar agua para trapear?
EMILIO   Sí he estado. Fui temprano al pozo. También he ido ya al manantial y allí he llenado los botellones con el agua para beber.
DANIEL   Y tus hermanos, ¿qué han hecho hoy?
EMILIO   Pues mi hermano ha corrido a bañarse al manantial. Y mi hermana, Rosario, ha subido a las rocas para pescar con unas amigas y amigos.

El agua dulce es muy importante para el pueblo. Hay otro manantial donde lavan la ropa y dos manantiales más—uno para las mujeres y otro para los hombres—que usan para bañarse con jabón. A los niños les gusta mucho nadar y jugar en estos dos manantiales. Son como piscinas para ellos.

1 Desde temprano, ya muchos han sacado agua del pozo, para trapear.

2 Otros han llenado botellones en el manantial del agua que usan para beber.

17 **Contesten las preguntas.**

1. ¿Dónde se han quedado algunos?
2. ¿Qué hacen allí?
3. ¿Para dónde han salido los pescadores?
4. ¿Qué hacen mientras esperan?
5. ¿Para qué usan el agua del pozo?
6. ¿Adónde fue Emilio temprano?

7. ¿Para qué usan el agua del manantial?
8. ¿Qué han hecho los hermanos de Emilio?
9. ¿Qué es muy importante para el pueblo?
10. ¿Para qué usan otro manantial?
11. ¿Hay más manantiales? ¿Cuántos?

18 **PRÁCTICA ORAL** ⊗

19 **¿Y qué necesitas tú para pescar?** ⊗

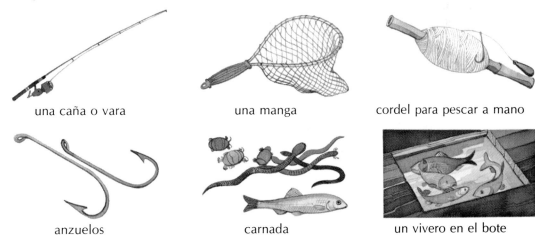

una caña o vara

una manga

cordel para pescar a mano

anzuelos

carnada

un vivero en el bote

20 **¿Y qué te gustaría más a ti?**

1. ¿Te gustaría pescar con caña o cordel?
2. ¿Qué carnada usarías? ¿Por qué?

3. ¿Pescarías en la costa o en alta mar?
4. ¿Para qué usarías el vivero?

21 **PRÁCTICA ORAL** ⊗

THE PRESENT PERFECT

Lean los siguientes ejemplos. ☉

Esta semana yo **he llenado** los botellones.

What does this sentence mean? Which word means *have?* Is **llenado** a form of an **-ar** verb? What is the stem of **llenado?** and the ending?

Hoy mi hermano **ha corrido** al manantial varias veces.

Y mi hermana **ha subido** a las rocas.

What do these sentences mean? In both sentences, which word means *has?* Is **corrido** a form of an **-er** verb? What is the stem of **corrido?** and the ending? Is **subido** a form of an **-ir** verb? What is the stem of **subido?** and the ending?

23 ### Lean el siguiente resumen.

Compound tenses are made up of a helping verb and a main verb. The *present perfect* is a compound tense. Spanish uses a present-tense form of the verb **haber,** *to have,* as a helping verb, followed by a form of the main verb called the past participle.

He llenado.	*(have filled)*	**Hemos corrido.**	*(have run)*
Has corrido.	*(have run)*		
Ha subido.	*(has/have gone up)*	**Han llenado.**	*(have filled)*

1. The past-participle form of **-ar** verbs consists of the verb stem plus the ending **-ado.**

        llenar   **llenado**

2. The past-participle form of **-er** and **-ir** verbs consists of the verb stem plus the ending **-ido.**

        correr   **corrido**   **sub**ir   **subido**

3. Notice that the helping verb **haber** changes to agree with the subject, but the past participle of the main verb remains the same.

        Yo he llenado el botellón.   **Nosotros hemos** llenado el botellón.

4. Reflexive pronouns and object pronouns are placed immediately before the helping verb.

        Ellos **se han** quedado en el pueblo.   Ella **le ha** vendido el pescado.

24 ### Beto le pregunta a un compañero. ☉

¿Has estado en el manantial?   Sí, he estado en el manantial.
¿Han comido en Bayahibe?   ¿Ya hemos limpiado toda la casa?   ¿He lavado la ropa bien?
¿Han ido al pozo?   ¿Ha llenado el botellón?   ¿Tu hermano y tú han pescado ya?

25 ### Pablito conversa con una amiga. ☉

¿Se bañaron en el mar?   No, no se han bañado en el mar.
¿Le diste el jabón?   ¿Fue al colmado?   ¿Salió a pescar?   ¿Uds. pescaron mucho?
¿Vendiste el pescado?   ¿Fueron a pescar?

26 EJERCICIOS ESCRITOS

A. *Write out the answers to Exercise 24 and 25.*

B. *Rewrite the following paragraph, changing all the underlined verb forms to the present perfect.*

Beto salió a pescar con un compañero. Fueron en una yola con motor. Mi amigo y yo les prestamos nuestra red y yo les di la carnada. Al atardecer los encontramos a ellos en el colmado. Ellos tuvieron un magnífico día de pesca.

27 IRREGULAR PAST PARTICIPLES

A few verbs have irregular past participles. Some common irregular past participles are:

abrir, *to open*	**abierto**	poner, *to put*	**puesto**
decir, *to say*	**dicho**	romper, *to break*	**roto**
escribir, *to write*	**escrito**	ver, *to see*	**visto**
hacer, *to do, make*	**hecho**	volver, *to come back*	**vuelto**
morir, *to die*	**muerto**		

28 ¿Qué pasó? ⊗

¿Rompiste la trampa? He roto la trampa.
¿Hicieron la trampa? ¿Abrí la trampa? ¿Vio la trampa? ¿Uds. volvieron a la trampa?

29 El muchacho quiere saber todo lo que ha pasado. ⊗

¿Rompí la caña de pescar? No, no has roto la caña de pescar.
¿Hicieron la red? ¿Abriste la caja de la carnada? ¿Vieron Uds. los veleros? ¿Volviste a La Saona? ¿Dijeron lo que pescaron? ¿Escribió la lista para el colmado? ¿Viste lo que pescaron?

30 EJERCICIOS ESCRITOS

A. *Write out the answers to Exercises 28 and 29.*

B. *Rewrite the following sentences, using the present-perfect form of the verbs in parentheses.*
1. Los muchachos (romper) el botellón. 2. Ya nosotros (hacer) las compras en el colmado.
3. Yo te (decir) que no puedo ir a pescar hoy. 4. ¿Tú (abrir) la trampa? 5. ¿Uds. (ver) cuántos barcos hay en la bahía? 6. ¿Ya ella le (poner) la carnada a los anzuelos? 7. Creo que hoy nosotros (volver) muy temprano al pueblo. 8. ¿Tú le (escribir) la nota a los pescadores?

31 EJERCICIO DE COMPRENSIÓN ⊗

	0	1	2	3	4	5	6	7	8	9	10
Present perfect	✓										
Preterit											

32 El domingo ⊗

Es un día de descanso y los pescadores lo pasan en el pueblo, con sus familias. A las once de la mañana suena la campana de la iglesita. Llama a los niños a clase. El párroco de un pueblo lejano sólo puede venir una vez al mes a decir misa. Hoy viene la maestra de catecismo. Los niños, vestidos con su ropa de domingo, se sientan a la puerta de la iglesita a esperarla.

Por la tarde, el equipo de pelota del pueblo juega contra un equipo de campesinos. Allí está el barbero, cortándole el pelo a uno de sus clientes. Los pescadores animan al bateador de ellos. Los campesinos animan al pícher.

PABLO Pégale duro. Dale a la pelota y bótala al mar. ¡Así bateas un jonrón!

OTRO Pónchelo, compadre. Tírele una curva. ¡Enséñeles a estos pescadores que no pueden ganarnos!

De pronto…¡una discusión! ¿Es bola o strike? Todos gritan y parece que va a haber pelea. Pero no pasa nada. El umpire declara bola…y el juego sigue.

1 La maestra viene. Los niños están esperándola.

2 ¡Dele duro…bótela al mar…!

3 Cortándole el pelo a uno de sus clientes.

33 Contesten las preguntas.

1. ¿Dónde y con quién pasan los pescadores el domingo?
2. ¿Qué suena a las 11 de la mañana?
3. ¿A qué llama a los niños?
4. ¿Quién viene hoy?
5. ¿Dónde se sientan los niños?
6. ¿Contra quién juega el equipo del pueblo?
7. ¿Quién está cortándole el pelo a sus clientes?
8. ¿A quién animan los pescadores?
9. ¿Y los campesinos?

34 ¿Y tú?

1. ¿Tu colegio tiene equipo de pelota? ¿Cómo se llama?
2. Te gustaría más jugar pelota tú, o ir a ver un juego de pelota?
3. ¿Ves los juegos de pelota en televisión? ¿En qué canal?
4. ¿Cuál es tu equipo favorito de pelota?
5. ¿Quiénes son tus jugadores favoritos?

35 PRÁCTICA ORAL ⊗

36   POSITION OF OBJECT PRONOUNS

You have already learned that indirect and direct object pronouns are placed immediately *before* the conjugated verb.

Me dio **la red.**	He gave me the net.
No **me la** dio.	He did not give it to me.

In the first sentence **me** is the indirect object pronoun and **la red** is the direct object. In the second sentence **me** is again the indirect object pronoun. **La** is the direct object pronoun that is used instead of **la red.** In the first sentence the indirect object pronoun **me** is placed immediately before the verb. In the second sentence both the indirect object pronoun **me** and the direct object pronoun **la** are placed immediately before the verb.

There are three instances in which the object pronouns are placed immediately *after* the verb and are written as a single word: the positive command, the infinitive, and the present participle.

1. *Positive command:* You have already learned that a familiar command directs or requests someone—whom you address as **tú**—to do something.

   Compra (tú) la langosta.
   Vende (tú) la langosta.

   In Unit 26 you learned that a formal command directs or requests someone—whom you address as **Ud. (Uds.)**—to do something.

   Compre (Ud.) la langosta.
   Venda (Ud.) la langosta.

   These are known as *positive commands.* When object pronouns are used with positive commands, the object pronouns are placed immediately *after* the verb and are written as a single word.

Compra (tú) **la langosta.**	Cómpra**la.**
Compre (Ud.) **la langosta.**	Cómpre**la.**

2. *Infinitive:* Object pronouns may either be attached to the end of an infinitive form or precede the conjugated verb.

   Voy a comprar**la.**   **La** voy a comprar.

3. *Present participle:* The present participle is used with the helping verb **estar,** to express action that is going on.

Estoy **comiendo.**	I am eating.
Estás **hablando.**	You are talking.

   When object pronouns are used with a *present participle,* the object pronouns may be attached to the end of the present participle or precede the conjugated verb.

   Estoy hablándo**te.**   **Te** estoy hablando.

When an indirect object pronoun and a direct object pronoun follow a positive command, an infinitive, or a present participle, both pronouns are placed immediately after the verb and are written as a single word.

Vende **la langosta a Beto.**	Vénde**sela.**
Va a vender **la langosta a Beto.**	Va a vendér**sela.**
Está vendiendo **la langosta a Beto.**	Está vendiéndo**sela.**

37 Pablo quiere saber qué van a hacer sus amigos. ⊗

¿Lo vas a subir?   Claro que voy a subirlo.
¿Se los van a poner?   ¿Te vas a bañar en el mar?   ¿Los vamos a ponchar?   ¿Me va
a buscar?   ¿Uds. lo van a hacer más tarde?   ¿Se las quieres regalar?

38 Rosario les dice a los muchachos lo que deben hacer. ⊗

No les den la red.   Sí, denles la red.
No se las compren.   No los saquen del vivero.   No se la vendan a ellos.   No lo
traigan aquí.   No se lo digan.

39 ¿Qué está pasando en Bayahibe? ⊗

¿Los estás lavando ahora?   No, no estoy lavándolos ahora.
¿Se los estás arreglando?   ¿Le está cortando el pelo?   ¿Se está reuniendo con ellos?
¿Me estás llamando?   ¿Nos están buscando?

40 Emilio y Rosario bromean. ⊗

¿Animo al pícher?   Anímalo.
¿Bateo un jonrón?   ¿Poncho al bateador?   ¿Tiro una bola curva?   ¿Toco la campana?
¿Llamo a tus hermanas?   ¿Busco a la maestra?   ¿Abro la iglesita?

41 EJERCICIO ESCRITO

Write out the answers to Exercises 37, 38, 39, and 40.

42 La velada familiar ⊗

Al atardecer llega la hora de la comida para las familias de los pescadores. Aquí vemos a una joven esposa° preparando la comida del domingo para su suegra,° doña Mariana. Cuando la comida está lista, doña Mariana sirve la mesa. Primero les sirve a los nietos° que hoy comen allá; luego a los mayores... ¡son tantos! Después de la comida todos se reúnen en la sala para oír los cuentos° del día. Una divertida y tranquila velada familiar, a la luz de los quinqués.

En el pueblo, hay música en muchas de las casitas. Los pescadores están con sus familias. Y en la fresca brisa del mar, flota la alegre música del merengue° dominicano.

1

PALABRAS ADICIONALES: la esposa: *wife;* la suegra: *mother-in-law;* el nieto, -a: *grandchild;* el cuento: *story;* el merengue: *dance from the Dominican Republic*

43 EJERCICIO DE CONVERSACIÓN

Pregúntale a un(-a) compañero(-a) cómo es el pueblo, ciudad o barrio donde vive. Él o ella te dirá dónde vive. Con quiénes vive y en qué casa o apartamento vive. Te dirá la gente que vive cerca de él o ella. Si sólo visita a los compañeros de la escuela o a la familia. Te dirá dónde su familia compra la comida. Dónde lava la ropa. Lo que hace después de la escuela. Si come solo(-a) o con su familia. Lo que hace después de comida. Y qué hace los domingos que no hace durante la semana.

44 EJERCICIO DE COMPOSICIÓN

Using the present perfect, write a composition (about 70 words) about a fishing village you have visited during the summer.
Cuánto tiempo hace que has ido. Con quiénes has salido a pescar. Qué clase de bote han usado Uds. Cuántos días han pasado en el mar. De dónde han salido a pescar. Si han pescado cerca de la costa o en alta mar. Qué has usado para pescar, y qué carnada. Ahora tú nos dirás cuántas libras de pescado Uds. han sacado. Si han vendido o guardado el pescado para comerlo Uds. Si se han divertido o aburrido.

45 Recetas de Bayahibe

Pescado frito en aceite
Clean the fish and season it with salt, garlic, and lemon juice. (Use a teaspoon of salt and a large lemon for each pound of fish.) Fry it in oil that is hot, but not too hot (so it cooks thoroughly and is not burned outside and raw inside). Fry the fish until golden brown, without moving it too much, so it doesn't fall apart.

Tostones de plátano verde
Peel the green plantains and cut into one-inch slices. Fry them at 365°F for 5 minutes (or until they begin to brown). Let them cool a little bit while they drain on paper towel. Flatten them with a rolling pin, or put a piece of paper towel on top and flatten them with a blow of your fist. Fry them again at 385°F for 3 more minutes. Drain again on paper towel and sprinkle with salt.

VOCABULARIO

2–14

el **agua salada**   salt water
el alga   seaweed
el **anzuelo**   fish hook
el caballito de mar   sea horse
el **camarón**   shrimp
el **cangrejo**   crab
la **carnada**   bait
el **ciclón**   cyclone
el coral   coral
el **cordel**   cord, string
el erizo de mar   sea urchin
la estrella de mar   starfish
la **flota**   fleet
el **horizonte**   horizon
el **huracán**   hurricane
el **marisco**   shellfish
la morena   moray eel
la **motocicleta**   motorcycle
la **pesa**   scale (for weighing)

la **pesca**   fishing
la **pesquería**   fishing, fishing trade
el **pez**   fish
la picuda   barracuda
el pulpo   octopus
la **sardina**   sardine
el **tiburón**   shark
la **tormenta**   storm
la **tortuga**   turtle
la **trampa**   trap
la **villa**   town, village
el **vivero**   bin for keeping fish alive
la **yola**   yawl, gig

inmenso, -a   immense, great
principal   main

atrapar   to trap
azotar   to hit, batter around

decir:
   digo   I say
   dices   you (fam.) say
   dicen   (they) say
   dije   I said
encerrarse (ie)   to lock oneself up
fabricar   to construct, build
pescar   to fish
regresar   to return
reparar   to repair, fix
traer:
   traje   I brought
   trajiste   you (fam.) brought
   trajeron   (they) brought

alta mar   high seas, open seas
ayúdame   help me
hasta que   until

16–31

el **barbero, -a**   barber
el **bateador, -a**   batter
la **bola**   ball
el **botellón**   big bottle
el **campesino, -a**   farmer, country person
la **caña**   pole, cane, reed
el catecismo   catechism, religious instruction
el compadre   buddy
la curva   curve (ball)
el **descanso**   rest

el **hombre**   man
la iglesita   little church
la manga   fishing net
el **pozo**   (water) well
el regreso   return
el strike   strike (baseball)
la vara   pole

ha corrido   (he) has run
has estado   you (fam.) have been
he estado   I have been

han hecho   (they) have made
he ido   I have gone
han llenado   (they) have filled
he llenado   I have filled
han quedado   (they) have remained
han sacado   (they) have taken out
han salido   (they) have left
ha subido   (she) has climbed
trapear   to mop

a mano   by hand

32–45

el **jonrón**   home run
la **misa**   mass
el **párroco**   parish priest
la **pelea**   fight
el **pícher**   pitcher
el **umpire**   umpire
el **visitante**, la **v.**   visitor

lejano, -a   distant
vestido, -a   dressed

batear   to bat

botar   to throw away
   bótala   throw it (fam. command)
cortar:
   cortándole   cutting (for him)
dar:
   dale   hit it (fam. command)
declarar   to rule, declare
enseñar:
   enséñeles   teach (them) (pol. command)
esperar:
   esperarla   to wait for her

esperándola   waiting for her
ganar:
   ganarnos   to beat (defeat) us
pegar   to hit
   pégale   hit it (fam. command)
ponchar   to strike out
   pónchelo   strike (him) out (pol. command)
tirar:
   tírele   throw (to him) (pol. command)

28

El mundo de la aviación

1 En el aeropuerto privado ⊗

Pedro es un muchacho cubano-americano que vive con su familia en Miami. Al terminar *high school* este año, él quiere trabajar de aeromozo en una aerovía hispana. Ya se ve volando a las grandes capitales de Hispanoamérica: Ciudad de México, Caracas, Lima, Buenos Aires, Santiago de Chile....

Los fines de semana Pedro toma clases para sacar su licencia de piloto privado. Después de dos o tres años de aeromozo, él quiere ser piloto comercial.

INSTR.   ¡Hola, Pedro! Por fin viniste para tu clase. ¿Qué te pasó ayer?

PEDRO   Quise venir pero no pude. Hubo un juego de fútbol.

1
Pedro sólo piensa en la aviación.

INSTR.   ¿Cómo supiste que yo estaba aquí?

PEDRO   Pues vi tu máquina parqueada a la entrada de la oficina. Por cierto, no cupe en el parqueo. Puse mi máquina detrás de la tuya. ¿No habrá problema?

INSTR.   No lo creo. Pronto terminarán los alumnos que vinieron temprano y habrá parqueo para todos. Dime, ¿ya perdiste el miedo a volar?

PEDRO   ¡Nunca tuve miedo...sólo precaución! Sé que no hay peligro. Sólo hay que tener mucho cuidado.

INSTR.   Bromeaba contigo. Como ayer hizo mal tiempo, pensé que tal vez por eso no anduviste por aquí.

2
Pedro paga su clase en efectivo y le dan un recibo.

3
Pedro pudo escoger el avión en que quería volar.

4
El instructor quiso repasarle los instrumentos en la cabina del avión.

5 Pedro quitó los bloques que aguantan las ruedas.

6 Y zafó las cuerdas que amarran las alas.

2 Contesten las preguntas.

1. ¿Dónde vive Pedro? ¿Con quién vive?
2. ¿De qué quiere trabajar él?
3. ¿A qué ciudades se ve volando?
4. ¿Por qué son importantes estas ciudades?
5. ¿Para qué toma clases Pedro?

6. Después de dos o tres años, ¿que quiere ser él?
7. ¿Con quién habla Pedro?
8. ¿Qué hubo en el colegio?
9. ¿Dónde vio Pedro la máquina del instructor de aviación?

3 ¿Y tú?

1. ¿Te gustaría más ser piloto privado o piloto comercial?
2. ¿Te gustaría ser aeromozo(-a)? ¿Por qué?

3. ¿Qué países te gustaría visitar en Hispanoamérica?
4. ¿Qué capitales preferirías conocer?

4 PRÁCTICA ORAL ⊗

5 MORE IRREGULAR PRETERIT FORMS

You have already learned that the verbs **hacer, tener,** and **estar** are irregular in the preterit tense, in both the stem and the endings. The following chart shows other verbs that have irregular stems and the same irregular endings as **hacer, tener,** and **estar** in the preterit.

Infinitive	Stem	Endings
hacer	**hic-**[1]	
tener	**tuv-**	
estar	**estuv-**	
andar	**anduv-**	**e**
caber	**cup-**	**iste**
haber	**hub-**	**o**
poder	**pud-**	**imos**
poner	**pus-**	**ieron**
saber	**sup-**	
querer	**quis-**	
venir	**vin-**	

Notice that none of the verb forms above has a written accent.

[1] Remember that the **Ud./él/ella** form of **hacer** in the preterit is **hizo.**

6 Pedro habla con otro estudiante. ⊗

¿Anduviste por los aviones? Sí, anduve por los aviones.
¿Estuvieron Uds. en la cabina del avión? ¿Puse el recibo en el escritorio? ¿Hubo clase hoy? ¿Quisieron practicar con los instrumentos? ¿Pudiste volar con el instructor?

7 Pedro sólo sabe lo que pasó la semana pasada. ⊗

¿Viene el piloto? El piloto vino la semana pasada.
¿Tienen Uds. que pagar en efectivo? ¿Ellos están en el aeropuerto? ¿Quieres volar en este avión? ¿Podemos ir todos en el avión? ¿Viene el piloto comercial? ¿Sabe usar los instrumentos?

8 Lo que pasó ayer en el aeropuerto ⊗

¿Tendrá que usar ese avión? Bueno, ayer tuvo que usar ese avión.
¿Podremos tomar la clase de aviación? ¿Sabrán cómo llegar al aeropuerto? ¿Vendrán Uds. temprano? ¿Harás el recibo de la clase de aviación? ¿Cabré en el parqueo?

9 EJERCICIOS ESCRITOS

A. *Write out the answers to Exercises 6, 7, and 8.*

B. *Fill in the blanks in the following paragraph, using the appropriate preterit form of the verbs in parentheses.*

Pedro (estar) _____ ayer en el aeropuerto. (Haber) _____ un pequeño problema. Él y otro alumno (estar) _____ en la oficina. El instructor les (decir) _____ que su clase era a las once de la mañana. Ellos (venir) _____ entonces a verme al avión. Yo tenía otro estudiante a esa hora. No (poder) _____ darles la clase. "¿Y qué (hacer) _____ tú entonces?" me preguntó mi jefe más tarde. "Pues primero no (saber) _____ qué decirles. Luego (tener) _____ que explicarles que (haber) _____ un problema con el horario de la oficina,'' le contesté.

10 ¿De dónde son las banderas que Pedro ve? ⊗

Norteamérica

México

Islas del Caribe

Cuba

República Dominicana

Puerto Rico

52

Centroamérica

Guatemala

El Salvador

Honduras

Nicaragua

Costa Rica

Panamá

Sudamérica

Venezuela

Colombia

Ecuador

Perú

Bolivia

Paraguay

Chile

Argentina

Uruguay

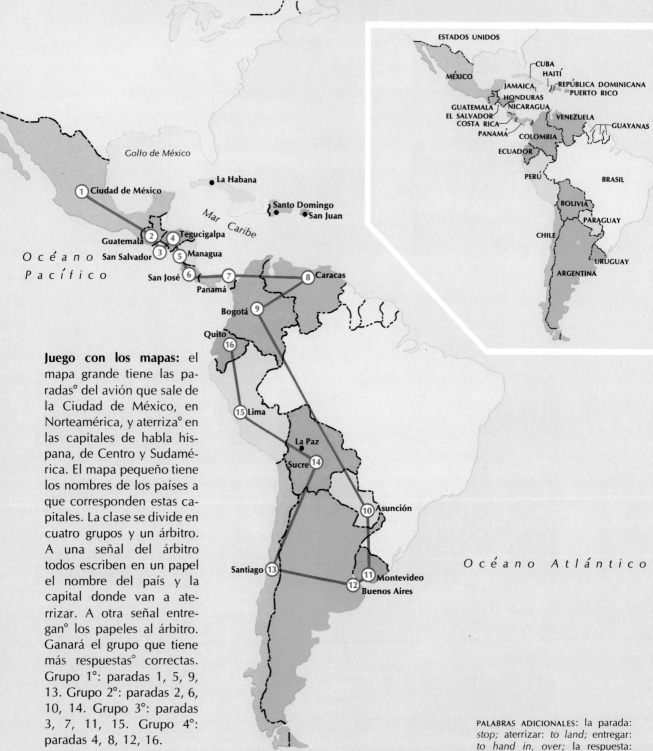

Golfo de México

La Habana

① Ciudad de México

Mar Caribe

Santo Domingo
San Juan

Guatemala ② ④ Tegucigalpa

Océano
Pacífico

San Salvador ③ ⑤ Managua

San José ⑥ ⑦ ⑧ Caracas
Panamá

Bogotá ⑨

Quito ⑯

⑮ Lima

La Paz

Sucre ⑭

⑩ Asunción

Océano Atlántico

Santiago ⑬ ⑪ Montevideo
⑫ Buenos Aires

ESTADOS UNIDOS

CUBA
HAITÍ
MÉXICO
JAMAICA, REPÚBLICA DOMINICANA
HONDURAS PUERTO RICO
GUATEMALA NICARAGUA
EL SALVADOR VENEZUELA
COSTA RICA GUAYANAS
PANAMÁ COLOMBIA
ECUADOR
PERÚ BRASIL
BOLIVIA
PARAGUAY
CHILE
URUGUAY
ARGENTINA

Juego con los mapas: el mapa grande tiene las paradas° del avión que sale de la Ciudad de México, en Norteamérica, y aterriza° en las capitales de habla hispana, de Centro y Sudamérica. El mapa pequeño tiene los nombres de los países a que corresponden estas capitales. La clase se divide en cuatro grupos y un árbitro. A una señal del árbitro todos escriben en un papel el nombre del país y la capital donde van a aterrizar. A otra señal entregan° los papeles al árbitro. Ganará el grupo que tiene más respuestas° correctas. Grupo 1°: paradas 1, 5, 9, 13. Grupo 2°: paradas 2, 6, 10, 14. Grupo 3°: paradas 3, 7, 11, 15. Grupo 4°: paradas 4, 8, 12, 16.

PALABRAS ADICIONALES: la parada: *stop;* aterrizar: *to land;* entregar: *to hand in, over;* la respuesta: *answer, reply*

12 Tu viaje por Hispanoamérica

—Si vuelas desde la Ciudad de México y paras en las seis capitales de Centroamérica, ¿sobre qué países vuela el avión?

—Si sales de Bogotá y paras en Asunción y luego en Montevideo, ¿sobre qué países en que hablan español vuelas?

—Si vas de Buenos Aires a Santiago, y luego a Sucre y a Lima, ¿sobre qué países pasas?

—De Lima a Caracas, parando en Quito y en Bogotá, ¿sobre qué países vuelas?

13 EJERCICIO ESCRITO

1. Escribe los nombres de los países de Centroamérica y la capital de cada uno.
2. Escribe los países que hablan español en Sudamérica y escribe al lado el nombre de sus capitales.
3. Escribe el nombre del país de Norteamérica en que la gente habla español, y también el nombre de su capital.
4. En tres de las islas del Mar Caribe, la gente habla español. ¿Cuáles son estos tres lugares y cuál es la capital de cada uno?

14 En el aire ⊗

Pedro se sienta al lado del instructor de vuelo° y toma los controles del avión. Entonces lleva el aeroplano hasta la pista.° La torre del aeropuerto le da la señal de despegue,° por radio. Pronto el avión se levanta del suelo.

Pedro vuela sobre Hialeah,° donde tiene tantos amigos cubanos. Después pasa sobre la sagüesera.° En la bahía dobla a la izquierda y vuela sobre la playa de Miami. A la media hora regresa,° paralelo a Biscayne Boulevard. Pasa sobre un gran monumento cubano—la ermita° de la Caridad del Cobre, Patrona de Cuba. Una hora después de su salida,° Pedro aterriza en el aeropuerto. El instructor anota el tiempo que voló, en el libro de vuelos de Pedro.

PALABRAS ADICIONALES: el vuelo: *flight;* la pista: *runway;* el despegue: *take-off;* Hialeah: *suburb of Miami;* la sagüesera: *Cuban neighborhood in the southwest of Miami;* regresar: *to return;* la ermita: *shrine, hermitage;* la salida: *departure, exit*

15 ¿Y tú?

1. ¿Te gustaría aprender a volar?
2. ¿Dónde volarías en tu avión?
3. ¿Qué verías desde un avión pequeño?
4. ¿Serías buen o mal piloto? ¿Por qué?

16 En el aeropuerto internacional ⊗

Después de la clase, Pedro va al aeropuerto internacional de Miami. Va a reunirse con unos amigos de la tripulación de una aerovía hispanoamericana. Ellos le dieron una planilla para aplicar a su escuela de aeromozos, pues Pedro cumplirá dieciocho años en septiembre. Si entonces le dan trabajo de aeromozo, podrá lograr su sueño de viajar.

El vuelo de sus amigos aún no ha llegado, así que Pedro pasa por la cafetería y pide un sandwich de pollo y un jugo de piña. Luego entra en la casa de cambio. Se entretiene mirando las monedas y billetes de los países hispanoamericanos. También entra en las tiendas internacionales del aeropuerto. ¡Venden de todo! Ropa de lana y de otros materiales, de Colombia; calcetines de algodón, hechos en Chile; manteles de hilo, de Irlanda; pañuelos de seda, del Japón; platos de cristal, de Francia, y unas lindísimas flores de cartón, de México.

Pedro pasa por el salón de salidas y sigue hasta el área de llegadas. Dos vuelos llegan a su hora, pero el vuelo de sus amigos está retrasado. Entonces camina hasta el salón de espera y se sienta a esperar. De pronto, la bocina del salón anuncia la llegada del vuelo 321, que llega de la Ciudad de México. Pedro va al mostrador de la compañía de aviación pues sabe que sus amigos pasarán por allí. Al rato aparecen todos por uno de los pasillos. Conversan un rato, y entonces lo llevan a la cabina del avión comercial.

1

Se reúne con el piloto, el copiloto, el navegante y la aeromoza.

2

Sus amigos le enseñan los controles de la cabina de mando.

17 Contesten las preguntas.

1. ¿Adónde va Pedro después de la clase?
2. ¿Qué le dieron ellos?
3. ¿Qué pide Pedro en la cafetería?
4. ¿Qué venden en la tienda internacional?

18 PRÁCTICA ORAL ⊗

19   de + NOUN

Lean los siguientes ejemplos. ⊗

Pedro pide un sandwich **de pollo.**
Él pide un jugo **de piña.**
Compra unos pantalones **de lana.**

What do these three sentences mean? In the first sentence, what expression describes **sandwich?** In the second sentence, what expression describes **jugo?** What expression describes **pantalones** in the third sentence? Are the words **pollo, piña,** and **lana** nouns? What preposition is used with each of these nouns to describe **sandwich, jugo,** and **pantalones?**

20   Lean el siguiente resumen.

To express the materials or ingredients of which something is made, Spanish usually uses the preposition **de** followed by a noun (material or ingredient).

un sandwich **de pollo**	*chicken sandwich (sandwich of chicken)*
un jugo **de piña**	*pineapple juice (juice of pineapple)*
unos pantalones **de lana**	*woolen pants (pants of wool)*

21   Pedro pregunta en la cafetería. ⊗

¿Es de jamón el sandwich?   Es un sandwich de jamón.
¿Es de mango el batido?
¿Es de piña el helado?
¿Son de guayaba los pasteles?

22   ¿Qué compraría Pedro en el aeropuerto? ⊗

De lana, ¿un suéter?   Buena idea. Un suéter de lana.
De algodón, ¿un pantalón?
De seda, ¿una camisa?
De hilo, ¿un pañuelo?
De cuero, ¿un cinturón?
De cristal, ¿unos platos?
De cartón, ¿unas flores?

23   EJERCICIO ESCRITO

Write out the answers to Exercises 21 and 22.

24   EJERCICIO DE CONVERSACIÓN

Piensa que estás en Lima, Perú, con un(-a) amigo(-a), y tú le preguntas de qué material son las cosas que querría comprar para sus amigos. Él o ella te contesta, nombrando los distintos materiales que conoce. (TÚ: ¿De qué querrías comprar una blusa? ÉL/ELLA: Querría comprar una blusa de hilo.) Le sigues preguntado: ¿Y las camisas, faldas, pantalones, calcetines, carteras, relojes, vasos, platos?

Argentina: peso

Bolivia: peso

Costa Rica: colón

Colombia: peso

Chile: peso

República Dominicana: peso

Ecuador: sucre

Guatemala: quetzal

Honduras: lempira

México: peso

Nicaragua: córdoba

Paraguay: guaraní

Perú: sol

El Salvador: colón

Uruguay: peso

Venezuela: bolívar

26 ¿Y tú?

1. ¿Qué moneda tendrías que usar en Chile?
2. ¿Cuál usarías en Argentina y en México?
3. ¿Y en España? ¿Y en Venezuela?
4. ¿Dónde usarías el guaraní? ¿Y el sucre?
5. ¿En qué países usarías pesos?
6. ¿En cuáles usarías colones?

El aeropuerto de Santo Domingo ⊗

Pedro va a pasar unos días de vacaciones a Santo Domingo. Va a visitar a su amiga dominicana, Iris, que estudia con él en Miami. Ella también quiere ser aeromoza, así que los muchachos se han hecho amigos. Pedro compra su pasaje y lleva dos documentos al aeropuerto: su pasaporte americano y un certificado de vacuna. Ya en Santo Domingo, recoge sus maletas donde dice ENTREGA DE EQUIPAJE. Entonces pasa a la oficina de la aduana. Allí paga por una tarjeta de visitante, para poder entrar en el país. Después va a la casa de cambio, donde cambia un cheque de viajero de veinte dólares a pesos dominicanos. Allí se encuentra con Iris, y la saluda.

IRIS Creí que el vuelo 729 era el tuyo. ¿Qué pasó?

PEDRO Era el mío, pero llegué tarde al aeropuerto y no había asiento.

IRIS Lo importante es que ya estás aquí. Ah, en casa tengo mi planilla para la escuela de aeromozos. ¿Trajiste la tuya?

PEDRO Sí traje la mía. Las llenaremos juntos más tarde. Y ahora, ¿qué hacemos?

IRIS Pues te voy a llevar a almorzar a La Romana. Verás qué terrenos y hoteles tan lindos tiene.

Pedro acepta encantado. ¡Qué suerte tener amigas tan buenas como las suyas!

Algunos de los letreros están en inglés y en español.

Otros servicios del aeropuerto sólo usan signos internacionales, como el teléfono.

Pedro toma varias fotografías de las afueras del aeropuerto.

28 Contesten las preguntas.

1. ¿Adónde va a pasar unos días Pedro?
2. ¿A quién va a visitar?
3. ¿Qué quiere ser?
4. ¿Qué documentos lleva él al aeropuerto?
5. En Santo Domingo, ¿dónde recoge Pedro sus maletas?
6. ¿Adónde pasa entonces?
7. ¿Por qué paga allí?
8. ¿Qué cambia Pedro?
9. ¿Con quién se encuentra?
10. ¿Por qué no pudo tomar el vuelo 729?
11. ¿Qué tiene Iris en su casa?

29 PRÁCTICA ORAL ⊗

30 Tato y Lola van de viaje. ⊗

Es muy importante traer el pasaporte. No olvides el tuyo.

¿Exceso de equipaje? Lleva sólo una o dos maletas.

Decide qué asiento quieres.

Respeta los anuncios de seguridad.

Ten preparada tu declaración de aduana.

Aprende las palabras útiles en español.

31 ¿Y tú?

1. ¿Necesitas pasaporte para viajar fuera de los EE.UU.?
2. ¿Adónde te gustaría viajar?
3. ¿Qué documentos necesitarías?
4. ¿Cuántas maletas llevarías?
5. ¿Qué más llevarías si vas a viajar?

POSSESSIVE PRONOUNS

32

Lean los siguientes ejemplos. ⊗

> Ése es el vuelo tuyo y **el mío.**
> Ése es el folleto mío y **el tuyo.**
> Ésos son los controles suyos y **los nuestros.**

In the first sentence, what word means *mine?* In the second sentence, what word means *yours?*
In the third sentence, what word means *ours?*

33

Lean el siguiente resumen.

You have already learned about long-form possessive adjectives. They follow the noun they modify, and agree in gender and number with the noun: **el vuelo tuyo, el folleto mío.**

Possessive pronouns have the same forms as possessive adjectives. They are preceded by the definite article, and both agree in gender and number with the noun they refer to.

> ¿Qué **vuelo, el mío?**   What flight, mine?
> ¿Qué **folletos, los tuyos?**   What pamphlets, yours?

The following chart shows the possessive pronouns.

	Masculine		Feminine	
	Singular	Plural	Singular	Plural
mine	**el mío**	**los míos**	**la mía**	**las mías**
yours (fam.)	**el tuyo**	**los tuyos**	**la tuya**	**las tuyas**
his hers ⎫ *yours (pol.)* ⎬ *theirs* ⎭	**el suyo**	**los suyos**	**la suya**	**las suyas**
ours	**el nuestro**	**los nuestros**	**la nuestra**	**las nuestras**

Since **el suyo, la suya, los suyos,** and **las suyas** can have several meanings, the appropriate definite article followed by **de él, de ella, de Ud., de ellos, de ellas,** or **de Uds.** is often used instead, to make the meaning clearer.

> Pedro llevó mi maleta y **la suya.** = Pedro llevó mi maleta y **la de él.**
> Ellos llevaron tu pasaje y **los suyos.** = Ellos llevaron tu pasaje y **los de ellos.**

34

Un amigo le pregunta a Pedro. ⊗

¿Tienes tu tarjeta de turista?   Sí, tengo la mía.
¿Tienes nuestros pasaportes?
¿Tienes sus maletas?
¿Tienes mi certificado de vacuna?
¿Tienes tus cheques de viajero?

35

Pedro quiere saber. ⊗

¿Son las monedas suyas?   No, no son las suyas.
¿Es el vuelo mío?
¿Son los recibos nuestros?
¿Son los folletos tuyos?
¿Son las planillas mías?

36 En la sala de entrega de equipaje ⊗

¿Cree Ud. que son las mías?

¿Cree Ud. que es el de mi hermana?
¿Cree Ud. que son los de Pedro?
¿Cree Ud. que es la de nuestros amigos?
¿Cree Ud. que son las de la aeromoza?

Parece que son las suyas.
Parece que son las de Ud.

37 EJERCICIO ESCRITO

Write out the answers to Exercises 34, 35, and 36.

38 EJERCICIO DE COMPRENSIÓN ⊗

	0	1	2	3	4	5	6	7	8	9	10
Possessive adjective											
Possessive pronoun	√										

39 EJERCICIO DE CONVERSACIÓN

Pregúntale a un(-a) compañero(-a): 1. ¿Qué país de Hispanoamérica le gustaría visitar?
2. ¿Qué documentos tendría que llevar? 3. ¿Tendría que comprar una tarjeta de visitante, y dónde la compraría? 4. ¿Dónde cambiaría sus dólares por la moneda del país que va a visitar?
5. ¿Llevaría su dinero en efectivo o en cheques de viajero? 6. ¿Por qué? 7. ¿Cuántas maletas llevaría? 8. ¿Qué oficina tendría que pasar antes de entrar en el país?

40 EJERCICIO DE COMPOSICIÓN

Escríbele una carta al Sr. Director, Academia Sudamericana de Aeromozos en Buenos Aires, Argentina. Di en la carta que quieres entrar a la academia para estudiar para aeromozo(-a).

41 Expresiones útiles ⊗

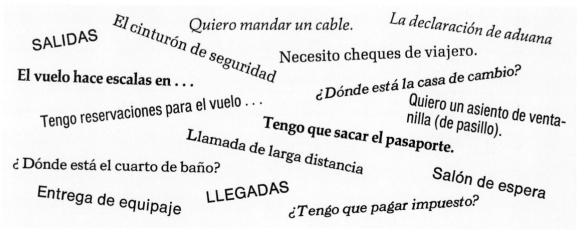

SALIDAS
El cinturón de seguridad
Quiero mandar un cable.
La declaración de aduana
Necesito cheques de viajero.
El vuelo hace escalas en . . .
¿Dónde está la casa de cambio?
Tengo reservaciones para el vuelo . . .
Quiero un asiento de ventanilla (de pasillo).
Tengo que sacar el pasaporte.
Llamada de larga distancia
¿Dónde está el cuarto de baño?
Entrega de equipaje   LLEGADAS
Salón de espera
¿Tengo que pagar impuesto?

42 VOCABULARIO

1–13
el **aeromozo, -a**   *flight attendant,*
  steward/ess
la **aerovía**   *airline*
el **ala** (f.)   *wing*
la **aviación**   *aviation*
el **avión**   *plane*
el **bloque**   *block*
la **cabina**   *cockpit*
la **entrada**   *entrance*
el **instrumento**   *instrument*
la **oficina**   *office*
el **parqueo**   *parking (space)*
el **peligro**   *danger*
el **piloto**   *pilot*
la **precaución**   *precaution*
el **recibo**   *receipt*
la **rueda**   *wheel*

aguantar   *to hold*
amarrar   *to fasten, tie up*
andar:
  anduviste   *you (fam.) went*
    around
caber:
  cupe   *I fit (pret.)*
haber   *to have, be*
  hubo   *there was*
poder:
  pude   *I could, was able*
poner:
  puse   *I put*
querer:
  quise   *I wanted*
quitar   *to remove, take away*
repasar   *to review, go over*
saber:
  supiste   *you (fam.) found out*
volar (ue)   *to fly*
zafar   *to untie, loosen*

la tuya   *yours (fam.)*

a tiempo   *in time, early*
de habla hispana   *Spanish-*
  speaking
en efectivo   *in cash*
por cierto   *certainly*
por suerte   *fortunately, luckily*
se ve volando   *sees himself flying*
tener tiempo de   *to have time to*
trabajar de (aeromozo)   *to work*
  as (a flight attendant)

14–26
el **aeroplano**   *airplane*
el **área de llegadas** (f.)   *arrival area*
la **bocina**   *loudspeaker*
la **cafetería**   *cafeteria*
el **calcetín**   *sock*
el **cartón**   *cardboard*
la **casa de cambio**   *money exchange*
  office
la **compañía**   *company*
el **copiloto**   *copilot*
el **cristal**   *glass*
el **cuero**   *leather*
el **despegue**   *take-off*
el **hilo**   *linen*
la **lana**   *wool*
la **llegada**   *arrival*
el **mando**   *control*
el **mantel**   *tablecloth*
el **material**   *material*
el **navegante, la** n.   *navigator*
la **pista**   *runway*
la **planilla**   *application form*
la **salida**   *departure*
el **salón**   *room*
el **salón de espera**   *waiting room*

el **salón de salidas**   *departure*
  room
la **seda**   *silk*
el **suelo**   *ground*
la **tripulación**   *crew*
la **unidad**   *unit*

distinto, -a   *different*
dominicano, -a   *Dominican*
encantado, -a   *delighted*
hecho, -a   *made*
hispánico, -a   *Hispanic*
monetario, -a   *monetary*
preparado, -a   *prepared*

anunciar   *to announce*
aparecer   *to appear*
  aparecen   *(they) appear*
lograr   *to achieve, attain*
regresar   *to return*
sentarse (ie)   *to sit down*

así que   *so, therefore*
pues   *since*

el mío, -a, -os, -as   *mine*
las suyas   *yours (pol.)*
el tuyo   *yours (fam.)*

a su hora   *on time*
de algodón   *(made of) cotton*
de cartón   *(made of) cardboard*
de cristal   *(made of) glass*
de hilo   *(made of) linen*
de lana   *(made of) wool*
de piña   *(made of) pineapple*
de pollo   *(made of) chicken*
de seda   *(made of) silk*
está retrasado, -a   *(it) is delayed*

27–41
la **aduana**   *customs office*
las **afueras**   *outskirts*
el **asiento**   *seat*
el **aviso**   *warning*
el **certificado de vacuna**   *vaccina-*
  tion certificate
el **cheque de viajero**   *traveler's*
  check
el **cinturón de seguridad**   *safety belt*
el **cuarto de baño**   *bathroom*
la **declaración de aduana**   *customs*
  declaration
el **documento**   *document*
la **entrega de equipaje**   *baggage*
  pick-up

el **exceso de equipaje**   *excess*
  luggage
el **impuesto**   *tax*
el **letrero**   *sign, poster*
el **pasaje**   *fare*
el **pasaporte**   *passport*
la **reservación**   *reservation*
La **Romana**   *resort in the*
  Dominican Republic
la **seguridad**   *security*
el **servicio**   *service*
la **tarjeta de visitante**   *visitor's*
  card
el **terreno**   *land*
la **ventanilla**   *window (in plane)*

aceptar   *to accept*
declarar   *to declare*
encontrar (ue)   *to find*
llenar   *to fill out*
recoger   *to collect, gather up*
respetar   *to respect*

ir de viaje   *to go on a trip*
lo importante   *the important*
  thing

Hispanic Americans In the U.S.

There are approximately twelve million Hispanic Americans in the United States. Mexican Americans represent the largest group—about seven million live in California, Texas, and other Southwestern states. The second largest group—close to two million—is the Puerto Ricans. Seven hundred thousand Cuban Americans form the third largest category of Hispanics living in the United States, most of them in Florida. Besides these major groups, an additional two and a half million Hispanic Americans have come from Spain, the Dominican Republic, Colombia, Argentina, and other Central and South American countries.

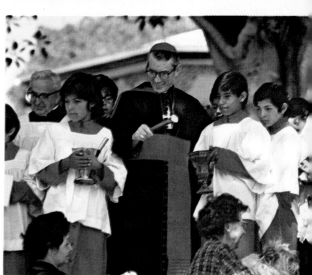

Plate 2

Evidence of the culture and traditions of Mexican-American groups can be experienced throughout the Southwest. In large cities like Los Angeles, Dallas, and San Antonio, the vibrant colors and zesty flavors of their Mexican heritage flourish. Large murals decorate open public spaces. Families gather for a traditional breaking of the piñata in a local park, or go to a restaurant that serves typical Mexican dishes. Traditions are preserved and carried on.

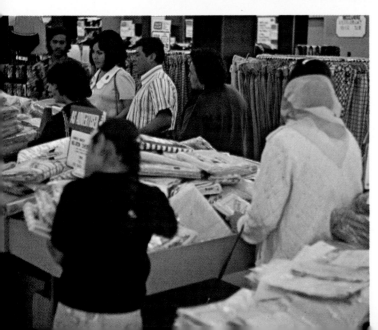

Mexican Americans, like many other groups, participate in the mainstream of modern American life. Countless opportunities are available to them, and they make the most of these opportunities. At home, at school, and in business, they have achieved a mixture of elements from Mexican and American cultures that is characteristic of the Southwest.

A large number of Puerto Ricans make their home in New York City. Like the Mexican Americans in the Southwest, Puerto Ricans in New York have preserved those things of their home island that are important to them. Once a year, Puerto Ricans in New York City have a parade on a Sunday in June. Specialty stores throughout New York carry items that are a part of the everyday life of the Puerto Rican family living in this city.

Plate 5

Museo del Barrio NYC
Fragmentos De Mis Islas
Fotos José R. Gaztambide

Artistic expression reflects the values of any cultural group. In New York City, museums and galleries exhibit the works of outstanding Puerto Rican artists. Dance and theater ensembles perform works that add to the variety of experiences that make New York a culture capital.

In Miami, the impact of the Cubans is evident almost everywhere. The area has been transformed from a resort spot into a vital center of international commerce. The Bacardi Art Gallery houses an impressive art collection in a building that has won architectural acclaim internationally.

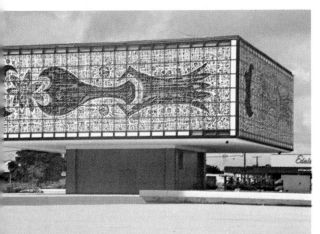

Plate 7

Plate 8

29

La música

1 El ensayo ◉

"¡Todos juntos! Uno, dos, tres," les pidió Enid a los miembros de la banda. ¡Qué contenta se sintió porque esta vez todos empezaron juntos! "Más rápido," les dijo al bajo y a la guitarra eléctrica. "¿Se durmieron aquí? Tenemos que repetir la primera parte." Enid siguió marcando el ritmo de la alegre salsa. "Ahora un poco más despacio, más suave. La batería... ¡fuerte, más alto! Es un solo de batería." Al rato ella tocaba su parte en el acordeón. El cencerro, el güiro, los bongós y la conga le daban sabor latino a la pieza. ¡Qué pena que los dos trombones no pudieron venir al ensayo!

Los músicos repitieron la pieza y luego siguieron, tocando salsas, merengues y boleros. Para ellos las largas horas de práctica individual y los ensayos cuando tocan juntos son un gran placer. Y con el aplauso del público sienten aún más placer.

Rafael toca la batería muy bien. Él tiene gran ritmo para los tambores y los platillos.

Daniel está aprendiendo a tocar el cencerro. Heri toca los bongós.

Sergio toca la conga con mucho ritmo. Practica casi todos los días.

La guitarra es el instrumento musical favorito de Roberto.

2 Contesten las preguntas.

1. ¿Qué dice Enid para empezar el ensayo?
2. ¿Cómo se sintió ella? ¿Por qué?
3. ¿Qué les dijo al bajo y a la guitarra eléctrica?
4. ¿Qué tienen que repetir?
5. ¿Qué siguió marcando Enid?
6. ¿Quién va a tocar un solo?
7. ¿Qué instrumento toca Enid?
8. ¿Quiénes no pudieron venir al ensayo?
9. ¿Qué repitieron los músicos?
10. ¿Qué siguieron tocando ellos?
11. ¿Qué es un gran placer para ellos?

3 ¿Y tú?

1. ¿Cuál es tu banda favorita?
2. ¿Qué clase de música toca?
3. ¿Cuál es tu instrumento musical favorito?
4. ¿Por qué?
5. ¿Te gustaría tocar en público? ¿Dónde?
6. ¿Cuántas horas tendrías que practicar?

4 PRÁCTICA ORAL ⊗

5 Instrumentos musicales de percusión ⊗

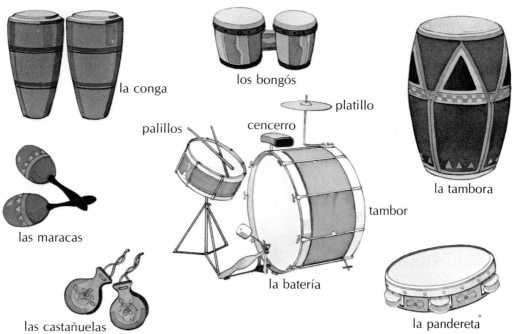

la conga

los bongós

platillo

palillos

cencerro

la tambora

tambor

las maracas

la batería

las castañuelas

la pandereta

6 PRÁCTICA ORAL ⊗

7

The music of the Caribbean area has influenced the popular music of the Western Hemisphere for many years. Rhythms that make the listener want to get up and dance have been one of the main characteristics of the music of the Caribbean. The rumba and the conga, in previous times, and the salsa today have had great impact on popular American music. At the heart of this music is the beat, a beat that when combined with disco, rock, and pop gives the music a popular Latin beat.

8

STEM-CHANGING VERBS

You already know that in the *present tense* there are three groups of verbs that take regular endings, but have changes in the *last* vowel of their stem in all forms except the **nosotros, -as** form. The following chart reviews the stem-changing verbs in the present tense.

				STEM-CHANGING VERBS IN THE PRESENT TENSE
Group	Infinitive Ending	Verb	Stem Change	Present Tense
I	-ar	cerrar	e *to* ie	cierro, cierras, cierra, cerramos, cierran
		contar	o *to* ue	cuento, cuentas, cuenta, contamos, cuentan
	-er	perder	e *to* ie	pierdo, pierdes, pierde, perdemos, pierden
		volver	o *to* ue	vuelvo, vuelves, vuelve, volvemos, vuelven
II	-ir	sentir	e *to* ie	siento, sientes, siente, sentimos, sienten
		dormir	o *to* ue	duermo, duermes, duerme, dormimos, duermen
III	-ir	pedir	e *to* i	pido, pides, pide, pedimos, piden

9 Enid quiere hacer las cosas después. ⊗

Voy a cerrar la puerta.   Mejor cierras la puerta después.
Va a contar los instrumentos musicales.
Voy a mover el piano.
Vamos a comenzar el ensayo.
Voy a dormir.

10 Sergio lo sabe todo. ⊗

Prefiero la guitarra   Ya sé que prefieres la guitarra.
Siempre repites ese bolero.
Se sienten cansados después del ensayo.
Nos divertimos mucho en las fiestas.
Se mueren de risa cuando él toca.
Les piden otro bolero.
Vuelvo luego con los instrumentos.
Queremos tocar un bolero ahora.

11 Así pasa siempre. ⊗

Las guitarras van a seguir la batería.   Siempre siguen la batería.
Las castañuelas van a sonar muy fuerte.
Enid y Sergio van a pedir un bolero.
Los muchachos se van a divertir mucho.
Los padres van a decir que la música está
   muy fuerte.

12 EJERCICIO ESCRITO

Write out the answers to Exercises 9, 10, and 11.

13 STEM-CHANGING VERBS IN THE PRETERIT TENSE

In the preterit tense, only **-ir** verbs (which in the present tense belong to Groups II and III) have changes in the *last* vowel of the stem. The change occurs only in the **Ud./él/ella** and the **Uds./ellos/ellas** forms. All other forms of these verbs keep their stem unchanged in the preterit. The following chart shows the stem changes in the preterit.

Infinitive Ending	STEM-CHANGING VERBS IN THE PRETERIT TENSE		
	Verb	Stem Changes	Preterit Tense
-ir	dormir	**o** *to* **u**	**dormí, dormiste, durmió, dormimos, durmieron**
	sentir	**e** *to* **i**	**sentí, sentiste, sintió, sentimos, sintieron**
	pedir	**e** *to* **i**	**pedí, pediste, pidió, pedimos, pidieron**

1. The vowel changes in the preterit are not the same as in the present tense. Verbs that change their stem vowel from **o** to **ue** in the present, change from **o** to **u** in the preterit. Verbs that change their stem vowel from **e** to **ie** and **e** to **i** in the present, change from **e** to **i** in the preterit.
2. Notice that in both the present and preterit tenses, **-ir** stem-changing verbs undergo a change in the last vowel of their stems.

Infinitive	Present Tense	Preterit Tense
preferir	**prefiere**	**prefirió**
despedirse	**se despiden**	**se despidieron**

14 Sergio y David hablan. ☺

Creo que tocará la guitarra.
Creo que tocaré el acordeón.
Creo que tú tocarás la batería.
Creo que tocarán los trombones.
Creo que tú y yo tocaremos los tambores.
Creo que tocará la trompeta.

Siempre prefirió la guitarra.

15 Rafael conversa con Enid. ☺

Se van a divertir mucho.
Van a seguir el ritmo de la salsa.
Van a sentirse contentos de tocar en público.
Va a pedirte las maracas.

Ayer también se divirtieron mucho.

16 Enid le pregunta a Roberto. ⊗

¿Se visten de uniforme para tocar en la fiesta? Hoy se vistieron de uniforme para tocar en la fiesta.

¿Duermen un rato antes de empezar a tocar?
¿Prefiere tocar merengues?
¿Te pide la guitarra prestada?
¿Repite su canción favorita?

17 EJERCICIOS ESCRITOS

A. *Write out the answers to Exercises 14, 15, and 16.*

B. *Rewrite the following paragraph, changing all the underlined verbs to the preterit tense.*
Enid prefiere descansar antes de la fiesta de esa noche, y duerme un rato por la tarde. Luego se viste muy bien y va a buscar a varios compañeros. ¡Cómo se divierten y se ríen todos en la fiesta! Mario le pide la guitarra a Raúl para tocar una pieza él solo. Luego el grupo sigue tocando toda la noche, y los muchachos repiten las canciones más populares. Con tanto aplauso todos se sienten muy contentos y alegres.

18 La música y los estudios ⊗

1 Los guitarristas° tocan un dúo° de guitarra.

2 Y luego descansan después del ensayo.

La mayoría° de los muchachos del grupo aún están en la escuela secundaria. Enid estudia en la Escuela Libre de Música. Allí, además de las materias de secundaria, tiene que estudiar música como condición° de la escuela. Además del acordeón, ya ella toca la viola y el cuatro puertorriqueño.° Al final del verano, ella va a estudiar 6 semanas en un campamento musical en los Estados Unidos. Enid dice que nunca ha tenido problemas en dividir su tiempo entre los estudios del colegio y la música. Según ella, la música la ayuda a estudiar mejor.

PALABRAS ADICIONALES: el guitarrista, la g.: *guitar player;* el dúo: *duet;* la mayoría: *majority;* la condición: *condition, requirement;* el cuatro puertorriqueño: *four-stringed guitar*

19 El trío Lugo ⊗

DAVID   Félix, por favor, tráeme aquel micrófono.

FÉLIX   ¿Éste?

DAVID   No, ése no. Aquél que está más allá.

FÉLIX   ¿Y por qué éste no?

DAVID   Porque ése no es para este amplificador. Ese micrófono es para aquel amplificador que está allá.

RAMÓN   Si siguen peleando, nunca vamos a empezar el ensayo.

DAVID   Perdóname, Félix. Mira, cambié un poco el arreglo de este merengue.

FÉLIX   Pues no estoy de acuerdo. No fue lo que decidimos ayer. Yo creo que....

RAMÓN   ¡Basta ya, Félix! Con el cambio tocas un solo de batería al final de la pieza.

FÉLIX   ¡Ah, bueno, chico, ahora sí me convences! Tienes razón, David. Así está mejor. Bueno, vamos a practicar.

1 ¿Y por qué no este micrófono?

2 Porque ése es para aquel micrófono que está más allá.

3 David toca el piano y la pandereta. Además, él hace los arreglos musicales.

4 Ramón toca la guitarra eléctrica. Él compone lindas canciones también.

20 Contesten las preguntas.

1. ¿Qué micrófono quiere David?
2. ¿Quiénes están peleando?
3. ¿Qué cambió David?
4. ¿Quién no está de acuerdo? ¿Por qué?
5. ¿Qué toca Félix al final de la pieza?
6. ¿Qué instrumentos toca David?
7. ¿Qué instrumento toca Ramón?
8. ¿Qué más hace él?

21 **PRÁCTICA ORAL** ⊗

22 **El piano, el acordeón y los instrumentos de viento** ⊗

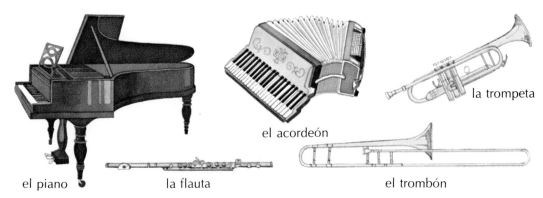

la trompeta

el acordeón

el piano   la flauta   el trombón

23 **Y los instrumentos de cuerda** ⊗

el arco

el violín

el bajo

la guitarra

24 **Los instrumentos de música**

1. ¿Cuántos instrumentos de viento ves aquí?
2. ¿Cómo se llaman? ¿Cuáles te gustan?
3. ¿Cuántos instrumentos de cuerda ves aquí?
4. ¿Cómo se llaman?
5. ¿Cuál preferirías tocar? ¿Por qué?
6. ¿Conoces otros instrumentos? ¿Cuáles?

25 **PRÁCTICA ORAL** ⊗

26 **EJERCICIO DE COMPRENSIÓN (MUSICAL)** ⊗

	0		1		2		3		4		5
batería	√	cencerro		conga		pandereta		guitarra		flauta	
trombón		acordeón		maracas		piano		trompeta		violín	

MORE ABOUT DEMONSTRATIVES

You have already learned the demonstrative adjectives **este,** *this,* and **ese,** *that.* Spanish has a third demonstrative adjective, **aquel,** which also means *that.* **Aquel** is used to refer to something that is farthest away in terms of place or time from the person speaking.

Aquel piano en el otro cuarto es mío.	*That piano in the other room (away from the person speaking) is mine.*
Aquel día practicamos mucho.	*That day (a long time ago) we practiced a lot.*

Aquel also agrees in number and gender with the noun it modifies. The following chart shows the forms of all the demonstrative adjectives.

DEMONSTRATIVE ADJECTIVES				
	Masculine		Feminine	
this *these*	**este** **estos**	piano pianos	**esta** **estas**	guitarra guitarras
that *those*	**ese** **esos**	piano pianos	**esa** **esas**	guitarra guitarras
that *those*	**aquel** **aquellos**	piano pianos	**aquella** **aquellas**	guitarra guitarras

28 **Félix nunca quiere lo que su amigo le da.** ⊗

¿Quieres ese micrófono?   Quiero aquel micrófono que está más lejos.
¿Quieres esas guitarras?   ¿Quieres esas trompetas?   ¿Quieres ese piano?

29 **David no se acuerda.** ⊗

¿Te acuerdas de la música que tocamos?   No me acuerdo de aquella música.
¿Te acuerdas de los merengues que tocamos?   ¿Te acuerdas de la fiesta donde tocamos?
¿Te acuerdas de los pianos viejos que tocamos?   ¿Te acuerdas de las canciones que tocamos?

30 **EJERCICIO ESCRITO**

Write out the answers to Exercises 28 and 29.

31 DEMONSTRATIVE PRONOUNS

In Spanish, the demonstrative pronouns also have the form **aquél,** which agrees in number and gender with the nouns it refers to. The following chart shows the forms of the demonstrative pronouns.

DEMONSTRATIVE PRONOUNS		
	Masculine	Feminine
this (one) these	**éste** **éstos**	**ésta** **éstas**
that (one) those	**ése** **ésos**	**ésa** **ésas**
that (one) those	**aquél** **aquéllos**	**aquélla** **aquéllas**

Notice that all of the above demonstrative pronouns have a written accent, while the demonstrative adjectives are not accented.

32 Ramón discute con un amigo. ⊗

Me gusta ese violín.   Yo prefiero aquél que vendiste.
Me gusta esa pandereta.   Me gustan esos tambores.   Me gustan esas flautas.   Me gusta ese piano.   Me gustan esas guitarras.   Me gustan esos trombones.

33 Félix va a usar las cosas que están más lejos. ⊗

¿Prefieres esta pandereta o ésa?   Gracias, pero voy a usar aquélla.
¿Prefieres este piano o ése?   ¿Prefieres estas trompetas o ésas?   ¿Prefieres estos instrumentos o ésos?   ¿Prefieres esta conga o ésa?   ¿Prefieres este violín o ése?

34 David no se acuerda de lo que tocaban el año pasado. ⊗

¿Te acuerdas de la música que tocábamos?   No, no me acuerdo de aquélla.
¿Te acuerdas de los merengues que tocábamos?   ¿Te acuerdas del arreglo que tocábamos?
¿Te acuerdas de las salsas que tocábamos?   ¿Te acuerdas de los boleros que tocábamos?

35 EJERCICIO ESCRITO

Write out the answers to Exercises 32, 33, and 34.

36 EJERCICIO DE COMPRENSIÓN ⊗

	0	1	2	3	4	5	6	7	8	9	10
A											
B	√										

37 La lucha° por ser músico

A Félix le ha costado mucho la batería. No sólo en dinero, sino también en trabajo. Empezó a tocar a los once años. Él usaba unas latitas vacías° como cencerros, y unos recipientes° plásticos como tambores. Su platillo era un pedazo° de metal. Como pedestal, usaba una rama° grande. Los palillos° los hacía de unas ramas finas° del árbol de guayaba. A los dieciséis años, con los ahorros° de un part-time, se compró una batería profesional, de uso°. Entonces formó su trío con dos amigos. Ellos aún no han podido comprar los amplificadores. Los alquilan cuando van a tocar en una fiesta.

Generalmente, el trío cobra $125.00 cuando toca en público. En las fiestas más importantes, otro amigo toca la conga con ellos. Entonces cobran $150.00 y, a veces, $200.00.

Naturalmente, este dinero no es todo para ellos. El grupo tiene muchos gastos que tiene que pagar del dinero que gana. Los muchachos ahorran todo lo que pueden. No tienen trajes° vistosos° todavía, pero siempre se visten bien para sus funciones. Ellos no tienen dinero para publicidad. Sus amigos y clientes los recomiendan y reparten las tarjetas° del trío. Para transportar el equipo ellos usan el carro de la mamá de Ramón. La condición para usarlo es mantener buenas notas° en la escuela. Hasta ahora, nadie ha tenido problemas con sus estudios.

PALABRAS ADICIONALES: la lucha: *fight, struggle;* vacío, -a: *empty;* el recipiente: *container;* el pedazo: *piece;* la rama: *branch;* el palillo: *drumstick;* fino, -a: *thin;* los ahorros: *savings;* de uso: *second-hand;* el traje: *suit;* vistoso, -a: *showy;* la tarjeta: *card;* la nota: *grade, mark*

38

Young people who form musical groups soon find that there are many additional expenses besides the cost of their instruments and amplifying equipment. A necessary expense is the transportation of the equipment, which forces the group to rent or buy a car or van. Another expense is the cost of special costumes, which many groups wear. Still another expense is publicity: spots in popular radio stations, ads in youth magazines and school or college newspapers. All this, if the group is to succeed, requires making the right decisions. But they learn how to deal with the business world at an early age. It's all preparation for adult life.

39 Entrevista exclusiva con el grupo Los Playeros ⊗

Irma Reyes, la reportera musical del periódico *La Juventud*, tuvo una entrevista exclusiva con Ángel Soto, del nuevo grupo popular *Los Playeros*. Aquí, queridos lectores, la entrevista.

Los Playeros

IRMA   Bien, Ángel. Uds. ganaron el concurso de televisión para grupos de escuelas secundarias, ¡ante más de cincuenta mil televidentes! ¿Con qué composición ganaron?

ÁNGEL   Con nuestra composición "En el año mil novecientos ochenta y uno."

IRMA   ¿Han vendido muchos discos?

ÁNGEL   Hasta la fecha más de veintiún mil.

IRMA   Ahora que son famosos, ¿qué ambición tienen?

ÁNGEL   Grabar nuestra nueva canción y vender un millón de discos, que nos dará un disco de oro. O dos o tres millones, ¿quién sabe?

IRMA   ¿Qué puedes decirles a los muchachos y muchachas que empiezan a tocar ahora?

ÁNGEL   Que tienen que luchar si quieren triunfar. Para nosotros la música ha sido una experiencia involvidable. Siempre será parte de nuestras vidas.

IRMA   Gracias, Ángel. Yo sé que tendrán gran éxito en el futuro.

Los Playeros estarán pronto en el primer lugar del *hit-parade*. Pueden comprar sus discos en todas las tiendas de discos, u oírlos en los programas de sus *disk-jockeys* favoritos.

40 Contesten las preguntas.

1. ¿Cómo se llama el periódico?
2. ¿Con quién es la entrevista?
3. ¿Qué concurso ganaron *Los Playeros?*
4. ¿Ante cuántos televidentes?
5. ¿Con qué composición ganaron?
6. ¿Cuántos discos han vendido?
7. ¿Qué quieren grabar?
8. ¿Cuántos discos quieren vender?
9. ¿Qué ha sido una experiencia inolvidable?

41 ¿Y a ti?

1. ¿Te gustaría más ser reportero(-a) de un periódico o de la televisión?
2. ¿Por qué?
3. ¿En qué te gustaría ser famoso(-a)?
4. ¿Por qué?
5. ¿Dónde compras discos?
6. ¿Cuántos discos tienes?
7. ¿Cuál es tu grupo favorito?

42 PRÁCTICA ORAL ⊗

43   MORE ABOUT CARDINAL NUMBERS

When you studied the cardinal numbers from 100 to 1,000, you learned that **cien** becomes **ciento** in numbers greater than one hundred.

ciento dos	a (one) hundred two
ciento veinte	a (one) hundred twenty

Cien does not change to **ciento** when placed immediately before a noun, nor before the numbers **mil,** *one thousand,* and **millones,** *millions.*

cien dólares	a (one) hundred dollars
cien mil	a (one) hundred thousand
cien millones	a (one) hundred millions

Notice that Spanish does not use the equivalent of the word *a* or *one* before **cien** or **ciento.**

The following chart shows cardinal numbers from 1,000 to 1,000,000.

1,000	**mil**	2,001	**dos mil uno**
1,001	**mil uno**	10,000	**diez mil**
1,021	**mil veintiuno**	21,000	**veintiún mil**
1,500	**mil quinientos**	100,000	**cien mil**
2,000	**dos mil**	1,000,000	**un millón**

1. The Spanish word for *a thousand* is **mil.**

mil dólares	a (one) thousand dollars

2. The masculine form **un** is always used when another number ending in *one* precedes **mil,** even if the number modifies a feminine noun.

veintiún mil muchachos	**veintiún mil muchachas**
cincuenta y un mil muchachos	**cincuenta y un mil muchachas**

3. To express numbers above 1,000, Spanish always uses the word **mil,** *thousand.* For example, the construction *seventeen seventy-six* is expressed as **mil setecientos setenta y seis;** *fifteen hundred* as **mil quinientos.**

4. Unlike the lower numbers, **millón** is a noun and has a plural form: **un millón, dos millones. Millón** is followed by the preposition **de** when it precedes another noun.

un **millón de** discos	a (one) million records
tres **millones de** discos	three million records

44   Un amigo juega con Ángel. ⊗

¿Te gustaría vender 100 discos?   Claro que me gustaría vender cien discos.
¿110?   ¿1,000?   ¿21,000?   ¿100,000?   ¿140,000?   ¿1,000,000?   ¿3,000,000?

45   ¿Y ante cuántas personas de gustaría tocar? ⊗

¿Ante 134 personas?   Sí, ante ciento treinta y cuatro personas.
¿Ante 2,000?   ¿41,000?   ¿101,000?   ¿6,000,000?   ¿100,000,000?   ¿261,000,000?

EJERCICIOS ESCRITOS

A. *Write out the answers to Exercises 44 and 45.*

B. *Write out the following dates in Spanish.*

October 12, 1492   El doce de octubre de mil cuatrocientos noventa y dos

September 9, 1810   May 2, 1808   July 4, 1776   January 1, 1981   January 6, 2005

47 En la tienda de música ⊗

el radio

el estéreo

el amplificador

las bocinas

el tocadiscos

el cartucho

el cassette

el disco

la grabadora

ÁNGEL   Mira qué precio tan barato tiene ese radio.

TOMÁS   Pero no me gusta ése,
sino aquél que está en la
mesa. Lo voy a encender.
¡Oye qué bien suena!

DIEGO   ¡No tan alto! O lo pones
más bajo o nos van a
botar.

TOMÁS   Yo lo compraría pero no
tengo suficiente dinero
conmigo.

ÁNGEL   No vinimos a gastar
dinero sino a pasar el
rato.

DIEGO   ¡Qué pena! Pero tienes
razón. Tenemos que
ahorrar.

Los muchachos no hacen nin-
guna compra, pero pasan un
buen rato. El dueño les permite
poner varios discos y cintas.
Ahora que ellos son famosos, son
grandes favoritos de la clientela
de la tienda de música.

48 PRÁCTICA ORAL ⊗

pero AND sino

You have already learned the conjunction **pero.**

Lo compraría, **pero** no tengo dinero.   *I would buy it, but I don't have money.*

However, when the first part of the sentence has a negative word and the second part contradicts it, Spanish uses **sino,** instead of **pero.**

No quiero este radio, **sino** aquél.   *I don't want this radio, but (rather) that one.*
No fue Ángel, **sino** Tomás.   *It wasn't Angel, but (rather) Tomas.*

50 Diego le pregunta a Ángel. ⊗

¿Quieres la bocina o el amplificador?   No quiero la bocina sino el amplificador.
¿Quieres el tocadiscos o el radio?   ¿Quieres el cassette o la grabadora?   ¿Quieres el cartucho o el disco?   ¿Quieres el estéreo o el televisor?

51 Ángel sabe los instrumentos que tocan. ⊗

¿Crees que toca el acordeón, pero no el   No, no toca el acordeón sino el piano.
piano?
¿Crees que toca la guitarra, pero no la trompeta?   ¿Crees que toca la flauta, pero no la batería?   ¿Crees que toca el trombón, pero no la pandereta?   ¿Crees que toca el violín, pero no el bajo?   ¿Crees que toca el güiro, pero no las maracas?

52 EJERCICIOS ESCRITOS

A. *Write out the answers to Exercises 50 and 51.*

B. *Rewrite the following sentences, using* pero *or* sino.
No van a tocar hoy _____ mañana. Llegaron tarde al ensayo _____ no importa. No pusieron el disco _____ el cartucho. Tocaron varios boleros _____ no tocaron música *rock.* No van a usar el tocadiscos _____ el cassette.

53 EJERCICIO DE CONVERSACIÓN

Pregúntale a un(-a) compañero(-a) si toca algún instrumento musical. ¿Toca bien o mal? ¿Es parte de un grupo o banda? ¿Quiénes tocan en el grupo? ¿Qué instrumentos tocan? ¿Cuáles son los grupos y el tipo de música que más le gustan? ¿Cuál es su canción favorita? Pregúntale también si tiene un estéreo, si prefiere tocar discos o cartuchos, y cuáles le gustan más.

54 EJERCICIO DE COMPOSICIÓN

Piensa que tú o unos amigos van a formar un grupo musical, y escribe una composición de 80 palabras o más, donde nos cuentas cuántos miembros serán parte del grupo. ¿Qué tipo de música van a tocar? ¿Cuántas horas van a ensayar, cuántas veces a la semana, y en casa de quién? También cuenta cómo van a llevar los instrumentos. ¿Pueden alquilar o comprar un carro? ¿Qué clase de publicidad van a hacer? ¿En qué clase de fiestas crees que podrán tocar? ¿Cuánto crees que les pagarán por cada fiesta y qué crees que harán con el dinero que van a ganar?

VOCABULARIO

1–18

el **acordeón**   *accordion*
el **aplauso**   *applause*
el **bajo**   *bass*
la **banda**   *band*
la **batería**   *battery, percussion section*
el **bolero**   *Latin-American dance*
el **bongó**   *bongo drum*
las **castañuelas**   *castanets*
el **cencerro**   *cowbell*
la **conga**   *conga (drum)*
el **ensayo**   *rehearsal*
el **güiro**   *musical instrument made of a dried gourd*
las **maracas**   *maracas*
el **merengue**   *typical Dominican dance*
la **pandereta**   *tambourine*
la **percusión**   *percussion*
el **piano**   *piano*
la **pieza**   *piece (of music)*
la **práctica**   *practice*
el **público**   *audience, public*
los **platillos**   *cymbals*
el **ritmo**   *rhythm*
el **sabor**   *flavor, taste*
la **salsa**   *Latin-American dance*
el **solo**   *solo*
el **tambor**   *drum*
la **tambora**   *bass drum*
el **timbal**   *kettledrum*
el **trombón**   *trombone*

eléctrico, -a   *electric*
latino, -a   *Latin American*
despacio   *slowly*

dormirse (ue,u)   *to fall asleep*
  se durmieron   *(they) fell asleep*
repetir (i)   *to repeat*
  repitieron   *(they) repeated*
seguir (i):
  siguió   *(she) followed*
  siguieron   *(they) followed*

¡Qué pena!   *What a shame!*

19–38

el **amplificador**   *amplifier*
el **arco**   *bow (for string instruments)*
el **arreglo**   *arrangement*
el **cambio**   *change*
la **cuerda**   *string*
la **flauta**   *flute*
el **micrófono**   *microphone*
el **miembro, la m.**   *member*
la **trompeta**   *trumpet*
el **violín**   *violin*

aquel   *that*
aquél   *that one*

componer   *to compose*
  compone   *(he) composes*
convencer   *to convince*
  convences   *you (fam.) convince*
pelear   *to fight*

¡Basta!   *That's enough!*

estar de acuerdo   *to agree*

39–54

la **ambición**   *ambition*
el **cartucho**   *cartridge*
el **cassette**   *cassette recorder*
la **cinta (magnetofónica)**   *(recording) tape*
la **composición**   *(musical) composition, piece*
el **concurso**   *contest*
el **dueño, -a**   *owner*
la **entrevista**   *interview*
el **futuro**   *future*
la **grabadora**   *tape recorder*
la **juventud**   *youth*
el **lector, -a**   *reader*
el **millón**   *million*
el **oro**   *gold*
el **reportero, -a**   *reporter*

el **televidente, la t.**   *television viewer*
el **tocadiscos**   *record player*

exclusivo, -a   *exclusive*
inolvidable   *unforgettable*
ninguno, -a   *any, none*

botar   *to throw out*
gastar   *to spend*
grabar   *to record*
luchar   *to fight, struggle*
sonar (ue)   *to sound*
triunfar   *to triumph*

ante   *before, in front of*
sino   *but (rather)*

tener éxito   *to succeed*

Un domingo con los Polanco

1 El domingo por la mañana ⊗

La familia Polanco va a misa a las siete de la mañana todos los domingos. Van a la iglesia que está cerca de su casa. Siempre llegan temprano para sentarse juntos en los dos primeros bancos. Cuando termina la misa pasan un rato conversando con el párroco, cuyo hermano está casado con la hermana de la Sra. Polanco. El hermano del párroco y la Sra. Polanco son cuñados. Luego vuelven a su casa. Las muchachas que se quedan en el portal leen el periódico y conversan con su madre sobre las noticias del día y del barrio.

MIRTA	¿Quién es la señora con quien hablabas después de misa, mamá?
MADRE	Es la señora cuya hija se va a casar con Roberto Pérez.
MIRTA	¿Qué quería?
MADRE	Quería invitarnos a la boda. Le dije que todos iríamos.

Así pasan el rato, conversando con los vecinos y disfrutando del fresco. Luego van adentro y se ponen ropa más informal. Para la Sra. Polanco, el almuerzo del domingo es muy importante. Pronto ella va a la cocina con su hijo, Eduardo, quien es un gran cocinero, para preparar el almuerzo.

2 Contesten las preguntas.

1. ¿Adónde va la familia los domingos?
2. ¿Para qué llegan temprano?
3. ¿Con quién conversan cuando termina la misa?
4. ¿Qué son el hermano del párroco y la Sra. Polanco?
5. ¿Qué hacen las muchachas que se quedan en el portal?
6. ¿Quién es la señora con quien hablaba la Sra. Polanco?
7. ¿Qué quería la señora?
8. ¿Qué le dijo la Sra. Polanco?

3 ¿Y los domingos?

1. ¿A qué hora te levantas los domingos?
2. ¿Qué haces temprano por la mañana?
3. ¿Te quedas en casa o sales con amigos?
4. ¿Qué es lo que más te gusta hacer los domingos por la mañana?
5. ¿Por qué?

4 PRÁCTICA ORAL ⊗

5 ¿Qué hacen los Polanco antes del almuerzo? ⊗

1 Belén y Aurora, que se quedan en la sala, ven televisión.

2 Otras, que no quieren ver televisión, patinan frente a la casa.

3 Pepín, cuyos amigos lo vienen a buscar, va a jugar con ellos.

4 El vendedor con quien regatean pasa por la casa todos los domingos.

6 PRÁCTICA ORAL ⊗

7

RELATIVE PRONOUNS

Lean los siguientes ejemplos. ⊗

> **La chica que** llamó es mi prima.
> **Los libros que** compraste son interesantísimos.

What do these two sentences mean? In the first sentence, to what word does **que** refer? Is **chica** a person or thing? In the second sentence, to what word does **que** refer? Are **libros** persons or things? Does **que** have a written accent in either sentence?

> **La chica con quien** hablo es mi prima.
> **Los chicos de quienes** hablo son mis primos.

What do these sentences mean? In the first sentence, to what word does **quien** refer? Is **chica** a person or thing? What preposition appears before **quien**? In the second sentence, to what word does **quienes** refer? Are **chicos** persons or things? What preposition appears before **quienes**? Does **quien** or **quienes** have a written accent in either sentence?

8 Lean el siguiente resumen.

A relative pronoun is a word that refers or relates back to a person or thing already mentioned in a sentence. **Que** and **quien/quienes** are the most frequently used relative pronouns in Spanish.

> **Que** means *that, which, who.* It refers to both persons and things.
> **La muchacha que** trabaja allí es mi amiga.　　*The girl who works there is my friend.*
> Van a **la iglesia que** está cerca de la casa.　　*They're going to the church that is near the house.*

Though the relative pronoun is sometimes omitted in English, it is never omitted in Spanish.
> **La mecedora que** compré está aquí.　　*The rocking chair (that) I bought is here.*

> **Quien (quienes)** is often used after a preposition, and means *whom.* It refers only to persons.
> La muchacha **con quien** trabajo vive allí.　　*The girl with whom I work lives there.*
> Los chicos **de quienes** hablamos viven allí.　　*The boys of whom we spoke live there.*

Notice that the relative pronouns **que** and **quien(es)** do not have a written accent.

9 Eduardo le pregunta a Mirta. ⊗

¿De qué vecina hablas?　　　　　　De la vecina que está allá.
¿A qué iglesia fuiste?　　¿En qué banco te sentabas?　　¿Por qué calle patinarías?　　¿Con qué muchacho saldrás?　　¿Qué periódico has comprado?　　¿En qué mecedora te vas a sentar?

10 Belén y Aurora piensan igual. ⊗

La hermana vive en Puerto Rico.　　　　Es la hermana que vive en Puerto Rico.
La iglesia está cerca de su casa.　　El muchacho es cuñado de Sandra.　　Los amigos están en el portal.　　El periódico trae las últimas noticias.　　La señora trabaja con Belén.

11 Sandra y Mirta piensan igual. ⊗

Ése es el vecino. Hablé de él siempre.　　　　Ése es el vecino de quien hablé siempre.
Ésas son las muchachas. Fue por ellas.　　Ésa es la amiga. Van con ella.　　Ésos son los compañeros. Escribo sobre ellos.　　Ése es el señor. Trabaja para él.　　Ésas son las primas. Vive con ellas.　　Ésa es la cuñada. Va a almorzar con ella.

12 EJERCICIO ESCRITO

Write out the answers to Exercises 9, 10, and 11.

13 EJERCICIO DE COMPRENSIÓN ⊗

	0	1	2	3	4	5	6	7	8	9	10
que	√										
quien											
quienes											

14   cuyo, cuya, cuyos, cuyas

Cuyo, cuya, cuyos, and **cuyas** mean *whose.* **Cuyo** is an adjective and agrees in gender and number with the noun that it modifies. **Cuyo, -a, -os, -as** precede the nouns they modify.

Son los muchachos **cuya cuñada** conocí ayer.	*They are the boys whose sister-in-law I met yesterday.*
Es la muchacha **cuyos cuñados** conocí ayer.	*She is the girl whose brothers-in-law I met yesterday.*

   Cuyo, -a, -os, -as can never be used in Spanish to ask a question. When asking the question "whose?" Spanish uses **¿de quién?** or **¿de quiénes?**

La muchacha **cuyos patines** usé.	*The girl whose skates I used.*
¿De quién son estos patines?	*Whose skates are these?*

15   EJERCICIO ESCRITO

Rewrite the following sentences, filling in the blanks with cuyo, cuya, cuyos, *or* cuyas.
1. Ha venido el señor _____ hermana está casada con nuestro vecino. 2. Ésa es la señora _____ hijos son amigos de Pepín. 3. Aquélla es la iglesia _____ campanas son muy antiguas. 4. ¿Te acuerdas de la Sra. Polanco, _____ hijos son cuñados de Sandra? 5. Cerca de aquí hay un barrio _____ casas son muy modernas.

16   El parentesco ⊗

El parentesco de la familia hispana puede ser de sangre, por matrimonio o por bautismo. Los parientes de sangre son abuelos, padres, hijos, nietos, tíos, hermanos, primos, sobrinos.

   El Sr. Polanco es el esposo de la Sra. Polanco. La Sra. Polanco es la esposa del Sr. Polanco. Ellos son esposos. Rita es la hermana de la Sra. Polanco. Rita es la cuñada del Sr. Polanco. Rita y el Sr. Polanco son cuñados. Mauricio es el hermano del Sr. Polanco. Mauricio es el cuñado de la Sra. Polanco. La Sra. Polanco es la cuñada de Mauricio. Mauricio y la Sra. Polanco son cuñados.

Sandra está casada con un hijo de los Polanco. Sandra y el hijo de los Polanco son esposos. Sandra es la nuera de los Polanco. El Sr. Polanco es el suegro de Sandra. La Sra. Polanco es la suegra de Sandra. Los Polanco son suegros de Sandra. Adrián está casado con una hija de los Polanco. Adrián es el yerno de los Polanco. Los Polanco también son los suegros de Adrián.

La Sra. Contreras es la madrina de Pepín. Pepín es el ahijado de la Sra. Contreras. Como la Sra. Contreras es la madrina de Pepín, ella es también comadre de los Sres. Polanco. El Sr. Lara es el padrino de Pepín. Pepín es el ahijado del Sr. Lara. El Sr. Lara es compadre de los Sres. Polanco. El Sr. Lara y la Sra. Contreras también son compadres, porque los dos son padrinos de Pepín.

17 PRÁCTICA ORAL ⊗

18 ¿Cuáles parentescos conoces?

1. ¿Qué parentesco tiene el Sr. Polanco con Rita? 2. ¿Qué son Rita y el Sr. Polanco? 3. ¿Qué parentesco tiene la Sra. Polanco con Mauricio? 4. ¿Qué son ellos? 5. ¿Qué parentesco tiene Sandra con los Polanco? 6. ¿Qué son los Polanco de Sandra? 7. ¿Qué es Adrián de los Polanco? 8. ¿Qué son los Polanco de Adrián? 9. ¿Qué es la Sra. Contreras de Pepín? 10. ¿Qué es el Sr. Lara de Pepín? 11. ¿Qué es Pepín del Sr. Lara y de la Sra. Contreras? 12. ¿Qué parentesco tienen los Sres. Polanco con el Sr. Lara y la Sra. Contreras? 13. ¿Qué es la Sra. Contreras del Sr. Lara?

19

The relationship between godparents and godchildren is an important one in the Spanish-speaking world. Godparents are chosen by a child's parents from among close family friends and relatives, at the time of the child's birth. It is a great honor—and often a responsibility that will last a lifetime. Through this link, the godparent is drawn into the inner family circle of the child's family.

Godparents often help with the education of their godchildren. In many cases, the godparents act as a second set of parents and help to bring up the children—especially when a husband and wife are chosen to be a child's godfather and godmother. The extended family, which includes grandparents, aunts and uncles, cousins, in-laws, as well as godparents, is the center of family life in Spanish-speaking societies.

20 El almuerzo ⊗

La Sra. Polanco se sienta un rato en el portal, para escapar del calor de la cocina. Pepín la ayuda a limpiar el arroz. Está enojado con sus amigos y no quiere jugar con ellos. ¡Pero la ayuda tiene sus problemas!

PEPÍN ¿Por qué haces eso, mamá?

MAMÁ Porque siempre hay que limpiar el arroz antes de cocinarlo.

PEPÍN ¿Y para qué es esto…?

¡Todo lo pregunta! Por suerte, de pronto oyen "HELADOS, HELADOS." Pepín le pide dinero a su mamá y corre a buscar al vendedor.

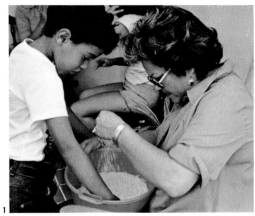

"¿Qué es esto, y eso, y aquello…?"

Mientras Eduardo termina de cocinar, las muchachas ayudan a poner la mesa. Antes de almorzar, todas se cambian la ropa, pues van a pasear después del almuerzo.

"¿Puedo probar el arroz, mamá?" pregunta Mirta. "Pregúntale a Eduardo y ya verás lo que te dice," contesta su mamá. Pero la mamá no se enoja porque sabe que su comida les gusta a todos. Hay una bandeja de arroz amarillo con garbanzos y pedazos de tocino. Otra con deliciosa carne de puerco. Y tres ensaladas, con papas, espárragos, tomates, remolachas y aguacates. También ponen en la mesa los sabrosos plátanos verdes que tanto les gustan a todos.

¡Qué bueno está esto, mamá!

Es un almuerzo delicioso.

Los domingos ellos son tantos, que sólo los mayores comen en la mesa.

Los muchachos más jóvenes se sientan a comer…¡en la escalera!

21 Contesten las preguntas.

1. ¿Para qué se sienta la Sra. Polanco un rato en el portal?
2. ¿Quién la ayuda a limpiar el arroz?
3. ¿Por qué Pepín no quiere jugar con sus amigos?
4. ¿Qué le pregunta Pepín a su mamá?
5. ¿Qué hace Eduardo? ¿Y las muchachas?
6. ¿Qué se cambian antes de almorzar?
7. ¿De qué son las ensaladas?
8. ¿Qué ponen también en la mesa?
9. ¿Dónde comen los mayores?
10. ¿Y los más jóvenes?

22 PRÁCTICA ORAL ⊗

23   THE NEUTER DEMONSTRATIVES esto, eso, aquello

You have already learned about demonstrative adjectives and pronouns. You know that demonstrative adjectives agree in number and gender with the nouns they modify. Demonstrative pronouns agree with the nouns they refer to, and have a written accent—**éste, ése, aquél.** Demonstrative adjectives do not have a written accent. The neuter forms of the demonstrative pronoun—**esto, eso, aquello**—are used to refer to a statement, general idea, situation, or object that is not identified or mentioned. They are used only in the singular and do not have a written accent.

¿Para qué es **esto?**	*What is this for?*
Eso es muy sabroso.	*That is delicious.*
Aquello no me gusta.	*I don't like that.*

Three situations commonly require the use of neuter demonstratives.
1. When the person speaking does not know what something is: **¿Qué es esto?**
2. To identify something that was previously unidentified: **Eso es ensalada de aguacate.**
3. To refer to situations, ideas, actions that are not associated with a specific noun: **Eso no lo sé.**

24   Pepín quiere saber con qué está hecho. ⊗

¿Esto está hecho con aguacates?   No, esto no está hecho con aguacates.
¿Eso está hecho con remolachas?
¿Aquello está hecho con papas?
¿Esto está hecho con plátanos?
¿Eso está hecho con espárragos?
¿Aquello está hecho con tomates?
¿Eso está hecho con garbanzos?

25   Mirta bromea con Pepín. ⊗

¿Te gusta esta mecedora?   Esto no es una mecedora.
¿Te gusta ese mantel?
¿Te gusta aquella servilleta?
¿Te gusta este plato?
¿Te gusta ese televisor?
¿Te gusta aquella guitarra?
¿Te gusta aquel radio?

26   La broma sigue. ⊗

¿Qué es esto, una bicicleta?   Claro que esto es una bicicleta.
¿Qué es eso, un patín?
¿Qué es aquello, un radio?
¿Qué es esto, un periódico?
¿Qué es eso, una grabadora?
¿Qué es aquello, un estéreo?
¿Qué es esto, un disco?
¿Qué es eso, un amplificador?

27 EJERCICIOS ESCRITOS

A. *Write out the answers to Exercises 24, 25, and 26.*

B. *Rewrite the following dialogue and fill in the blanks, using either* ése *or* eso.
"Aurora, ¿qué es _____ que está en la caja? ¿Es un regalo para Pepín?" "_____ no puede ser, Mirta, ¿quién le va a traer un regalo? Yo creo que es el radio que Sandra quería comprar." "Pero, Aurora, ¿ya Sandra no compró el radio, _____ que tenía ayer?" "No, Mirta, _____ era de Belén." "Entonces, Aurora, ¿qué es _____?" "Yo creo, Mirta, que _____ es una broma de Pepín." "Tienes razón, _____ sí puede ser. Pero vamos a ver. Voy a abrir la caja." "Ten cuidado, Mirta, ya conoces las bromas de nuestro hermanito." "¿Por qué tener miedo? Mira, _____ es…¡qué horror! ¡Su colección de ratoncitos vivos, _____ es lo que es, y se han salido por toda la mesa!"

28 preguntar AND pedir

The verbs **preguntar** and **pedir** have different meanings in Spanish and are not interchangeable. The verb **preguntar** is used to ask a question or to inquire about something or someone. The verb **pedir (e-i)** is used to ask to be given something or to make a request of someone.

29 Aurora y Mirta conversan. ⊗

Le pediste el radio a su madrina, ¿no?   Sí, le pedí el radio a su madrina.
Uds. le han pedido el estéreo a su cuñado, ¿no?   Le pedirá la máquina a su suegro, ¿no?
Le pedí la mecedora a su yerno, ¿no?   Tú y yo le vamos a pedir la guitarra a su nuera, ¿no?
Ellos le pidieron el mantel a la esposa de Roberto, ¿no?   Le pedirás el periódico del domingo, ¿no?

30 ¡Pepín lo pregunta todo! ⊗

¿Le preguntaste dónde vive?   Claro que le pregunté dónde vive.
¿Le has preguntado cómo se siente?   ¿Le vas a preguntar cuánto cuesta?   ¿Le preguntarás a qué cine quiere ir?   ¿Te preguntó Sandra por mí?   ¿Le estabas preguntando la hora?   ¿Se lo preguntarías?

31 EJERCICIOS ESCRITOS

A. *Write out the answers to Exercises 29 and 30.*

B. *Rewrite the following sentences and fill in the blanks, using the appropriate preterit form of* pedir *or* preguntar.
¿Tú le _____ permiso? Ellos le _____ si quería venir. Él le _____ la receta. ¿Ellos te _____ dónde lo compraste? Belén me _____ por ti. Eduardo y Mirta me _____ los patines.

32 EJERCICIO DE COMPRENSIÓN ⊗

	0	1	2	3	4	5	6	7	8	9	10
preguntar	√										
pedir											

33 Después del almuerzo, por la ciudad colonial ⊗

1 "Caminar es bueno para la salud," dice Mirta al empezar el paseo.

2 "Vamos a entrar a ver la Catedral," dice Sandra.

3 Siguen por el Callejón de los Curas…

4 y luego recorren el Panteón Nacional.

5 Cerca hay un bello parque colonial. "¡Qué bueno para montar bicicleta!" dice Pepín.

6 A la puerta del museo de Las Casas Reales hay un ancla de algún galeón español, y…

7 en este museo ven los modelos de las tres carabelas de Cristóbal Colón…

8 y el mapa que señala los cuatro viajes del Descubridor al Nuevo Mundo.

9 Admiran cuartos y salones con muebles del virrey y armas antiguas.

10 En el Hostal de Ovando, Sandra asusta a Pepín con cuentos de "el Draqui."

11 Desde el reloj de sol, el grupo puede ver el Río Ozama y el puerto de la ciudad.

12 Sandra los retrata frente al Alcázar de Diego Colón, hijo del Descubridor.

13 Descansan al lado de un pozo del jardín.

14 Ven un cuadro de Isabel la Católica,

15 armaduras antiguas

16 y muebles coloniales.

17 Y una linda vista.

34 **Contesten las preguntas.**

1. ¿Qué es bueno para la salud?
2. ¿Cuándo dice Mirta esto?
3. ¿Adónde entran ahora?
4. ¿Por dónde siguen?

5. ¿Para qué es bueno el parque?
6. ¿De qué son los tres modelos?
7. ¿Qué señala el mapa?
8. ¿Qué ven desde el reloj de sol?

35 **PRÁCTICA ORAL** ⊗

36 # THE INFINITIVE USED AS A NOUN

1. In Spanish, the infinitive is often used as a noun. In English, it is common to use the present participle (the form of the verb that ends in *-ing*) or the infinitive as a noun.

Caminar es bueno para tu salud.	*Walking is good for your health.*
	To walk is good for your health.
Patinar es muy divertido.	*Skating is a lot of fun.*
	To skate is a lot of fun.

2. You already know that the only form of a verb that may follow a preposition is the infinitive, whereas English uses the present participle. This is a common use of the infinitive as a noun in Spanish.

Se fue **sin comer.**	*He left without eating.*
Llamó **antes de salir.**	*He called before leaving.*

37 **Pepín bromea con Mirta.** ⊗

Descansaste demasiado.
Hablas demasiado.
Bromeas demasiado.
Juegas demasiado.
Comes demasiado.

Descansar es muy bueno.

38 **Pepín le pregunta a Mirta.** ⊗

Mirta, ¿dejó el periódico?   (sin)
Mirta, ¿comió la ensalada?   (a)
Mirta, ¿vio a Aurora?   (para)
Mirta, ¿estudió la lección?   (antes de)
Mirta, ¿vio televisión?   (en vez de)
Mirta, ¿conoció a Eduardo?   (para)

Se fue sin dejar el periódico.

39 **EJERCICIO ESCRITO**

Rewrite the following paragraph, filling in the blanks that follow prepositions with an appropriate infinitive.

Los muchachos fueron a la zona colonial, para _____ a Pepín. Salieron sin _____ para _____ a tiempo. Empezaron a _____ por la Plaza Colón y decidieron ir a _____ la catedral. Pepín dejó de _____ un rato, pues estaba muy cansado. Antes de _____ de la catedral, vio el monumento a Cristóbal Colón. Después de _____ de aquí, fueron a la Calle de las Damas, para _____ los museos de la ciudad.

40 In the early 16th century, Santo Domingo became the center from which Spanish colonial culture spread throughout the continent. The earliest discovery and colonization expeditions sailed from Santo Domingo. The earliest European buildings and institutions in the New World were established here. It was in this city that the Spanish founded the first cathedral in the Americas, Santa María la Menor. Santo Domingo was also the site for the first library, the first hospital, the first court of justice, the first city hall, and the first university in the New World.

41 Plano de la zona colonial de Santo Domingo ⊗

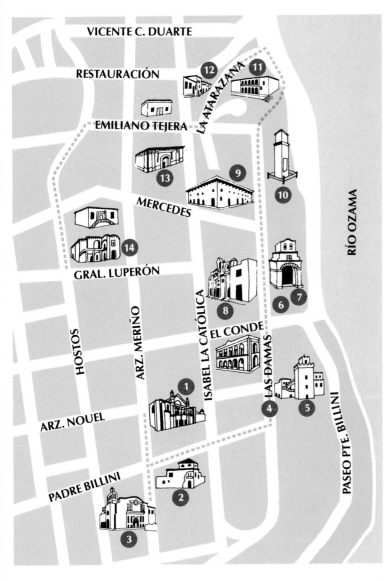

1. **LA CATEDRAL** (1523). La más antigua de América. Creen que Cristóbal Colón está enterrado° allí.
2. **CASA DE TOSTADO.** Aquí está el Museo de la Familia Dominicana.
3. **MONASTERIO DE LOS DOMINICOS°** (1507). Aquí fundaron en 1538 la primera universidad de América, Santo Tomás de Aquino°.
4. **CALLE DE LAS DAMAS.°** La calle colonial más antigua de América, bordeada° de edificios coloniales.
5. **TORRE DEL HOMENAJE° y FORTALEZA° OZAMA** (1503).
6. **HOSTAL NICOLÁS DE OVANDO.** Hoy es un hotel, en la casa restaurada de un famoso gobernador del siglo XVI.
7. **NUESTRA SEÑORA DE LOS REMEDIOS.°** Capilla° usada° antes de construir la catedral.
8. **PANTEÓN NACIONAL.** Bello monasterio donde están enterrados famosos patriotas.
9. **MUSEO DE LAS CASAS REALES.** Famoso museo. Fue residencia° de los capitanes generales y primer ayuntamiento° de América.
10. **RELOJ DE SOL** (1753).
11. **ALCÁZAR DE COLÓN.** Palacio-castillo de Diego Colón, hijo del Descubridor.
12. **LA ATARAZANA.** Grupo de ocho casas coloniales donde estuvo el primer centro comercial del Nuevo Mundo, en 1507.
13. **CASA DEL CORDÓN°** (1503). El edificio colonial más antiguo de América.
14. **RUINAS DE SAN NICOLÁS DE BARI.** Aquí estuvo el primer hospital de América, en 1511.

PALABRAS ADICIONALES: enterrado,-a: *buried;* dominico,-a: *Domican (religious order);* Santo Tomás de Aquino: *St. Thomas Aquinas;* la dama: *lady;* bordeado,-a: *surrounded;* el homenaje: *homage;* la fortaleza: *fortress;* Nuestra Señora de los Remedios: *Our Lady of the Remedies;* la capilla: *chapel;* usado,-a: *used;* construir: *to build;* la residencia: *residency, home;* el ayuntamiento: *city hall;* el cordón: *cord worn by friars*

42 Contesten las preguntas.

1. ¿Cómo se llamó la primera universidad de América?
2. ¿Cuál es la calle más antigua de América?
3. ¿Cómo se llama un famoso museo de Santo Domingo?
4. ¿Cuál es el edificio colonial más antiguo de América?
5. ¿Qué hay en la casa de un famoso gobernador del siglo XVI?
6. ¿De quién era el alcázar?

43 Tu paseo por Santo Domingo

Estás en Santo Domingo con un grupo de tu clase de español. Usando el mapa de Santo Domingo, van a recorrer la zona histórica de la ciudad.

—Empiezan el paseo en el número ①. ¿Dónde están? ¿Quién está enterrado allí?
—Por la calle Arzobispo Meriño van hasta el ③. ¿Qué fundaron aquí? ¿En qué año?
—Ahora van del ③ al ④. ¿Cómo se llama esta calle? ¿Por qué es famosa?
—Por esa calle llegan hasta el ⑧. ¿Qué es? ¿Quiénes están enterrados aquí?
—Entran al ⑨. ¿Cómo se llama? ¿Qué señala el mapa que hay aquí?
—Del Museo de las Casas Reales van al ⑩. ¿Dónde pueden ver la hora?
—Siguen por la Calle de las Damas hasta llegar al ⑪. ¿De quién era este alcázar?
—En el ⑫ hay unos restaurantes magníficos donde pueden almorzar. ¿Cómo se llama este grupo de casas?

44 EJERCICIO DE CONVERSACIÓN

Pregúntale a un compañero o a una compañera. ¿Qué le gustaría hacer el sábado o el domingo? ¿A qué hora se levantaría? ¿Adónde la gustaría ir, y con quiénes querría ir? ¿Qué le gustaría hacer donde va? ¿Dónde almorzaría? ¿Cuánto tiempo estaría fuera de su casa? ¿Le gustaría más pasear, practicar algún deporte o reunirse con sus amigos? ¿Regresaría a su casa a comer o después de comida? ¿Cuánto dinero cree que tendría que gastar durante el día?

45 EJERCICIO DE COMPOSICIÓN

Haz un plano de una ciudad o pueblo que has visitado en los Estados Unidos o en Hispanoamérica. O si prefieres, haz un plano de la ciudad o pueblo en que tú vives. Pon en el plano los nombres de las calles y avenidas principales. Marca con números los monumentos o edificios más importantes. Entonces escribe una composición de 80 o más palabras, contando cuándo se fundó y de qué fueron los primeros edificios (madera, piedra). Para cada número del mapa, di por qué es importante este monumento o edificio. Cuenta qué es lo que más te gusta de la ciudad o pueblo: sus parques, escuelas, teatros, cines, tiendas. Describe algunos de éstos.

VOCABULARIO

1–19

el **ahijado,-a** godson, goddaughter
el **banco** bench
el **bautismo** baptism
la **boda** wedding
el **cocinero,-a** cook
la **comadre** relationship between godmother and parents of child
el **compadre** relationship between godfather and parents of child
el **cuñado,-a** brother-in-law, sister-in-law
los **esposos** husband and wife
la **iglesia** church
la **madrina** godmother
el **matrimonio** married couple
el **nieto,-a** grandson, granddaughter
la **nuera** daughter-in-law
el **padrino** godfather
el **parentesco** relationship, kinship
el **portal** porch
la **sangre** blood
el **sobrino,-a** nephew, niece
el **suegro,-a** father-in-law, mother-in-law
el **vecino,-a** neighbor
el **yerno** son-in-law

cuyo,-a,-os,-as whose
informal informal
que that, which, who, whom
quien who, whom

casarse to marry, get married
quedarse to remain, stay
  se quedan (they) remain

de sangre by blood
estar casado,-a (con) to be married (to)

20–32

el **aguacate** avocado
la **carne** meat
la **escalera** stairs
el **espárrago** asparagus
el **garbanzo** chickpea
la **papa** potato
el **puerco** pork, pig
la **remolacha** beet
el **tocino** bacon

aquello that
eso that
esto this

cambiar(se) to change
cocinar to cook
enojarse to get angry
probar (ue) to taste, try

terminar de + inf. to finish

33–45

el **alcázar** fortress, castle
el **ancla** (f.) anchor
el **arma** (f.) firearm
la **armadura** suit of armor
la **carabela** carabel (type of ship used by Columbus to cross the Atlantic)
la **catedral** cathedral
Cristóbal Colón Christopher Columbus
el **cuento** story
el **cura** priest
el **descrubridor,-a** discoverer
el Draqui Sir Francis Drake, English buccaneer
el **galeón** galleon (large ship used by the Spanish to transport treasures from the New World back to Spain)
el **grupo** group
el hostal inn, hotel
Isabel la Católica Isabella I of Spain
el modelo model
el panteón pantheon, burial place
el **salón** drawing room
la **salud** health
el virrey viceroy
la **vista** view

algún,-o,-a some
nacional national
real royal

asustar to frighten
retratar to photograph

El tiempo 31

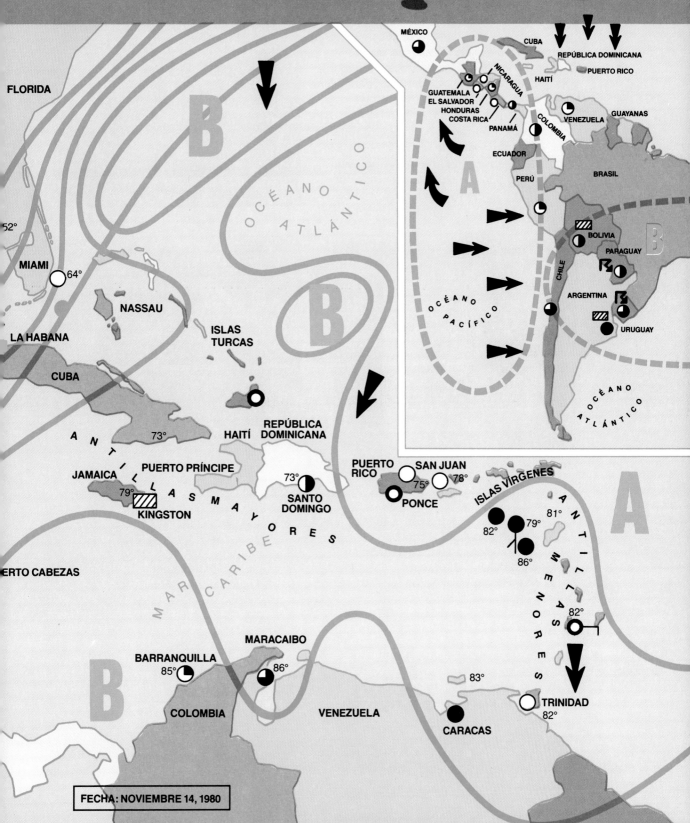

FECHA: NOVIEMBRE 14, 1980

2 ¿Cómo está el tiempo? ⊗

A las seis sonaba el reloj despertador cuando María, casi dormida, abrió la ventana y chequeó el termómetro. Estaba a 70° F (setenta grados Fahrenheit). Luego miró el barómetro, que marcaba alta presión. "Así que no lloverá hoy," pensó ella. "Bueno, ¡ojalá que no!" ¡Un día perfecto para el paseo en velero a Cayo Icacos!

A las siete menos cuarto llegó a la casa su amigo Jorge. Enseguida pusieron el radio para oír el pronóstico del tiempo. Según el barómetro, había una zona de alta presión desde Santo Domingo hasta las Islas Vírgenes; buen tiempo y soleado.

Jorge y María salieron al patio.

Unos amigos ayudaron con los paquetes.

Otros cargaron el carro.

3 Contesten las preguntas.

1. ¿Qué sonaba a las seis de la mañana?
2. ¿Qué abrió María a esa hora?
3. ¿A qué temperatura estaba el termómetro?
4. ¿Qué marcaba el barómetro?
5. ¿Adónde iba a pasear María?
6. ¿A qué hora llegó Jorge?
7. ¿Qué pusieron enseguida?
8. ¿Para qué?
9. ¿Dónde había una zona de alta presión?
10. ¿Adónde salieron María y Jorge?

4 ¿Y tú?

1. ¿Usas reloj despertador o radio para despertarte por la mañana?
2. ¿A qué hora te levantas cuando vas al colegio? ¿Y cuando tienes vacaciones?
3. Donde tú vives, ¿a cuánto sube la temperatura en el verano?
4. ¿A cuánto baja en el invierno?
5. ¿Para qué usas el termómetro?

5 PRÁCTICA ORAL ⊗

6   THE PRETERIT AND IMPERFECT TENSES

Spanish has two simple past tenses: the preterit tense and the imperfect tense. Determining which tense to use depends on whether the action or event expressed is viewed as *completed in the past* (begins and/or ends in the past) or *not completed* (going on with no clear beginning and/or end).

1. The preterit tense is used to express:
   a. an action or actions that took place in the past and are now completed.

       Fui a la marina y hablé con Jorge.   *I went to the marina and spoke with Jorge.*
       (Two completed actions.)

   b. a condition that existed in the past and no longer exists.

       Llovió temprano.   *It rained early. (The condition "rained" existed earlier, but no longer.)*

The following charts review the preterit forms of regular **-ar, -er,** and **-ir** verbs.

hablar		comer *and* subir	
Stem	*Ending*	*Stem*	*Ending*
habl-	é aste ó amos aron	com- sub-	í iste ió imos ieron

2. The imperfect tense is used to describe:
   a. a condition that existed in the past, without specifying when it began or ended.

       A las nueve yo **estaba** en el barco.   *At nine o'clock I was on the boat.*
       Hacía mucho calor.   *It was very hot.*

   b. what was happening at a specific time.

       A las diez yo **navegaba** solo.   *At ten o'clock I was sailing alone.*

   c. how things used to be, what used to happen. (To express the idea that a past action was customary or habitual, English often uses expressions like *used to* or *would*.)

       Yo **vivía** en San Juan.   *I used to live in San Juan.*
       Los domingos **íbamos** a Cayo Icacos.   *On Sundays we would go to Cayo Icacos.*

   d. time and age in the past, characteristics of persons and things, how someone was feeling.

       Eran las ocho.   *It was eight o'clock.*
       Ella **tenía** 16 años.   *She was 16 years old.*
       Mi bote **era** muy rápido.   *My boat was very fast.*
       Jorge **estaba** enfermo.   *Jorge was sick.*

The following charts review the imperfect-tense forms of regular **-ar, -er,** and **-ir** verbs.

hablar		comer *and* subir	
Stem	*Ending*	*Stem*	*Ending*
habl-	aba abas aba ábamos aban	com- sub-	ía ías ía íamos ían

There are only three verbs that are irregular in the imperfect tense: **ver, ir,** and **ser.**

3. The imperfect and the preterit tenses are frequently used together in the same sentence. The verb in the preterit tense expresses the completed action or event that took place at a certain time in the past. The verb in the imperfect tense describes the background, sets the stage, describes what circumstances were already in existence at that time.

Llovía, pero **salí** en el barco.   *It was raining, but I went out on the boat.*

Cuando **llamaste** yo no **estaba** en casa.   *When you called I wasn't home.*

7   Jorge quería saberlo todo. ⊗

¿Hacía mal tiempo?   Sí, hacía mal tiempo.
¿Buscabas a María?
¿Ya eran las siete?
¿Uds. iban a la playa los sábados?
¿Estabas en la marina a las diez?
¿Yo tenía catorce años entonces?
¿Querías ir con él?

8   María también era muy curiosa. ⊗

¿Llegaste tarde?   No, no llegué tarde.
¿Hizo buen día?
¿Uds. salieron para Cayo Icacos?
¿Navegamos muy lejos?
¿Fuiste con ellos al paseo?
¿Encontraron el termómetro?

9   ¿Qué pasaba cuando...? ⊗

¿Oías el radio cuando nos llamaron?   Sí, oía el radio cuando los llamaron.
¿Llovía cuando ella salió a navegar?
¿Ya yo estaba aquí cuando María llegó?
¿Hacía mucho viento cuando ellos salieron?
¿Llegaban Uds. cuando él se tiró al agua?
¿Sabías que Gloria fue a Cayo Icacos?
¿Iban ellos hacia allá cuando los vieron?

10   EJERCICIOS ESCRITOS

A. *Write out the answers to Exercises 7, 8, and 9.*

B. *Rewrite the following dialog, using the appropriate imperfect or preterit form of the verbs in parentheses.*

MARÍA: "Generalmente los sábados yo (reunirse) con mis amigos para ir a Cayo Icacos. Nosotros siempre (llevar) la comida y lo (preparar) todo para salir bien temprano." GLORIA: "¿Y por qué tú (dejar) de ir al cayo de repente?" MARÍA: "Pues un sábado, cuando (sonar) el despertador, me (levantar) y (mirar) afuera. El cielo (estar) muy nublado y (hacer) mucho viento. (Poner) el radio, y el pronóstico del tiempo no (ser) bueno. (Haber) una zona de baja presión y yo me (decir): Seguramente ya (llegar) el tiempo de ciclones y huracanes."

11 EJERCICIO DE COMPRENSIÓN ⊗

	0	1	2	3	4	5	6	7	8	9	10
imperfecto											
pretérito	√										

12 Repaso de las fórmulas ⊗

1. Temperaturas importantes:
   a. El agua se congela a 0°C (32°F).
   b. La temperatura del cuarto debe estar a 20°C (68°F).
   c. La temperatura normal del cuerpo es 37°C (98.6°F).
   d. El agua hierve a 100°C (212°F).
2. Repaso de la fórmula para convertir °F a °C

$$\frac{(°F - 32)}{9} \times 5 \qquad \frac{(212°F - 32)}{9} \times 5 = 100°C$$

3. Repaso de la fórmula para convertir °C a °F

$$\left(\frac{°C}{5} \times 9\right) + 32 \qquad \left(\frac{100°C}{5} \times 9\right) + 32 = 212°F$$

13 Medidas Fahrenheit y Celsius

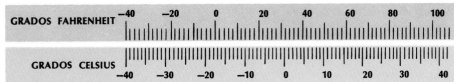

14 ¿Cómo estaba la temperatura?

El termómetro marcaba 32°C.

A 32° centígrados hacía calor. 32° sobre cero.

El termómetro marcaba −8°C.

A menos 8° centígrados hacía frío. 8° bajo cero.

El termómetro marcaba 10°C.   El termómetro marcaba 40°C.   El termómetro marcaba 6°C.   El termómetro marcaba −10°C.

15 ¿Cuál era la temperatura en centígrados?

1. 41°F   2. 104°F   3. 77°F   4. −40°F   5. 95°F   6. 5°F   7. 23°F   8. 59°F

16 Pregúntale a un compañero o a una compañera.

1. ¿Qué temperatura hace hoy en °C?
2. ¿Qué temperatura hizo ayer en °C?
3. ¿Ayer hizo más frío o más calor que hoy?
4. ¿Hará más frío o más calor mañana?
5. ¿Cuántos grados de temperatura marcará el termómetro mañana?

17 En el mar ⊗

El calor es más soportable en el mar.

El viento refresca y agita las aguas.

Los muchachos anclan el velero frente al cayo y aprovechan el día soleado para bañarse en el mar. El día está caluroso y el mar está lleno de botes con gente de toda la isla. Los jóvenes aprovechan cuando sopla el viento para pasear en sus veleros. El esquiar es para muchos lo mejor del día. Mientras que el pasear o el descansar en sus botes es para otros la mejor manera de disfrutar lo bonito del día. Casi no hay ni una nube en el cielo. Lo que María escuchó en el radio es verdad: ¡Hace un día perfecto!

Hay varias tiendas en la playa. La verde es de la familia de Jorge.

La del traje de baño azul es María.

Lo que más le gusta a Jorge es nadar.

18 Contesten las preguntas.

1. ¿Dónde es el calor más soportable?
2. ¿Dónde anclan los muchachos?
3. ¿Cómo está el día?
4. ¿De qué está lleno el mar?

5. Para muchos, ¿qué es lo mejor del día?
6. ¿Y para otros?
7. ¿Cómo está el cielo?
8. ¿Qué escuchó María en el radio?

19 PRÁCTICA ORAL ⊗

20 OTHER USES OF THE DEFINITE ARTICLE

The definite article has uses in Spanish that are unlike the closest English equivalents.
1. To refer to a class of things (as a whole) rather than to the specific members of the class.

Me gustan **los sandwiches.**	*I like sandwiches (in general).*
El jamón es delicioso.	*Ham (in general) is delicious.*

2. As a noun, when followed by an infinitive, an adjective, a **de** or **que** phrase.
   a. Definite article and infinitive.

El caminar es bueno.	*Walking is good.*
El patinar es muy divertido.	*Skating is a lot of fun.*

   b. Definite article and adjective (that refers to a known noun). The article and the adjective will agree in number and gender with the noun that is understood. English frequently uses the words *one* or *ones* instead of the noun.

¿Cuál vela quieres? **¿La roja?**	*Which sail do you want? The red one?*
La verde es de la familia de Jorge.	*The green one belongs to Jorge's family.*

   c. Definite article and **de** or **que,** to avoid repeating a noun.

Esa muchacha y **la de la gorra azul.**	*That girl and the one with the blue cap.*
Mis espejuelos y **los de Jorge.**	*My glasses and Jorge's (glasses).*
Aquel bote es **el que quiero comprar.**	*That boat is the one that I want to buy.*

   d. **Lo** and adjective or **que.** The neuter definite article **lo,** like the neuter demonstratives **esto, eso, aquello,** refers to something vague, general in concept. The English equivalents for expressions with **lo** use words such as *what, the thing, the part.*

Eso fue **lo peor** de todo.	*That was the worst (part, thing) of all.*
¿Sabes **lo que pasó?**	*Do you know what happened?*
Lo que más me gusta es pasear en vela.	*What (the thing that) I like most is to go sailing.*

21 ¿Qué trajeron para el almuerzo? ⊗

¿Trajeron sándwiches de jamón y queso?

Ojalá. Me gustan mucho los sándwiches de jamón y queso.

¿Trajeron refrescos de frutas tropicales?
¿Trajeron guayaba?
¿Trajeron ensalada de lechuga y tomate?
¿Trajeron dulces?
¿Trajeron manzanas y fresas?
¿Trajeron queso?
¿Trajeron papas fritas?
¿Trajeron pastelillos?

22 ¿Cuál quieres? ⊗

¿Quieres el termómetro nuevo?   Sí, quiero el nuevo.
¿Quieres el barómetro de metal?
¿Quieres la brújula suya?
¿Quieres los paquetes pesados?
¿Quieres el reloj despertador de Jorge?
¿Quieres la gorra morada?

23 ¿Cuál te gusta más? ⊗

¿Cuál velero te gusta más?   El que está pasando ahora.
¿Cuáles velas te gustan más?
¿Cuál bote te gusta más?
¿Cuál nube te gusta más?
¿Cuál barquito pesquero te gusta más?
¿Cuáles días te gustan más?

24 María le pregunta a Jorge qué cree de todo esto. ⊗

¿Ya ha salido el sol?   (bueno)   Lo bueno es que ya ha salido el sol.
¿Hizo un día soleado?   (importante)
¿Hará mal tiempo más tarde?   (malo)
¿Hace alta presión?   (agradable)
¿Estaba nublado?   (peor)
¿Va a venir un huracán?   (peligroso)
¿El día estuvo malo?   (pesado)

25 ¿No lo sabes? ⊗

¿Qué dijo?   ¿No sabes lo que dijo?
¿Qué hizo?
¿Qué trajeron?
¿Qué compraron?
¿Qué pescó?
¿Qué rompió?
¿Qué querían?

26 EJERCICIOS ESCRITOS

A. *Write out the answers to Exercises 21, 22, 23, 24, and 25.*

B. *Rewrite the following sentences, using* el, la, los, *or* las *with* que. *Use the underlined word as a clue.*

1. ¿Cuáles <u>paquetes</u> quieres? _____ _____ tienes en la mano. 2. ¿De qué <u>careta</u> hablas? De _____ _____ usé ayer en el mar. 3. ¿Qué <u>sombrero</u> trajiste? _____ _____ compré ayer. 4. ¿Con qué <u>muchachas</u> hablaste? Con _____ _____ pasaron esquiando. 5. ¿En qué <u>bote</u> quieres montar? En _____ _____ están Jorge y María.

27 El barómetro ⊗

El barómetro sirve para medir la presión del aire. Cuando el barómetro cae, decimos que hay baja presión; el tiempo está inestable y probablemente lloverá.

Cuando el barómetro sube, decimos que hay alta presión, el tiempo está estable y el día será agradable.

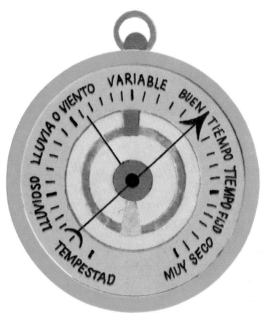

28 PRÁCTICA ORAL ⊗

29 Símbolos de tiempo ⊗

○ soleado

◐ mayormente soleado

◑ parcialmente nublado

▨ lluvia

✳ nieve

▼ aguaceros

◔ nublado

● encapotado

▦ neblina

⟨ tempestad

⊓ área de alta presión

B área de baja presión

30 Estado del tiempo: ciudades puertorriqueñas ⊗

	Temperatura (°F)	Pronóstico
San Juan	86°	○
Mayagüez	83°	◔
Ponce	82°	◔
Arecibo	84°	○

31 Estado del tiempo en otras grandes ciudades ⊗

	Temperatura (°F)	Pronóstico		Temperatura (°F)	Pronóstico
Atenas	64°	◑	Madrid	55°	◔
Berlín	46°	▨	Ciudad de México	81°	○
Boston	56°	◑	Miami	88°	○
Buenos Aires	55°	◉	Montreal	40°	◔
El Cairo	109°	○	Moscú	31°	✳
Chicago	47°	○	Nueva York	55°	○
Dallas	75°	○	París	48°	▨
Dublín	45°	◑	Pekín	46°	●
Estocolmo	36°	▼	Río de Janeiro	81°	○
La Habana	88°	○	Roma	59°	○
Hong Kong	61°	↯	Tel Aviv	86°	▨
Londres	45°	▨	Tokio	46°	●
Los Ángeles	72°	○	Toronto	55°	▨

○	soleado	◑	nublado	▨	lluvia	↯	tempestad
◔	mayormente soleado	●	encapotado	✳	nieve	⊓	área de alta presión
◑	parcialmente nublado	◉	neblina	▼	aguaceros	⊟	área de baja presión

32 EJERCICIO ESCRITO

Look at the temperature chart above. Choose ten cities and convert the given temperatures from Fahrenheit to centigrade readings. Write out the meaning of the weather forecast symbols for the cities you choose.

33 El viaje de regreso ⊛

Los muchachos se han divertido nadando, pescando, paseando y reuniéndose con amigos en la playa de Cayo Icacos. Pero ya tienen hambre y quieren regresar al velero. "Creo que no quepo en el bote," dice Margarita bromeando. Pero, naturalmente, todos caben. Siguen las bromas. "Me dan un sandwich o me caigo muerto," les dice Jorge, que sólo piensa en comer ahora. Por suerte hay comida para todos.

Después de comer, suben las velas otra vez y preparan todo para el viaje de vuelta. Margarita y Graciela van a navegar el velero ahora. Margarita chequea la brújula y la dirección en que sopla el viento, para volver a Villa Marina.

34 Contesten las preguntas.

1. ¿Cómo se han divertido los muchachos?
2. ¿Dónde se han reunido con unos amigos?
3. ¿Por qué quieren regresar al velero?
4. ¿Qué dice Margarita bromeando?

5. ¿Qué les dice Jorge a sus amigos?
6. ¿Qué hacen después de comer?
7. ¿Qué chequea Margarita?
8. ¿Quiénes navegan al regreso?

35 ¿Y tú?

1. ¿Qué islas te gustaría visitar en el Caribe? ¿Por qué?
2. ¿Qué deporte te gustaría practicar en las playas del Caribe?

3. ¿Qué otras cosas podrías hacer allí?
4. ¿Te gustaría navegar por el Caribe un fin de semana, o pasar varias semanas navegando por sus distintas islas?

36 PRÁCTICA ORAL ⊛

37
MORE IRREGULAR VERBS IN THE PRESENT TENSE
caber, caer(se), valer

You have already seen several verbs that, in the present tense, are irregular only in the **yo** form. The verbs **caber,** *to fit;* **caer(se),** *to fall down;* and **valer,** *to be worth,* have this irregularity. The following chart shows these verbs in the present tense.

caber	caer(se)	valer
quepo	**caigo**	**valgo**
cabes	caes	vales
cabe	cae	vale
cabemos	caemos	valemos
caben	caen	valen

38 ¿Qué le parece a María? ⊗

¿Te parece que cabe más gente?	No, no cabe más gente.
¿Te parece que quepo en el bote?	
¿Te parece que caben en el carro?	
¿Te parece que cabes en el barquito?	
¿Te parece que su brújula cabe en la maleta?	
¿Te parece que cabes aquí?	

39 Y Jorge, ¿qué cree? ⊗

¿Crees que él se va a caer al agua?	Él nunca se cae.
¿Crees que te vas a caer?	
¿Crees que ellas se van a caer?	
¿Crees que me voy a caer?	
¿Crees que nosotros nos vamos a caer?	
¿Crees que Uds. se van a caer?	

40 ¿Cuánto vale? ⊗

¿Cuánto crees que vale el velero?	Vale mucho.
¿Cuánto crees que valen los viajes?	
¿Cuánto crees que vale el carro?	
¿Cuánto crees que valen los sándwiches?	
¿Cuánto crees que vales tú?	
¿Cuánto crees que vale eso?	

41 EJERCICIO ESCRITO

Write out the answers to Exercises 38, 39, and 40.

42 El regreso a la marina ⊗

Los marineros° vuelven cansados, pero felices. ¡Ha sido un día perfecto y no se han podido divertir más. En Villa Marina se encuentran con los Rodríguez lavando° la cubierta° de su yate con agua dulce,° para quitarle la sal del agua de mar.° Todos los del velero trabajan igualmente, guardando las velas, amarrándolo todo, poniéndolo todo en su lugar. Cuando acaban les dan otra vez las gracias a María y a Jorge por el paseo tan maravilloso.

Lo último que hace María abordo° es anotar la hora de regreso a la marina, en el diario de navegación° del yate. En éste, ella lleva una carta del estado del tiempo durante los meses de vacaciones de verano. Cuando los muchachos llegan a los carros en que van a volver a sus casas, ya el sol se ha puesto.° La temperatura ha bajado varios grados y el cielo se está oscureciendo° rápidamente. En el silencio de la marina, los barquitos esperan la noche.

PALABRAS ADICIONALES: el marinero,-a: *sailor;* lavar: *to wash;* la cubierta: *cover;* el agua dulce: *fresh water;* quitar: *to remove;* el agua de mar: *salt water;* abordo: *aboard;* el diario de navegación: *logbook;* ponerse: *to set (sun);* oscurecerse: *to get dark*

43

The excursion that Maria, Jorge and their friends take is a relatively short one. They sail in the area of Cayo Icacos. But for many Puerto Ricans and others who live in the Caribbean, "island hopping" through the smaller islands of the West Indies is a favorite pastime. Puerto Rico is the easternmost of the islands known as the Greater Antilles. But to the east of Puerto Rico, stretching toward the coast of Venezuela, there is a barrier of smaller islands (which includes the Virgin Islands) known as the Lesser Antilles. These small islands were of great strategic value to the European rivals of Spain during the period of colonization of the New World. They served as bases for attacks on the Spanish fleets that sailed to Spain carrying great treasures back to the Spanish Crown.

Contesten las preguntas.

1. ¿Qué día es hoy?
2. ¿Quién es San Juan Bautista?
3. ¿A cuánto está la temperatura ahora?
4. ¿De dónde vienen los vientos?

5. ¿Cómo está el cielo?
6. ¿Qué pronóstico da Lola para el día?
7. ¿Qué pasa cuando Lola sale de la estación de radio?

46 **PRÁCTICA ORAL** ⊗

47 **La veleta** ⊗

La veleta sirve para señalar la dirección del viento. El viento puede venir del norte o del sur, del este o del oeste. También puede soplar del noreste o del suroeste, del noroeste o del sureste.

48 **PRÁCTICA ORAL** ⊗

49 Un juego de correspondencia

Can you match the following list of weather expressions with the corresponding symbols?

SOLEADO   MAYORMENTE SOLEADO   LLUVIA   ENCAPOTADO   TEMPESTAD
NEBLINA   PARCIALMENTE NUBLADO   NIEVE   AGUACEROS   NUBLADO

50 Expresiones útiles ⊗

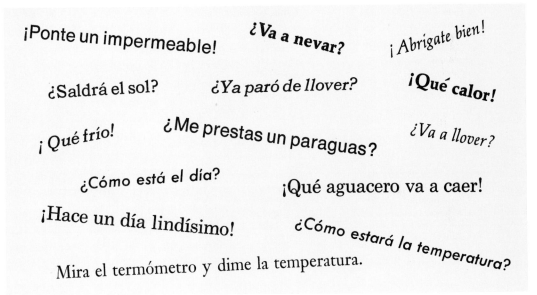

¡Ponte un impermeable!

¿Va a nevar?

¡Abrígate bien!

¿Saldrá el sol?

¿Ya paró de llover?

¡Qué calor!

¡Qué frío!

¿Me prestas un paraguas?

¿Va a llover?

¿Cómo está el día?

¡Qué aguacero va a caer!

¡Hace un día lindísimo!

¿Cómo estará la temperatura?

Mira el termómetro y dime la temperatura.

51 EJERCICIO DE CONVERSACIÓN

A. *Look at the weather map on page 97. Using the map, give a weather report for the Lesser Antilles area. You should supply the following information.*
1. ¿Cuál es la fecha de hoy? 2. ¿Qué temperatura hace en La Habana, en Santo Domingo y en San Juan? 3. ¿Cuál es el estado del tiempo para estas ciudades? 4. ¿Qué áreas de baja presión y áreas de alta presión hay en el Caribe? 5. ¿Cuál es la dirección de los vientos? 6. ¿Cuál es el pronóstico del tiempo para varias ciudades del Caribe?
B. *Give a weather report for the area in which you live.*

52 EJERCICIO DE COMPOSICIÓN

Escribe una composición de 100 o más palabras. Describe cómo está el tiempo en México y en los otros 15 países donde hablan español en América Central y Sudamérica. Di qué países están en las áreas de baja presión y cuáles en las áreas de alta presión; dónde llueve; dónde hay aguaceros; en qué dirección sopla el viento.

VOCABULARIO

2–16

el **barómetro** *barometer*
la fórmula *formula*
las Islas Vírgenes *Virgin Islands*
el **pronóstico** *forecast, prediction*
la **presión** *pressure*
el **reloj despertador** *alarm clock*
el **repaso** *review*
el **termómetro** *thermometer*

alto,-a *high*
dormido,-a *asleep*
soleado,-a *sunny*

cargar *to load*
chequear *to check*
congelar(se) *to freeze, become frozen*
convertir (ie, i) *to convert, change*
hervir (ie,i) *to boil*
llover (ue) *to rain*

¡Ojalá que no! *I hope not!*

17–32

el aguacero *downpour, rainstorm*
el **área** (f.) *area*
el **cayo** *islet, key (small island)*
el **cielo** *sky*
el **descansar** *resting*
el **esquiar** *skiing*
el **estado** *state, condition*
la **neblina** *fog*
la **nube** *cloud*
el **pasear** *strolling*
la **tempestad** *storm*

caluroso,-a *warm, hot*
encapotado,-a *cloudy, overcast*
estable *stable*
fijo,-a *stable, fixed*
inestable *unstable*
lluvioso,-a *rainy*
mayormente *mainly, mostly*
muerto,-a *dead*
parcialmente *partially*
probablemente *probably*
soportable *bearable*
variable *variable*

anclar *to anchor*
aprovechar *to take advantage (of)*
soplar *to blow*

la del *the one with*
la verde *the green one*
lo bonito *the beautiful (part)*
lo mejor *the best (part)*
ni *(not) even*

33–52

la correspondencia *correspondence*
el **impermeable** *raincoat*
el **paraguas** *umbrella*
la **veleta** *weathervane*
el **viaje de vuelta** *return trip*

abrigar *to cover up (warmly)*
caber *to fit*
　quepo *I fit*
　caben *(they) fit*
nevar (ie) *to snow*
pensar (ie) en *to think about*
señalar *to signal, indicate*

parar de + inf. *to stop + gerund*

Actividades y hobbies

1 *Our Spanish-speaking friends enjoy many activities and hobbies. Isabel, in Venezuela, enjoys cooking, and lately she has been learning to make some typical Venezuelan dishes. Her brother Gerardo often kids her about her new hobby, but willingly helps her, and seems to be developing an interest and a talent of his own in the kitchen. Isabel has other hobbies, however. She is an excellent tennis player, a good swimmer, and enjoys a good game of chess — especially when she beats Gerardo. Music is another one of her hobbies. Isabel composes music, plays the piano, the organ, the guitar, and the cuatro.*

2 La cocinera y su ayudante ⊗

ISABEL   Empecé a cocinar hace una hora y todavía no acabo. Y tú, ¿dónde estabas?

GERARDO   Llegué hace un rato pero olvidé que tenía que ayudarte.

ISABEL   Bueno, ayúdame a buscar la receta para el pabellón criollo. Ya comencé a hacerlo, pero no estoy segura de algunos ingredientes.

GERARDO   ¿Buscaste en la caja de recetas?

ISABEL   Ya busqué. No está ahí.

GERARDO   ¿Y en los libros de cocina?

ISABEL   No, no me acuerdo dónde los coloqué. ¡Olvídalo! Lo hacemos de memoria.

GERARDO   ¿DE MEMORIA? Acuérdate que la semana pasada casi envenenaste a toda la familia.

ISABEL   ¡MENTIRA! Fue que me equivoqué y le agregué pimienta en vez de sal a las caraotas.

GERARDO   Mira, hermanita, hazme caso. ¿Por qué no buscas un hobby de menos peligro para la familia y para ti?

3 Contesten las preguntas.

1. ¿Cuándo empezó Isabel a cocinar?
2. ¿Qué olvidó Gerardo?
3. ¿Qué busca Isabel?
4. ¿De qué no está segura Isabel?

5. ¿Quién buscó en la caja de recetas?
6. ¿Dónde no buscó ella? ¿Por qué?
7. ¿Qué decide hacer Isabel?
8. ¿Qué casi hizo la semana pasada?

4 ¿Y tú?

1. ¿A ti te gusta ayudar en la cocina?
2. ¿A quién ayudas?

3. ¿Qué comidas sabes hacer?
4. ¿Quién te enseñó?

5 PRÁCTICA ORAL ⊗

6 La cocina de Isabel y Gerardo ⊗

Para Isabel y Gerardo cocinar es un ''hobby.'' Para ellos cocinar es un placer porque tienen una cocina con todos los aparatos y utensilios más modernos.

En la cocina hay:

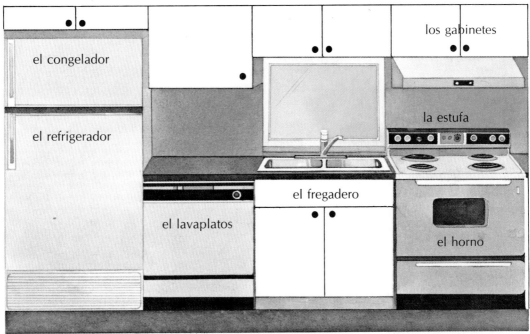

los gabinetes

el congelador

el refrigerador

la estufa

el fregadero

el lavaplatos

el horno

Algunos de los utensilios que Isabel y Gerardo usan son:

la tostadora

la cafetera

sartenes y cacerolas de diferentes tamaños

la batidora

moldes para tortas

la espátula, el cucharón y el tenedor

el rallador, el colador y el rodillo

almohadillas para agarrar las cosas calientes

7 PRÁCTICA ORAL ⊗

8 Isabel y Gerardo en la cocina

1

Los mejores vegetales de Venezuela crecen en mi huerto.

2

Salgo y escojo lechuga y tomates para la ensalada.

3

Todo está listo para hacer el pabellón criollo.

4

Sigo una receta que mi abuela le dio a mi mamá.

5

Mi ayudante, Gerardo, ya es un buen cocinero.

6

Cuando empezó no sabía distinguir entre freír y hervir.

7

Yo lo dirijo y nunca se enoja si lo corrijo.

8

Se ríe cuando le digo que yo ni recojo ni lavo platos.

9

Eso es trabajo de ayudantes y no de grandes cocineros.

9 Contesten las preguntas.

1. ¿Quiénes están en la cocina?
2. ¿Dónde crecen los mejores vegetales?
3. ¿Para qué son la lechuga y los tomates?
4. ¿Qué van a hacer ellos?

5. ¿Qué receta tiene Isabel?
6. ¿Qué no sabía Gerardo cuando empezó?
7. ¿Se enoja Gerardo?
8. ¿Qué dice Isabel?

10 ¿Y tú?

1. ¿Crees que el cocinar es un "hobby"?
2. ¿Por qué sí o por qué no?

3. ¿Cuál es tu receta favorita?
4. ¿Qué utensilios usas?

11 PRÁCTICA ORAL ⊗

12 SPELLING-CHANGING VERBS

1. You have learned a few **-ar** verbs whose stems end in the consonants **c, g,** and **z.** These verbs are usually referred to as verbs ending in **-car, -gar,** and **-zar.** They have a spelling change before the vowel **e.** These changes take place in the **yo** form of the preterit.

-ar Verbs Ending in -car, -gar, -zar			
Verb	Ending	Spelling Change	Preterit Tense yo Form
buscar	**-car**	**c** to **qu**	yo **busqué**
llegar	**-gar**	**g** to **gu**	yo **llegué**
empezar	**-zar**	**z** to **c**	yo **empecé**

2. There are also **-er** and **-ir** verbs whose stems end in the consonants **c, g,** or the combination **gu.** These verbs are usually referred to as verbs ending in **-cer, -cir, -ger, -gir,** and **-guir.** These verbs have a spelling change before the vowels **o** or **a.** These changes take place in the **yo** form of the present tense.

-er and -ir Verbs Ending in -cer, -cir, -ger, -gir, -guir			
Verb	Ending	Spelling Change	Present Tense yo Form
conocer	**-cer**		yo **conozco**
crecer		**c** to **zc**	yo **crezco**
conducir	**-cir**		yo **conduzco**
recoger	**-ger**	**g** to **j**	yo **recojo**
dirigir	**-gir**		yo **dirijo**
seguir	**-guir**	**gu** to **g**	yo **sigo**
distinguir			yo **distingo**

13 ¿Qué hiciste? ⊗

¿Buscaste la receta?   Ya busqué la receta.
¿Colocaste los platos?
¿Apagaste el horno?
¿Colgaste los utensilios?
¿Empezaste a cocinar?
¿Sacaste los ingredientes?
¿Almorzaste bien?

14 Isabel y Gerardo hablan. ⊗

¿Quieres dirigir esta comida?   Sí, yo dirijo esta comida.
¿Quieres seguir cocinando?   Sí, yo sigo cocinando.
¿Quieres escoger los vegetales?
¿Quieres conducir al supermercado?
¿Quieres corregir lo que hiciste?
¿Quieres recoger la cocina?

15 Isabel lo quiere hacer todo más tarde. ⊗

¿Recojo la batidora ahora?   Mejor recoges la batidora más tarde.
¿Recoges las sartenes ahora?
¿Tú y yo recogemos la mesa ahora?
¿Él recoge la batidora ahora?
¿Recoges los platos ahora?
¿Recojo el cuchillo y el tenedor ahora?

16 EJERCICIOS ESCRITOS

A. *Write out the answers to Exercises 13, 14, and 15.*

B. *Rewrite the following paragraph, using the* yo *form of the preterit of the verb in parentheses.*

Ayer (llegar) tarde de la escuela. (Almorzar) con unas amigas y (jugar) un partido de sóccer. Cuando (llegar) a la casa (tocar) pero nadie contestaba. (Buscar) a ver si veía a alquien. (Empezar) a gritar como una loca pero nadie abría. Decidí entrar por una ventana. (Colocar) mi cartera y mis libros en el suelo. (Comenzar) a entrar por la ventana. Pero entonces vi que no era mi casa.

17 EJERCICIO DE COMPRENSIÓN ⊗

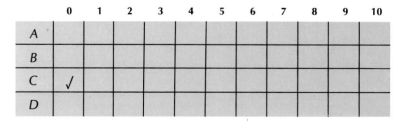

	0	1	2	3	4	5	6	7	8	9	10
A											
B											
C	✓										
D											

18 Otras actividades de Isabel y Gerardo ⊗

Como ya sabemos, cocinar es para Isabel, y por lo visto para Gerardo también, un hobby divertidísimo. Pero estos dos hermanos venezolanos se entretienen con muchas otras actividades y hobbies.

Gerardo, por ejemplo, tiene una maravillosa colección de estampillas. Su bisabuelo° empezó a coleccionar en 1880. La colección pasó al abuelo de Gerardo, luego a su papá; y ahora él y su papá pasan largas horas examinando y coleccionando para llevar la colección al día.°

PALABRAS ADICIONALES: el bisabuelo,-a: *great-grandfather, great-grandmother;* llevar al día: *to bring up to date;* la pintura: *painting;* el pincel: *(artist's) paintbrush;* la paleta de mano: *hand palette;* el lienzo: *canvas;* el caballete: *easel;* alrededor de: *around;* pintado,-a: *painted;* el cuatro venezolano: *four-stringed guitar from Venezuela*

A Isabel le gusta mucho la pintura.° Casi todos los días sale con sus pinceles,° pinturas, paleta de mano,° lienzo,° y caballete° para pintar los bellos paisajes alrededor de° su casa. La sala de su casa está llena de cuadros pintados° por Isabel.

Otra actividad de mucho interés para Isabel y Gerardo es la música. Los dos tocan el piano, el órgano, la guitarra y el cuatro venezolano.°

Además de todo esto, a los dos les gustan nadar, jugar tenis y, de vez en cuando, jugar ajedrez — aunque Isabel siempre gana.

19 En Madrid ⊗

Santi y Pepe tienen distintas actividades y hobbies. Santi practica el judo. Quiere ser cinta negra. Él es muy bueno para su edad y el año pasado ganó el campeonato en su categoría. Cada vez que compite con otro colegio, todos sus compañeros van a verlo competir. El judo está de moda en Madrid en estos momentos y muchos de los amigos de Santi practican este deporte como hobby.

Santi leyó mucho sobre el judo.

1 El creyó que sería muy difícil.

2 Oyó que la disciplina era muy fuerte.

3 En las primeras clases se cayó y se lastimó.

4 Pero ahora él es campeón de su colegio.

20 Contesten las preguntas.

1. ¿De dónde son Santi y Pepe?
2. ¿Qué practica Santi?
3. ¿Qué quiere ser él?
4. ¿Qué ganó el año pasado?
5. ¿Quiénes van a verlo?
6. ¿Cuándo?
7. ¿Qué está de moda en Madrid?
8. ¿Sobre qué leyó Santi?
9. ¿Qué creyó y oyó Santi?
10. ¿Qué es él ahora?

21 PRÁCTICA ORAL ⊗

22 MORE SPELLING CHANGES IN THE PRETERIT

You have already seen the irregular preterit forms of the verbs **creer** and **leer.** All **-er** and **-ir** verbs whose stems end in a vowel have an accented **i** in all forms except the **Ud./él/ella** and the **Uds./ellos/ellas** forms of the preterit, where the **i** changes to **y.**

Infinitive	Stem	Endings
creer	cre-	í
leer	le-	íste
caer	ca-	yó
oír	o-	ímos
		yeron

23 ¿Quiénes se cayeron? ⊗

¿Santi se cayó ayer?   No, Santi no se cayó ayer.
¿Tú te caíste también?
¿Se cayeron en la calle?
¿Aquí no fue donde nos caímos el año pasado?
¿Uds. se cayeron jugando fútbol?
¿No fue allí donde me caí?
¿Ellos se cayeron en la escalera?
¿Se cayó del autobús?

24 Santi conversa con Pepe. ⊗

¿Leíste el libro?   Sí, leí el libro.
¿Oyeron la gritería del judo?
¿Uds. le creyeron sus cuentos?
¿Leí el periódico ayer?
¿Oyó él el noticiario anoche?
¿Oíste el silbato del árbitro?

25 Santi habla con otro amigo. ⊗

Tú me creíste...pero, ¿y ella?   Ella te creyó también.
Tú lo leíste... pero, ¿y ellos?
Tú te caíste ... pero, ¿y Uds.?
Tú la oíste...pero, ¿y yo?
Tú lo creíste... pero, ¿y él?

26 EJERCICIOS ESCRITOS

A. *Write out the answers to Exercises 23, 24, and 25.*
B. *Rewrite the following paragraph, changing the underlined verbs from the present tense to the preterit.*

Pepe lee *Don Quijote* en la biblioteca del colegio. Luego, Marisol y él oyen el noticiario de las nueve. "¿Oyes lo que dice la televisión?" le pregunta Marisol. "Lo oigo muy bien, pero no lo creo," contesta él. Entonces corre a llamar a Santi por teléfono, pero se cae en la alfombra de la sala.

27 Los pasatiempos de Pepe ⊗

Las actividades y hobbies de Pepe son más variados.° En el colegio él juega fútbol todos los días, a veces en el campo de fútbol,° a veces en los patios del colegio, durante los recreos. A Pepe le gusta la química, y muchas veces después de clases se queda en el laboratorio haciendo experimentos. También le gusta la lectura,° y pasa horas en la biblioteca, leyendo los clásicos° españoles.

Pepe tiene muchos hobbies.

La química es un hobby peligroso.

Pepe considera el fútbol un hobby.

El leer es un hobby muy educativo.°

A veces, Pepe se entretiene jugando con sus hermanitos. Otras veces toca la guitarra y canta con sus amigos. A veces él y Marisol empiezan un juego de ajedrez y no lo terminan hasta muy tarde o hasta el día siguiente.° Los sábados y domingos, por la mañana, antes de reunirse con sus amigos y amigas para ir a pasear, a Pepe le gusta pintar paisajes, que inventa en su mente.° También encuentra tiempo para trabajar con su colección de piedras de todas las provincias de España.

PALABRAS ADICIONALES: variado,-a: *varied;* el campo de fútbol: *soccer field;* la lectura: *reading;* los clásicos: *the classics;* educativo,-a: *educational;* siguiente: *following;* la mente: *mind*

Tocar la guitarra,

coleccionar piedras

y pintar son hobbies.

28 Los surfeadores ⊗

A las siete de la mañana, Alex había llegado a la playa de Piñones. Unos amigos surfeadores lo habían recogido en su coche. Lo primero que él hizo en la playa fue darles una clase a unos principiantes que lo habían esperado desde muy temprano. Cuando terminó, Alex enceró su tabla de surfear y amarró la cuerda de ésta a su tobillo, para no perderla. Entonces se metió en el mar. Acostado sobre la tabla, nadó con los brazos hasta donde se formaban las olas.

1

2

3

4

A la hora de almuerzo, las olas eran más pequeñas y habían venido demasiados surfeadores. Alex regresó a su casa con sus amigos. Allí, él y varios de sus compañeros surfeadores han montado un taller para preparar tablas de surfear que reciben de California. Su clientela no es muy grande, pero tienen clientes hasta en Venezuela. Ellos preparan cada tabla de acuerdo a las especificaciones del comprador. Para Alex, preparar las tablas, más que un trabajo, es un hobby.

5

6

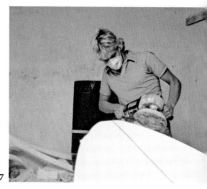
7

8 9 10

29 Contesten las preguntas.

1. ¿Adónde había llegado Alex a las siete?
2. ¿Cómo había llegado a la playa?
3. ¿Qué fue lo primero que hizo?
4. ¿Qué le hizo Alex a su tabla?
5. ¿Qué se amarró al tobillo? ¿Para qué?
6. ¿Qué hizo entonces?

7. ¿Hasta dónde nadó él?
8. ¿Quiénes habían venido a los olas?
9. ¿Adónde regresó Alex?
10. ¿Qué han montado Alex y sus compañeros?
11. ¿Cómo preparan ellos las tablas?

30 PRÁCTICA ORAL ⊗

31 THE PAST PERFECT

1. You have learned that the *present perfect tense* is a compound tense. A compound tense is made up of a helping verb and a main verb. For the present perfect tense, the helping verb is a present-tense form of **haber,** *to have,* followed by the past participle of a main verb.

He llenado las botellas.	*I have filled the bottles.*
Hemos corrido una hora.	*We have run one hour.*
La temperatura **ha subido.**	*The temperature has risen.*

2. The *past perfect* is also a compound tense. For this tense the helping verb is an imperfect-tense form of **haber,** which is followed by the past participle of a main verb.

	Imperfect of **haber**	Past Participle
Yo	**había**	
Tú	**habías**	llamado.
Ud./Él/Ella	**había**	comido.
Nosotros, -as	**habíamos**	salido.
Uds./Ellos/Ellas	**habían**	

Notice that only the helping verb, **haber,** is conjugated to agree with the subject. The past participle *never* changes its form after **haber.**

3. In the present perfect, the forms of **haber** correspond to the English *have/has*. The present perfect is used to talk about an event in the past that is related to the present moment.

He practicado ese deporte y me gusta.	*I have practiced that sport and I like it.*
Ella **ha estado** aquí desde ayer.	*She has been here since yesterday (and is still here).*

4. In the past perfect, the forms of **haber** correspond to the English *had*. The past perfect is used to talk about an event that was completed in the past, before a second past event was completed.

Cuando Alex **llegó,** él ya **había salido.**	*When Alex arrived, he had already left.*

32 Dos muchachas conversan. ⊗

¿Llegaron a las siete?   A las siete ya habían llegado.
¿Llegaste a las siete?
¿Llegamos a las siete?
¿Llegué a las siete?
¿Llegó a las siete?
¿Uds. llegaron a las siete?

33 ¿Ya había pasado? ⊗

¿Habíamos llegado cuando Alex vino?   Sí, ya habíamos llegado.
¿Habían surfeado cuando Alex vino?
¿Habías preparado su tabla cuando Alex vino?
¿Yo había jugado fútbol cuando Alex vino?
¿Uds. habían salido del agua cuando Alex vino?
¿Ella había terminado cuando Alex vino?

34 EJERCICIOS ESCRITOS

A. *Write out the answers to Exercises 32 and 33.*

B. *Rewrite the following paragraph, changing the underlined verbs to the past perfect tense.*
Isabel y varios amigos y amigas llegaron a la playa muy temprano. Todos hicieron ejercicios antes, para estar preparados para surfear. Practicaron durante toda la semana anterior. Isabel le dijo a sus amigos que iba a tratar de surfear sin caerse. Parecía que el mar la oyó, pues las olas estaban perfectas para surfear. Yo también me preparé para las olas. Todos trabajamos muchísimo para este día. Como parte de las preparaciones, todos enceramos las tablas. Pero hice algo mal. ¡Enceré el lado de arriba de mi tabla!

35 EJERCICIO DE COMPRENSIÓN ⊗

	0	1	2	3	4	5	6	7	8	9	10
Past perfect	√										
Present perfect											

Alex observó las olas, y de pronto se deslizó° dentro del tubo° de una. Desapareció° de la vista de los demás por varios segundos. ¡Y apareció de repente,° de pie° en su tabla, sobre la cresta de la misma ola! A veces se paraba, a veces se agachaba.° Usaba los brazos para mantener el equilibrio. La tabla, dirigida° por la flexión de sus piernas,° cortaba el agua velozmente,° hacia la izquierda, hacia la derecha. Parecía que volaba sobre el mar, en su veloz carrera° hacia la orilla.

Una y otra vez Alex y sus amigos surfeaban en las olas. Tenían cuidado de no golpearse° los unos a los otros. Se animaban y se preparaban para la gran competencia de la semana próxima.°

PALABRAS ADICIONALES: deslizarse: *to slide;* el tubo: *tube, opening;* desaparecer: *to disappear;* de repente: *suddenly;* de pie: *standing up;* agacharse: *to duck, crouch;* dirigido,-a: *steered;* la pierna: *leg;* velozmente: *swiftly;* la carrera: *race;* golpearse: *to bang against, hit;* próximo,-a: *next*

COLECCIONAR

ARTES: PINTURA, ESCULTURA

MODELOS

BAILAR

MÚSICA

FOTOGRAFÍA

38 **PRÁCTICA ORAL** ⊗

39 **EJERCICIO DE CONVERSACIÓN**

Give a report to the class about your favorite hobby. You should make the following points clear.

1. ¿Cuál es tu hobby favorito? 2. ¿Te cuesta mucho o poco? 3. ¿Es tu hobby un tipo de deporte, colección, artesanía, estudio u otra cosa? 4. ¿Qué necesitas para tu hobby? 5. ¿Cuánto tiempo pasas con tu hobby? 6. ¿Les gustaría tu hobby a tus amigos? ¿Por qué? 7. ¿Qué otros tipos de hobbies te gustan?

40 **EJERCICIO DE COMPOSICIÓN**

Using the questions in Exercise 39 as a guide, write a few sentences about your own hobbies.

VOCABULARIO

1–18

la **almohadilla** *pot holder*
el **aparato** *appliance*
la **batidora** *blender*
la **cacerola** *saucepan, casserole*
la **caraota** *bean*
el **colador** *strainer*
el **congelador** *freezer*
el **cuatro** *four-stringed guitar*
el **cucharón** *large spoon*
la **espátula** *spatula*
la **estufa** *stove*
el **fregadero** *kitchen sink*
el **gabinete** *kitchen cabinet*
el **huerto** *fruit or vegetable garden*
el **ingrediente** *ingredient*
el **lavaplatos** *dishwasher*
la **memoria** *memory*
la **mentira** *lie*
el **molde** *mold, cake pan*
el **pabellón criollo** *Venezuelan dish of rice, beans, fried plantains, and shredded beef*
el **rallador** *grater*
el **rodillo** *rolling pin*
el **tamaño** *size*
el **utensilio** *utensil*

agregar *to add*
corregir (i) *to correct*
  corrijo *I correct*
dirigir *to direct*
  dirijo *I direct*
distinguir *to distinguish*
envenenar *to poison*
equivocar(se) *to make a mistake, to be mistaken*
escoger *to choose*
  escojo *I choose*
freír (i,i) *to fry*
lavar *to wash*
recoger *to collect, pick up*
  recojo *I collect*
seguir (i) *to follow*
  sigo *I follow*

de menos *less*
de memoria *by heart, from memory*
en vez de *instead of*
hace un rato *a while ago*
hacer caso (a) *to pay attention (to)*
¡Olvídalo! *Forget it!*

19–27

el **campeón, -a** *champion*
el **campeonato** *championship*
la **categoría** *category*
la **cinta** *belt (judo)*
la **disciplina** *discipline*
el **judo** *judo*

competir (i) *to compete*
lastimar(se) *to hurt (oneself)*

estar de moda *to be fashionable*

28–40

el **comprador, -a** *buyer*
la **especificación** *specification*
el **principiante, la p.** *beginner*
el **tobillo** *ankle*

acostado, -a *lying down*

encerar *to wax*
formar(se) *to form*
habían esperado *(they) had waited*
había llegado *(he) had arrived*
habían recogido *(they) had gathered up*
habían venido *(they) had come*

de acuerdo a *in accordance with, according to*

Spain, The Mother Country

The Spanish landscape is rich in geographic contrast. Five mountain ranges make Spain the second most mountainous country in Europe. There are also two vast inland plateaus and thousands of miles of coastline along the Atlantic Ocean and the Mediterranean Sea. With Portugal, Spain makes up the Iberian Peninsula.

Plate 9

Iberian tribes were the first to inhabit the Iberian Peninsula, and left some of the earliest artistic expressions we know of, in the cave paintings at Altamira and Alpera, done thousands of years ago. *La dama de Elche* dates back to the Phoenicians, who settled in southern Spain in the eleventh century B.C. Cádiz, a city founded by the Phoenicians, is the oldest city in Spain.

Later, the Greeks and the Romans left their mark on the country, the people, and the language. When the Visigoths from the north conquered the Iberian Peninsula, it was one of the series of events that led to the fall of the Roman Empire. The Visigoths made Toledo the capital of their Iberian kingdom.

Plate 11

Beginning in 711 A.D., the Iberian Peninsula was almost completely occupied by Moors, who came from North Africa. During their rule of the Iberian Peninsula, they established this area as the cultural center of Europe. This period, which lasted several centuries, greatly enriched the language, art, architecture, and music, giving them a unique character that has survived until the present. Córdoba was the capital city and the center for cultural development.

Plate 12

Shortly after the Moors first seized control of the Iberian territories, Christian forces began the long struggle to regain power. Starting in the north, in the year 718, *la Reconquista* spanned over the following eight centuries. El Cid, who seized Toledo in 1085 and later captured Valencia for the Christian forces, became one of the great heroes of Spanish history. In 1492, the Moors surrendered Granada, and a new period of Spanish history began. The year 1492 marks the unification of Spain under the Catholic Monarchs, and the first of the discoveries made by Columbus. This year marks the beginning of modern Spain, which grew to become the world's leading power. Literature and the arts flourished as the country enjoyed unprecedented wealth from the newly found lands in the New World.

Plate 14

Plate 15

Today Spain is a monarchy once again. The country is undergoing a period of great growth and industrialization.

Plate 16

33

Pasatiempos de invierno

1 La práctica de hockey sobre hielo ⊗

A los muchachos mexicano-americanos de St. Paul, Minnesota, les gustan mucho los deportes de invierno. Muchos de ellos tienen trineos para deslizarse en la nieve. Otros son grandes patinadores. Muchos de los muchachos juegan en el equipo de hockey sobre hielo.

¿Nadie sabe dónde está mi casco? No lo encuentro.

¿Alguien ha visto mi careta? Ésta no es la mía.

Ni los amarillos ni los azules ganan. Es un empate.

Durante la práctica, el número once no deja nunca de tratar algo nuevo. Él es el mejor jugador.

Pero no hay ningún jugador malo.

¡No hay nada como ganar un campeonato! Todos sonríen en la foto.

2 Contesten las preguntas.

1. ¿Qué les gusta a los muchachos mexicano-americanos de St. Paul?
2. ¿Qué tienen muchos? ¿Qué son otros?
3. ¿Para qué usan los trineos?
4. ¿En qué equipo juegan muchos de ellos?
5. ¿Qué pregunta el muchacho que no encuentra el casco?
6. ¿Qué hace el jugador número once durante la práctica?
7. ¿Hay algún jugador malo?

3 **PRÁCTICA ORAL** ⊗

4 **Tato se viste para el juego de hockey.** ⊗

OYE, TATO, ¿DE QUÉ TE VAS A VESTIR AHORA?

¡QUÉ TONTA! ÉSTE ES MI UNIFORME DE HOCKEY.

¿PARA QUÉ SON EL CASCO Y LA CARETA?

EL CASCO ES PARA CUBRIRME LA CABEZA Y LAS OREJAS; Y CON LA CARETA NO ME LASTIMO NI LA NARIZ, NI LA BOCA, NI LA QUIJADA.

Y ME VAS A DECIR QUE LAS BOTAS TE PROTEGEN LOS TOBILLOS, Y QUE LOS GUANTES SON PARA PROTEGER LOS DEDOS, LAS MANOS Y LAS MUÑECAS, ¿VERDAD?

¡MUY BIEN LOLA! PARECE QUE ESTÁS APRENDIENDO ALGO.

¿NO OLVIDASTE NADA?

AH, SÍ. NECESITO PROTEGERME LAS RODILLAS Y LOS CODOS.

BUENO, ¿Y A QUÉ HORA VAS A JUGAR ESTE JUEGO DE ROBÓTS?

¿JUGAR? ¡YO NO TENGO NINGÚN JUEGO...

...ES QUE NO ME GUSTA HACER NADA SI NO LO VOY A HACER BIEN!

5 **Contesten las preguntas.**

1. ¿De qué está vestido Tato?
2. ¿Para qué son el casco y la careta?
3. ¿Para qué son las botas y los guantes?
4. ¿A qué hora es el juego?

6 **¿Y tú?**

1. ¿Para qué deportes usarías un casco?
2. ¿Qué te protege el casco?
3. ¿En qué deportes usarías una careta?
4. ¿Qué te protege la careta?
5. ¿Qué te protegen las botas?
6. ¿Y los guantes?

7 **PRÁCTICA ORAL** ⊗

8 **¿Qué equipo usan los muchachos?** ⊗

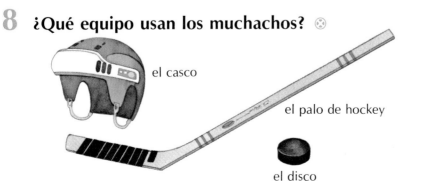

el casco

el palo de hockey

el disco

el patín de hielo

10 NEGATIVE WORDS

Lean los siguientes ejemplos. ⊗

No vi a nadie patinando.   **No hay ningún** disco allí.

What do these two sentences mean? In the first sentence, how many negative words are there? What are these negative words? In the second sentence, how many negative words are there? What are these negative words?

11 Lean el siguiente resumen.

1. You have learned a number of negative words other than **no.**

Nadie vino.	*No one came.*
Ella **nunca** pierde.	*She never loses.*
Nada pasó.	*Nothing happened.*

2. Sentences using a negative word may occur in two forms:
   a. With a negative word before the verb.

Hoy **nadie practicó.**	*Nobody practiced today.*
Ellos **nunca pierden.**	*They never lose.*

   b. With a negative word after the verb, but then **no** (or another negative word) must be used before the verb.

Hoy **no practicó nadie.**	*Nobody practiced today.*
Ella **no pierde nunca.**	*She never loses.*

3. Notice that Spanish often uses double negatives.

No compramos **nada.**	*We bought nothing./We didn't buy anything.*
No tengo **ninguno.**	*I have none./I don't have any.*

4. The following chart shows the most commonly used negative words.

nada	*nothing, not anything*
nadie	*no one, nobody, not anyone*
ninguno,-a (ningún)	*no, no one, none, not any*
nunca	*never, not ever*
tampoco	*neither, not either*
ni	*nor, not even*
ni...ni	*neither...nor*

Ninguno,-a is used as a limiting adjective or to take the place of a noun. It agrees in gender and in number (although the plural forms **ningunos,-as** are rarely used) with the noun it modifies or takes the place of.

¿Conoces a **una de las chicas?**	No, no conozco a **ninguna.**
¿Quieres leer **algún libro?**	No, no quiero leer **ningún libro.**

Remember that **ninguno** drops the final **o** when used before a masculine singular noun.
Nadie can only be used to refer to people. **Ninguno, -a** is used to refer either to people or objects that are known. **Nadie** refers to people in general, to persons unknown.

> **Ningún chico** jugó aquí. *No kid played here (specific).*
> **Nadie** jugó aquí. *No one played here (in general).*

When **ninguno, -a** and **nadie** are used as objects of the verb and refer to people, the personal **a** is required.

> No vi **a ninguna.**
> No vi **a nadie.**

12 Tomás conversa con una amiga. ⊗

¿Comprarás algunos discos?	No compraré ningún disco.

¿Has comprado alguna careta?   ¿Compraste algún trineo?   ¿Comprarías algunas botas?
¿Vas a comprar alguno?   ¿Comprabas algunos guantes?

13 ¿No se han lastimado nada? ⊗

¿Nunca te has lastimado las orejas?	No, no me he lastimado nunca las orejas.

¿Tampoco te has lastimado los tobillos?   ¿Nada te has lastimado?   ¿Nadie se ha lastimado la nariz?   ¿Ninguno se ha lastimado las rodillas?

14 Tomás piensa distinto al amigo con quien conversa. ⊗

Creo que a alguien le duele la cabeza.	A nadie le duele la cabeza.

Creo que a veces le duele la quijada.   Creo que algo le duele.   Creo que a alguno le duele el codo.   Creo que también le duelen las manos.   Creo que o a ella o a él le duelen los dedos.

15 EJERCICIOS ESCRITOS

A. *Write out the answers to Exercises 12, 13, and 14.*

B. *Rewrite the following dialog, filling in the appropriate negative words.*
Tomás _____ puede ir _____ a practicar hockey los martes. Él _____ puede ir los jueves.
—¿Y por qué _____ puede ir _____ los martes _____ los jueves? —Porque _____ encuentra
a _____ con automóvil para ir a la práctica. —¿_____ de sus amigos tiene automóvil? —Sí,
pero sus amigos tienen clases esos días y no lo pueden llevar. —¿Y qué hace Tomás entonces?
— _____ puede hacer _____. Sólo practica los fines de semana.

16 EJERCICIO DE COMPRENSIÓN ⊗

	0	1	2	3	4	5	6	7	8	9	10
ningún											
ninguno											
ninguna											
nadie	√										

17 La tradición mexicana ⊗

La iglesia de Tomás tiene un centro social. Allí los mayores pintan cuadros y hacen artículos de artesanía mexicana. Hay una biblioteca donde los jóvenes leen las obras° de escritores° hispano-americanos, entre ellos, las de Miguel Ángel Asturias, quien ganó el premio Nóbel en 1967. También hay clases bilingües° donde muchachos americanos y mexicano-americanos aprenden español y estudian la cultura de México.

Algunas de las casitas del centro tienen murales con temas° aztecas.

Dibujos indios en las paredes de una de las casitas del centro social

Mural de un restaurante: Fundación° de Tenochtitlán (hoy Ciudad de México) por los aztecas, en 1325

134

5   6   7

Mientras sus esposos conversan o juegan cartas, las señoras hacen piñatas, flores de papel y objetos de cerámica que ellas mismas° pintan de bellos colores. Algunos muchachos toman clases de pintura. Otros leen a los escritores hispano-americanos.

8

Hay clases bilingües y biculturales para los muchachitos americanos y mexicano-americanos de primaria.°

9

Los niños aprenden los bailes mexicanos. Aquí bailan el baile típico del charro, el jarabe tapatío.°

PALABRAS ADICIONALES: las obras: *works, books;* el escritor,-a: *writer;* el tema: *theme;* la fundación: *founding;* Tenochtitlán: *the capital of the Aztec Empire;* mismos,-as: *themselves;* la primaria: *primary, elementary school;* el jarabe tapatío: *Mexican hat-dance*

18   *There is a large Mexican-American community in the United States, especially in the South-west, bordering Mexico. These territories were discovered and explored by Spaniards in the early sixteenth century, long before the Mayflower arrived at Plymouth Harbor in 1620. Later, Mexicans settled these areas. The names of some of our present-day states — California, Nevada, Colorado, New Mexico, Texas — as well as the names of some of their main cities — San Francisco, Los Angeles, San Diego, Santa Fe, San Antonio — remind us of their Spanish origins. Today we find Mexican-American descendants of the early settlers, and their Spanish language and culture in many other states of our country.*

In the Twin Cities of St. Paul and Minneapolis, in Minnesota, there is a Mexican-American community. Their bilingual children have acquired the same love for winter sports that the German and Scandinavian immigrants first brought to the area. But this Hispanic community also enriches the cities with its tradition of food, music, handicrafts, and art. There is also a strong regard for the family and a spirit of close kinship ties.

19 ¡La excursión! ⊗

La escuela de Tomás tiene una excursión para esquiar. Van a Mt. Telemark, en Wisconsin. El profesor ha invitado a Lázaro, un primo de Tomás, de la Ciudad de México. Lázaro está visitando unos días. Todos los muchachos están contentísimos.

1

"¿Cómo se llega hasta la montaña?" le pregunta Tomás a uno de sus amigos.

TOMÁS	Lázaro, acuérdate que necesitas permiso de mis papás. Si no, no podrás ir.
LÁZARO	Ya hablé con los tíos. ¿Qué más necesito?
TOMÁS	Bueno, papá probablemente te dará dinero para alquilar el equipo. Yo pago por tu viaje.
LÁZARO	¿Y cómo se va hasta allá?
TOMÁS	La escuela alquiló un camión y lo pagaremos entre todos.
LÁZARO	¿Qué cosas se necesitan para esquiar?
TOMÁS	Vamos a la tienda de esquís. Como sabes, Jesse trabaja allí y nos hará un descuento.

2

"Ya se sabe que a todo el mundo le gusta la comida mexicana," dice la mamá.

3

El padre de Tomás le da el dinero que se necesita para la excursión.

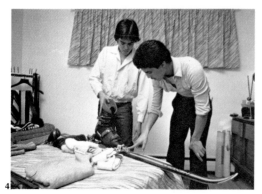

4

Tomás le enseña a otro primo cómo poner las botas en los esquís.

5

"¡Claro que se alquilan esquís! Aquí se alquila y se vende todo el equipo de esquiar," les dice el vendedor de la tienda.

6 Los muchachos se reúnen para tomar el camión. ¡Se ve que todos están muy contentos!

7 A sus amigos americanos les encantan los tacos y las tortillas que Tomás les ofrece.

8 ¡Qué bien se pasa el tiempo durante el viaje!

9 ¡Qué lindo se ve todo cubierto de nieve!

10 Como se va a esquiar todo el día siguiente, los muchachos se acuestan temprano.

20 **Contesten las preguntas.**

1. ¿Qué tiene la escuela de Tomás?
2. ¿Adónde van a esquiar?
3. ¿A quién ha invitado el profesor?
4. ¿De dónde es Lázaro?
5. ¿Para qué necesita permiso Lázaro?

6. ¿Él va a alquilar o a comprar el equipo?
7. ¿En qué van a ir los muchachos?
8. ¿Qué dice la mamá que le gusta a todo el mundo?
9. ¿Qué les encanta a los amigos de Tomás?

21 **PRÁCTICA ORAL** ⊗

22 ¿Qué se necesita para esquiar? ⊗

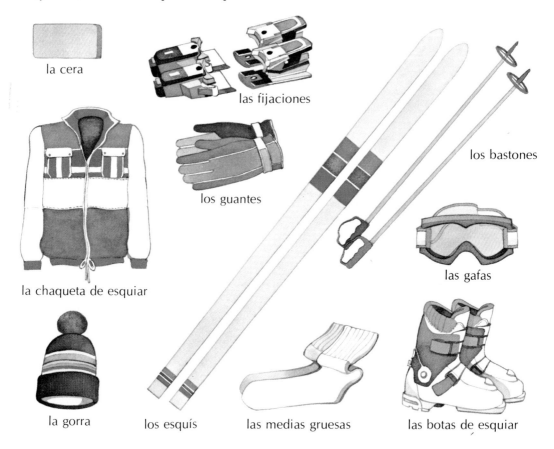

la cera

las fijaciones

los guantes

los bastones

la chaqueta de esquiar

las gafas

la gorra

los esquís

las medias gruesas

las botas de esquiar

23 ¿Y tú?

1. ¿Te gustaría esquiar? ¿Por qué?
2. ¿Dónde podrías esquiar? ¿Cómo se llama el lugar donde te gustaría esquiar?
3. ¿A qué distancia queda de tu casa? ¿Cómo irías hasta allá?
4. ¿Qué equipo necesitarías para esquiar?
5. ¿Alquilarías el equipo o lo comprarías? ¿Por qué?
6. ¿Qué otros deportes o pasatiempos de invierno te gustan?
7. ¿Cuál es tu favorito? ¿Por qué?

24 PRÁCTICA ORAL ⊗

25 USING se FOR UNSPECIFIED SUBJECTS

Lean los siguientes ejemplos. ⊗

Jesse vende botas.

What does the sentence mean? Who is the doer of the action, that is, who sells the boots? Does the verb form **vende** agree with the subject **Jesse?**

Aquí se venden botas.

What does the sentence mean? Is the doer of the action mentioned? What is the subject of the sentence? Does **se** go before or after the verb? Does the verb form **venden** agree with **botas?**

¿Cómo se llega allí?
Se sabe que ella esquía bien.

What do these sentences mean? Do these sentences have a specific subject or is the subject not specified?

26 Lean el siguiente resumen.

1. When the doer of an action is not mentioned or specified, and the sentence has a direct object, the reflexive construction **se** is used. The object usually follows the verb. The verb form immediately follows **se,** and is always the **él/ella/Ud.** or the **ellos/ellas/Uds.** form, depending on whether the object is singular or plural.

Aquí se vende ropa.	*Clothing is sold here.*
Aquí se venden botas.	*Boots are sold here.*

2. When the doer of an action is not mentioned or specified, and the sentence does *not* have a direct object, the reflexive construction **se** is also used. However, only the singular **él/ella/Ud.** form of the verb will follow **se.** The most common English equivalents of this construction use *one, you, people, they, it.*

¿Cómo se llega allí?	*How does one get there?*
Se sabe que ella esquía bien.	*It is known that she skis well.*

27 Lázaro lo pregunta todo. ⊗

Quiero ir a la montaña.   ¿Y cómo se va a la montaña?
Quiero aprender a esquiar.   ¿Y cómo se aprende a esquiar?
Quiero jugar hockey.
Quiero hacer los tacos.
Quiero preparar las tortillas.

28 Ahora es una amiga quien le pregunta a Lázaro. ⊗

¿En casa de Tomás hablan español?   ¡Claro! En casa de Tomás se habla español.
¿En esa tienda venden guantes?   ¡Claro! En esa tienda se venden guantes.
¿En la montaña aprenden a esquiar?
¿Para ir a la excursión necesitan permiso?
¿Compran los boletos en la taquilla?

29 Los dos muchachos siguen conversando. ⊗

Nosotras hablamos mucho.   Siempre se habla mucho.
Tú practicas a menudo.   Siempre se practica a menudo.
Ellos patinan durante el día.
Yo esquío bien aquí.
Bailamos por la noche.
Ella esquía con gafas.

30 Tomás contesta las preguntas de Lázaro. ⊗

¿Dónde compran los boletos para esquiar?   Allí se compran los boletos para esquiar.

¿Dónde alquilaron los esquís?   Allí se alquilaron los esquís.

¿Dónde vendían los bastones?   ¿Dónde patinaba en hielo?   ¿Dónde podría comer?

31 EJERCICIOS ESCRITOS

A. *Write out the answers to Exercises 28, 29, and 30.*

B. *Rewrite the following paragraph, using the* **se** *construction instead of the underlined verb, as shown in the following example.*

<u>Dicen</u> que por el camino <u>verán</u> muchas   <u>Se</u> <u>dice</u> que por el camino <u>se</u> <u>verán</u> muchas
cosas interesantes.   cosas interesantes.

En el viaje <u>oyen</u> hablar español. También <u>comen</u> muy bien. Las taquillas <u>van</u> <u>a</u> <u>abrir</u> temprano pues hay muchos esquiadores. ¡Cuántas cosas <u>venden</u> en la tienda de equipo de esquiar! En la montaña hay lugares donde <u>pueden</u> usar trineos. También <u>podrán</u> patinar en hielo. <u>Pasan</u> unos días maravillosos en la montaña.

32 Rueda de los pasatiempos de invierno ⊗

1. **Slalom:**° esquiar en descenso,° entre banderillas.
2. **Vela:** navegación° en velero, sobre patines.
3. **Hockey:** juego de patinadores sobre hielo.
4. **Patín artístico:**° se hacen figuras o se baila al compás de° la música.
5. **Trineo:** vehículo para deslizarse sobre hielo.
6. **Trineo de carreras:**° trineo especial.
7. **Salto:** al final de la pista el esquiador salta. Cae en la nieve y sigue el descenso° hasta la meta.°
8. **Esquí:** deporte para deslizarse loma abajo° en la nieve. También se practica a campo travieso.°
9. **Bicicleta de nieve:** bicicleta sin ruedas, montada° en un esquí.
10. **Patín de velocidad:** se celebran competencias para llegar primero a la meta.
11. **Tobogán:** tipo de trineo; sin deslizadores.°
12. **Batalla° con bolas de nieve:** los muchachos hacen y se tiran bolas de nieve.

Salto en esquís

Esquí a campo travieso

PALABRAS ADICIONALES: el slalom: *downhill race over a winding course;* en descenso: *downhill;* la banderilla: *small flag or banner;* la navegación: *sailing;* el patín artístico: *figure skating;* al compás de: *to the rhythm of;* el trineo de carreras: *bobsled;* el descenso: *descent;* la meta: *finish line (of the race);* loma abajo: *downhill;* campo travieso: *cross-country;* montado,-a; *mounted;* el deslizador: *glider, skid;* la batalla: *battle, fight;* tirarse: *to throw at each other*

33 Juego con la rueda

The class is divided into groups of four or five students. Each group will choose one of the winter pastimes from the wheel on page 140. The members of each group then try to come up with stories and facts related to the pastime they have chosen. (You can use the library, magazines, and newspapers.) Jointly, the members of the group then write, in Spanish, a story, which can be funny or serious. The best story wins!

34 En las pistas de esquiar ⊗

1

''No esquío hace un año,'' piensa Tomás. ''¿Me caeré delante de mis amigos?''

Desde la telesilla se ven las pistas, todas cubiertas de nieve.

Esperan al instructor hace diez minutos. Él les va a dar instrucciones.

Todos se divierten muchísimo en la pista.

Lázaro sueña con esquiar hace mucho tiempo.

El amigo de Tomás es un experto. ¡Salta con brazos y piernas abiertos en forma de equis!

Tomás esquía hace dos horas sin caerse, cuando…¡CATAPLUM!

35 Contesten las preguntas.

1. ¿Quién no esquía hace un año?
2. ¿Por qué está preocupado Tomás?
3. ¿Qué cosas se ven desde la telesilla?
4. ¿A quién esperan los muchachos?

5. ¿Cuánto tiempo hace que esperan al instructor?
6. ¿Con qué sueña Lázaro?
7. ¿Hace cuánto tiempo que sueña con eso?

36 PRÁCTICA ORAL ⊗

MORE ABOUT hace WITH EXPRESSIONS OF TIME

37

1. You have already learned that when **hace** is used in a sentence that is in the *preterit tense,* with an expression of time, the expression **hace...** means *...(how long) ago* in English.

   Esquié aquí **hace dos meses.**   *I skied here two months ago.*
   Él llegó **hace tres días.**   *He arrived three days ago.*

2. To ask the question *How long ago...?* Spanish uses the expression **¿Cuánto hace que...?** and a verb in the preterit tense.

   ¿Cuánto hace que llegó?   *How long ago did he arrive?*

3. When **hace** is used in a sentence that is in the *present tense,* with an expression of time, it indicates an action or condition that began in the past and continues into the present.

   No **esquío** aquí **hace cuatro años.**   *I haven't skied here in four years.*
   Espero hace una hora.   *I have been waiting for an hour.*

4. If an expression of time is used within the question, then the Spanish expression is **¿Cuánto** + *(time expression)* + **hace que...?**

   ¿Cuántos días hace que llegó?   *How many days ago did he arrive?*
   ¿Cuántas horas hace que esperas?   *How many hours have you been waiting?*

38

David conversa con Lázaro. ⊗

¿Hace dos meses que llegaste de México?   Sí, llegué de México hace dos meses.
¿Hace una semana que lo compraste?   ¿Hace muchos días que estuviste allá?   ¿Hace varios años que aprendiste a esquiar?   ¿Hace tres horas que nos llamó?   ¿Hace muchos días que lo viste?

39

Una amiga le pregunta a Lázaro. ⊗

Ya hace una hora que esperas, ¿no?   Es cierto. Espero hace una hora.
Ya hace mucho tiempo que no esquías, ¿no?   Ya hace un rato que patina, ¿no?   Ya hace una semana que están aquí, ¿no?   Ya hace un mes que no lo ves, ¿no?

40

¿Y cuánto hace que...? ⊗

¿Cuántas horas hace que no patinas? ¿Tres?   Sí, no patino hace tres horas.
¿Cuántos minutos hace que estamos aquí? ¿Veinte?   ¿Cuánto tiempo hace que llegaste? ¿Mucho?   ¿Cuántos días hace que no juegas hockey? ¿Dos?   ¿Cuántos años hace que compró el trineo? ¿Seis?   ¿Cuántas semanas hace que te visita? ¿Una?

41

EJERCICIO ESCRITO

Write out the answers to Exercises 38, 39, and 40.

42

EJERCICIO DE CONVERSACIÓN

Dile a un compañero o a una compañera qué pasatiempo de invierno te gusta más. Dile por qué te gusta, adónde irías para practicarlo, a qué distancia está ese lugar de tu casa. ¿Qué equipo necesitarías? ¿Lo alquilarías o lo comprarías? ¿Por qué? También di si es peligroso o no, y por qué. ¿Irías solo, con amigos o en una excursión de la escuela? ¿Cuánto costaría el viaje y cómo lo pagarías? Al acabar de decirle, él o ella te hablará a ti sobre su pasatiempo favorito de invierno.

43 EJERCICIO DE COMPOSICIÓN

Haz una composición de 150 a 175 palabras, describiendo un paseo a esquiar. Describe el equipo que se necesitará, y si se alquilará o se comprará ese equipo, y por qué. Dinos cómo se llegará hasta la montaña, si el viaje se hará en camión o en automóvil. Cuenta si se usará teleférico o telesilla para subir a la pista, y qué clase de pista se piensa usar. ¿Se necesitará un instructor antes de esquiar? ¿Por qué? También dinos las partes del cuerpo que será bueno preparar con ejercicios antes de esquiar. Por la noche, si patinarán en hielo o si te gustaría más ver televisión o reunirte con tus amigos a conversar, o tal vez bañarte en la piscina, si hay una.

44 VOCABULARIO

1–18

la **boca**   mouth
el **campeonato**   championship
el **casco**   helmet
el **codo**   elbow
el **dedo**   finger
el **disco**   hockey puck
el **empate**   tie (sports)
el **hockey**   hockey
el **jugador,-a**   player
la **mano**   hand
la **muñeca**   wrist
la **nariz**   nose
la **oreja**   (outer) ear
el **palo**   stick (hockey)
el **patinador,-a**   skater
la **quijada**   jaw
el **robot**   robot
la **rodilla**   knee
el **trineo**   sleigh, sled

alguien   somebody, someone
ningún,-o,-a   none, no one, nobody

deslizar(se)   to slide
proteger   to protect
sonreír(se) (i,i)   to smile

ni...ni   neither...nor
no hay ningún...   there isn't any...

19–33

el **bastón**   ski pole
el **camión**   bus, truck
la **cera**   wax
el **esquí**   ski
la **fijación**   ski binding
las **gafas**   goggles, eyeglasses
la **media**   sock
el **motel**   motel
el **profesor,-a**   teacher, professor
la **rueda**   wheel
el **taco**   typical Mexican dish
la **tortilla**   thin, flat, round cake made of cornmeal or flour

probablemente   probably
grueso,-a   heavy

encantar   to like, be delighted by

se alquila   is rented
se alquilan   are rented
se llega   one arrives
se necesita   is needed
se pasa   one spends
se sabe   one knows
se va   one goes
se ve   one sees
se vende   is sold

nos hará un descuento   (he) will give us a discount

34–43

el **brazo**   arm
el **experto,-a**   expert
la **pierna**   leg
la **pista**   trail, track, rink
la **telesilla**   chairlift (to transport skiers)

abierto,-a   open

¡cataplum!   plop! bang!
soñar con   to dream about

¡Celebramos!

Hay ciertos días de fiesta que son celebrados por muchísimas personas en distintas partes del mundo. Fiestas como la Navidad, el Día de Año Nuevo, el Día de Dar Gracias, el Halloween o Noche de Brujas y muchas otras que forman parte de la vida de millones de familias.

Pero hay otro tipo de fiestas tradicionales, de ciertas regiones, que son celebradas cada año en diferentes países de Latinoamérica: los festivales folklóricos. Estos festivales son celebrados para revivir las costumbres y tradiciones de los antepasados. Con la celebración de estos festivales, el folklore es conservado con alegría y orgullo.

2 Fiesta en Oaxaca

Como los Estados Unidos, México está dividido en diferentes estados: veintinueve estados. El estado de Oaxaca, cuya capital es llamada Oaxaca también, es uno de los estados más bellos de México. Aquí, durante el mes de julio, es celebrada la Guelaguetza, un festival lleno de colorido y alegría.

El pueblo entero se prepara para esta celebración. Las calles y la plaza son decoradas con flores y banderillas. Muchas de las casas son lavadas por dentro y por fuera, y son pintadas de arriba abajo. La catedral, que es el centro de muchas de las actividades, también es adornada con banderas, flores y luces. Y como la población se prepara para el festival, hasta los niños son vestidos con los trajes típicos de cada región.

3 Contesten las preguntas.

1. ¿En qué está dividido México?
2. ¿Cuántos estados tiene México?
3. ¿Qué estado es uno de los más bellos?
4. ¿Qué festival es celebrado aquí?
5. ¿Cuándo es celebrado?
6. ¿Qué hace el pueblo entero?
7. ¿Qué son decoradas con flores y banderillas?
8. ¿Qué les hacen a las casas?
9. ¿Cuál es el centro de muchas actividades?
10. ¿Qué le hacen a la catedral?
11. ¿Cómo son vestidos los niños?

4 ¿Y tú?

1. ¿En cuántos estados están divididos los Estados Unidos?
2. ¿En qué estado vives tú?
3. ¿Qué otros estados conoces tú?
4. ¿Cuál es tu celebración favorita?
5. ¿Cuándo es esta celebración?
6. ¿Dónde la celebras?
7. ¿Cómo la celebras?

5 PRÁCTICA ORAL ⊗

146   EL MUNDO DE LA JUVENTUD

6 ¿Qué días de fiesta son celebrados aquí? ⊗

En diciembre cae la Navidad, cuando

las tarjetas son mandadas,

los árboles son decorados

y los regalos son comprados por algunos.

Durante la Pascua

los huevitos son pintados,

los conejitos, pollitos y patitos son regalados,

y la ropa nueva es usada por otros.

Para el Cuatro de Julio

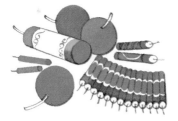

las banderas son exhibidas,

las luces de bengala son encendidas

y los cohetes son estallados por mucha gente.

En noviembre cae el Día de Dar Gracias, cuando

el pavo es preparado,

y la cena es servida

por la familia americana.

7   Contesten las preguntas.

1. ¿Qué cae en diciembre?
2. ¿Cuándo se pintan los huevitos?
3. ¿Cuándo son exhibidas las banderas?

4. ¿Qué son encendidas? ¿Qué son estallados?
5. ¿Qué cae en noviembre?

8   PRÁCTICA ORAL ⊗

9   THE PASSIVE VOICE

Lean los siguientes ejemplos. ⊗

Los chicos adornan la plaza.
Ellos pintan las casas.

What do these sentences mean? What is the subject of the first sentence? What is it **los chicos** do? What is the subject of the second sentence? What is it **ellos** do?

La plaza es adornada.
Las casas son pintadas por ellos.

What do these sentences mean? What is the subject of the first sentence? In this sentence, does the subject **plaza** do something or is something being done to it instead? What is the subject of the second sentence? In this sentence, does the subject **casas** do something or is something being done to it instead?

10   Lean el siguiente resumen.

1. In Spanish, as in English, a verb can be *active* or *passive*.

2. The verb is said to be active—in the *active voice*—when the subject of that verb *performs* the action of the verb.

Ellos limpian las calles.	*They clean the streets.*
Nosotros decoramos la catedral.	*We decorate the cathedral.*

3. The verb is said to be passive—in the *passive voice*—when the subject of that verb *receives* the action of the verb.

Las calles son limpiadas por ellos.	*The streets are cleaned by them.*
La catedral es decorada por nosotros.	*The cathedral is decorated by us.*

4. To form the present tense of the passive voice, you use a present form of **ser** followed by a *past participle*. Remember that the past participle is formed by taking the verb stem and adding **-ado** for **-ar** verbs (**limpi-ado, decor-ado**), and **-ido** for **-er** and **-ir** verbs (**com-ido, vend-ido, viv-ido, vest-ido**).

5. Notice that the form of the helping verb **ser** used in a passive-voice construction agrees with the subject, and that the past participle agrees with the subject in number and gender.

Él es llamado.
Ellas son llamadas.

6. The following chart shows some **-ar,-er,** and **-ir** verbs used in the passive voice.

	ser	Past Participle	
Yo	soy	llamado	por ellos.
Tú	eres	atendido	por mí.
La historia	es	revivida	por él.
Nosotras	somos	llamadas.	
Uds.	son	atendidos	por él.
Los conejitos	son	exhibidos.	

11 ¿Cómo se prepara el pueblo? ⊗

¿Pintan ellos las casas?   Sí, las casas son pintadas por ellos.
¿Limpian Uds. las calles?
¿Ayudan los hijos a los papás?
¿Decoras tú la catedral?
¿Adornamos la plaza?

12 Y los chicos, ¿cómo celebran? ⊗

¿Reviven ellos la historia?   Claro que la historia es revivida por ellos.
¿Entienden ellos las tradiciones?
¿Aprenden ellos las costumbres?
¿Conocen ellos los bailes típicos?

13 Los mayores, ¿cómo celebran ellos? ⊗

¿Se sirven platos típicos?   Sí, platos típicos son servidos por ellos.
¿Se aplauden los bailes?
¿Se revive la historia?
¿Se siente la alegría?

14 EJERCICIO ESCRITO

Write out the answers to Exercises 11, 12, and 13.

15 EJERCICIO DE COMPRENSIÓN ⊗

	0	1	2	3	4	5	6	7	8	9	10
Active	√										
Passive											

16

Holidays celebrate different events that are important to different people. These celebrations grow out of the beliefs, the history, and the culture of a specific region, and have been preserved through the centuries by the people for whom they are important events. La Guelaguetza is one of these festivals. It relives a time of year that was—and continues to be—important to the region of Oaxaca.

17   La Guelaguetza ⊗

Hace cuatro siglos, los indios de la región de Oaxaca creían en varios dioses.° Una diosa muy importante era Xilomén, la diosa del maíz° tierno.°

Todos los años había una gran fiesta en honor a Xilomén. La fiesta duraba° ocho días. Durante estos días, todos en el pueblo se vestían en su mejor ropa y más ricas° joyas.° Daban de comer a los pobres;° bailaban y cantaban sin descanso en honor a Xilomén.

El último día de la fiesta, todos los nobles° escogían a una doncella° para ser ofrecida° a la diosa. De esta manera creían ellos que la diosa les protegería° los campos y les daría una abundante° cosecha° de maíz.

PALABRAS ADICIONALES: el dios,-a: *god, goddess;* el maíz: *corn;* tierno,-a: *tender;* durar: *to last;* rico,-a: *rich;* la joya: *jewel;* el pobre, la p.: *poor person, pauper;* el noble, la n.: *noble person;* la doncella: *maiden;* proteger: *to protect;* abundante: *plentiful, abundant;* la cosecha: *harvest*

150   EL MUNDO DE LA JUVENTUD

18 La Guelaguetza de hoy ⊗

Cuando los misioneros cristianos llegaron a México, ellos trataron de eliminar esta celebración en honor a Xilomén. Creyeron que con la celebración del día de la Virgen del Carmen,° el 16 de julio, los indios olvidarían a su diosa del maíz. A pesar de° estos esfuerzos,° muchos de los indios iban aún al Cerro del Fortín° para bailar y cantar en honor a Xilomén.

Hoy en día° la tradición de la Guelaguetza continúa, aunque ya no se pide protección para las cosechas. Como ya sabemos, todo el pueblo se reúne para participar en esta celebración. Todos vienen de diferentes partes del estado para reunirse en la ciudad de Oaxaca. Vienen todos vestidos° en los trajes típicos de su región y traen regalos de artesanía típica. Todos se reúnen en el Cerro del Fortín para esta celebración folklórica.

PALABRAS ADICIONALES: Virgen del Carmen: *Our Lady of Mount Carmel;* a pesar de: *in spite of;* el esfuerzo: *effort;* Cerro del Fortín: *site of festival ceremonies;* hoy en día: *nowadays;* vestido,-a: *dressed*

19 Luz María va al festival. ⊗

Luz María, que vive en la Ciudad de México, ha venido a visitar a su prima Graciela, que vive en Oaxaca. El año pasado Graciela fue recibida y muy bien tratada por su prima en la Ciudad de México. Por eso ella ha decidido que ahora su prima será entretenida en los mejores lugares de Oaxaca. Hoy van las dos juntas a las fiestas del Lunes del Cerro, en el lugar que antiguamente fue llamado Fortín del Cerro. Van a ver a los representantes de las siete regiones o tribus tradicionales de Oaxaca. Aquí los trajes, los bailes, la música y los productos de cada región serán exhibidos y aplaudidos por todo el pueblo.

LUZ   No sabía que este festival era tan bonito… ¡y tanta gente! Parece que todo el estado será representado.

GRACIELA   Bueno, así fue planeado, pero… ¡mira, va a empezar otro baile!

LUZ   ¡Qué trajes tan bonitos! ¿Sabes dónde los compraron?

GRACIELA   Ésos no fueron comprados. Probablemente fueron hechos especialmente. Son como los trajes que fueron usados en esa región durante la revolución.

LUZ   ¿Ahora qué delegación viene? ¡Qué bonitas se ven esas chicas con las piñas! Pero, ¿qué hacen con las piñas?

GRACIELA   El año pasado piñas y otros productos de las siete regiones fueron distribuidos al público. Me imagino que este año serán distribuidos también.

LUZ   Pues vamos a acercarnos. A lo mejor nos dan algo. Así puedo decir que tengo algo que fue recibido durante la famosa Guelaguetza.

152

20 Contesten las preguntas.

1. ¿Dónde vive Luz María?
2. ¿A quién ha venido a visitar? ¿Dónde?
3. ¿Adónde fue Graciela el año pasado?
4. ¿Qué ha decidido ella?
5. ¿Adónde van ellas hoy?
6. ¿Qué representantes van a ir también?

7. ¿Qué serán exhibidos en el Fortín?
8. ¿Qué cree Luz que será representado?
9. ¿Qué contesta Graciela?
10. ¿Cuándo fueron usados los trajes?
11. ¿Qué hicieron con las piñas el año pasado?

21 PRÁCTICA ORAL ⊗

22 THE PAST TENSE OF THE PASSIVE VOICE

Lean los siguientes ejemplos. ⊗

Ella fue tratada muy bien (por su prima).
Él fue entretenido también.
Nosotras fuimos recibidas en su casa.

What do these three sentences mean? What is the subject of the first sentence? and of the second? and of the third? Do the subjects in these three sentences *perform* the action of the verb or do they *receive* the action of the verb? Are the verbs in the active or in the passive voice? Is the second verb in each sentence a *present* or a *past participle?* In the first sentence, with what word does the past participle agree in number and gender? and in the second? and in the third? In what tense are the forms of the verb **ser?**

23 Lean el siguiente resumen.

1. You have already learned that to form the present tense of the passive voice you use a present-tense form of **ser** followed by the past participle.

Nosotras **somos llamadas.**   *We are called.*

2. To form the *past tense of the passive voice,* you use a preterit form of **ser** followed by a *past participle.*

The following chart shows some **-ar, -er,** and **-ir** verbs in the past tense of the passive voice.

	ser	*Past Participle*	
Yo	**fui**	**llamado**	por ellos.
Tú	**fuiste**	**atendido**	por mí.
La historia	**fue**	**revivida**	por él.
Nosotras	**fuimos**	**llamadas.**	
Uds.	**fueron**	**atendidos**	por él.
Los conejitos	**fueron**	**exhibidos.**	

Notice that the helping verb **ser** agrees with the subject, and that the past participle agrees with the subject in number and gender.

Él fue llama**do.**   *He was called.*
Ellas fueron llama**das.**   *They were called.*

3. In Spanish, the past tense of the passive voice is used more frequently than any other of the passive-voice tenses. (You should know, however, that the use of the passive voice in Spanish is less usual than it is in English.)

24 Una amiga le pregunta a Graciela. ⊗

¿Te llamó tu prima?
¿Te invitó tu tía a ir a México?
¿Te recibieron en su casa?
¿Te llevaron al aeropuerto?
¿Te presentaron a sus amigos?

Por supuesto que fui llamada.
Por supuesto que fui invitada.

25 Luz María y Graciela hablan sobre el año pasado. ⊗

¿Representaron el estado?
¿Visitaron la ciudad?
¿Exhibieron los productos?
¿Aplaudieron el baile de la piña?
¿Distribuyeron las piñas?
¿Recibieron un premio?

Seguro que el estado fue representado.

26 EJERCICIO ESCRITO

Write out the answers to Exercises 24 and 25.

27 THE FUTURE TENSE OF THE PASSIVE VOICE

Lean los siguientes ejemplos. ⊗

Ella será tratada muy bien.
Él será entretenido también.
Nosotras seremos recibidas en su casa.

What do these three sentences mean? Are the verbs in the active or in the passive voice? What is the past participle in the first sentence? and in the second? and in the third? In what tense are all the forms of the verb **ser?**

El traje es hecho por ella.
Los bailes fueron vistos por nosotras.
Los trajes serán puestos aquí.

What do these three sentences mean? Are the verbs in the active or in the passive voice? What is the past participle in the first sentence? and in the second? and in the third? Are the past participles regular or irregular? With what do all the past participles agree in number and gender?

28 Lean el siguiente resumen.

1. You already know that the passive voice has a present tense and a past tense.

2. The passive voice also has a *future tense*. To form the future tense of the passive voice, you use a future form of the verb **ser** followed by a past participle.
   Ella **es llamada.** *(Present tense)*
   Ella **fue llamada.** *(Past tense)*

The following chart shows some **-ar, -er,** and **-ir** verbs in the future tense of the passive voice.

	ser	Past Participle	
Yo	seré	llamado	por ellos.
Tú	serás	atendido	por mí.
La historia	será	revivida	por ella.
Nosotras	seremos	llamadas.	
Uds.	serán	atendidos	por ella.
Los conejitos	serán	exhibidos.	

Notice that the form of the helping verb **ser** agrees with the subject, and that the past participle agrees with the subject in number and gender.

3. The present, past, and future tenses of the passive voice are also used with the irregular past participles that you learned in Unit 27. Irregular past participles used in passive-voice constructions must also agree in number and gender with the subject.

> **Los trajes** fueron **hechos** por ellas.
> **Las invitaciones** serán **escritas** mañana.
> **Yo** soy **visto(-a)** por ellos.

29 Otra amiga le pregunta a Graciela. ⊗

¿Te llamó tu primo?

¿Me invitó tu tía?

¿Las llevaron a ustedes a la casa?

¿La visitaste a ella?

¿Te presentaron a sus amigas?

No, pero seré llamada mañana.

No, pero serás invitada mañana.

30 Luz María y Graciela hablan del año próximo. ⊗

¿Vas a visitar esa ciudad?

No, pero la ciudad será visitada el año próximo.

¿Van a representar los dos estados?

¿Van ellos a exhibir los productos?

¿Van Uds. a aplaudir los bailes?

¿Va él a distribuir las piñas?

¿Van ellas a recibir el premio?

31 EJERCICIOS ESCRITOS

Write the past participles of the following verbs.

abrir   _abierto_   hacer   _____   romper   _____

decir   _____   morir   _____   ver   _____

escribir   _____   poner   _____   volver   _____

32 Las pastorelas ⊗

Al llegar la Navidad hay otra tradición que ha sido celebrada por muchos años en México. Se trata de un drama que ha sido presentado y visto por millones de mexicanos y turistas. Se trata de las pastorelas. Las pastorelas han recibido su nombre de los cantos pastorales y de los pastores, que son los hombres de campo cuyas costumbres son revividas.

Hoy en día las pastorelas más famosas en México son las de Tepozotlán. La linda iglesia de Tepozotlán y su hostería han sido restauradas recientemente. Millones de visitantes han sido recibidos y entretenidos por los orgullosos habitantes de Tepozotlán por muchos años.

En cada pastorela hay varios actores que se disfrazan. Hay tres actores principales, Bato, Gila y Blas, que se disfrazan de diablos. Ellos han sido mandados para tentar a un grupo de pastores. Los pleitos y las discusiones entre los diablos y los pastores son las partes más cómicas del drama y han sido aplaudidas cada año. Por fin aparece un ángel que ha sido mandado para vencer a los diablos y anunciar el Nacimiento del Niño Jesús. Así termina el drama. Luego los actores y los espectadores forman otra escena que ya ha sido vista por ustedes, la celebración de la posada.

33 **Contesten las preguntas.**

1. ¿Cuándo son celebradas las pastorelas?
2. ¿De dónde han recibido las pastorelas su nombre?
3. ¿Quiénes han visto las pastorelas?
4. ¿De dónde son las pastorelas más famosas?
5. ¿Qué cosas han sido restauradas recientemente?
6. ¿Quiénes son recibidos? ¿Por quién?
7. ¿Quiénes se disfrazan?
8. ¿Quiénes son los tres actores principales?
9. ¿De qué se disfrazan?
10. ¿Para qué han sido mandados?
11. ¿Qué hacen los actores y los espectadores?

34 PRÁCTICA ORAL ⊗

35 ¿Qué disfraces son usados? ⊗

En las pastorelas se usan disfraces de

diablo   ángel   pastor   soldado   rey   reina

Y para la noche de brujas tú puedes usar disfraces de

bruja   fantasma   vampiro   hada   esqueleto   vagabundo

36 PRÁCTICA ORAL ⊗

37 THE PRESENT PERFECT TENSE OF THE PASSIVE VOICE

1. In Unit 27 you learned that the *present perfect* is a compound tense. A compound tense is made up of a helping verb and a main verb. The present perfect tense is formed in Spanish by using a present-tense form of the verb **haber,** *to have,* followed by the past participle of the main verb.

He llenado.	**Hemos corrido.**
Has corrido.	
Ha subido.	**Han llenado.**

2. The *present perfect tense of the passive voice* is formed in a similar way. It consists of a present-tense form of the verb **haber,** *to have,* followed by **sido** (the past participle of the verb **ser,** *to be*), which is then followed by the *past participle* of the main verb.

The following chart shows some **-ar, -er,** and **-ir** verbs in the present perfect tense of the passive voice.

haber	sido	*Past Participle*	
He	**sido**	**llamado.**	*I have been called.*
Has	**sido**	**atendida.**	*You have been taken care of.*
Ha	**sido**	**invitado.**	*He/She/You has/have been invited.*
Hemos	**sido**	**recibidos.**	*We have been received.*
Han	**sido**	**vistos.**	*{They have been seen.* *{You have been seen.*

Notice that the form of the helping verb **haber** agrees with the subject, and that **sido** *does not* change, but the past participle of the main verb agrees in number and gender with the subject.

38 Unos turistas hablan de las pastorelas. ⊗

¿Van a restaurar la iglesia?   La iglesia ya ha sido restaurada.
¿Van a visitar el pueblo?   El pueblo ya ha sido visitado.
¿Van a encender las luces?   ¿Van a estallar cohetes?   ¿Van a presentar la pastorela?

39 Dos amigos hablan. ⊗

¿Cuántas veces has hecho esa piñata?   Ha sido hecha varias veces.
¿Cuántas veces te han llamado?   He sido llamado varias veces.
¿Cuántas veces las han invitado a ellas?   ¿Cuántas veces los han visto a Uds.?   ¿Cuántas veces me han llamado?   ¿Cuántas veces has recibido esa invitación?

40 EJERCICIO ESCRITO

Rewrite the following sentences, using the present perfect tense of the passive voice.
1. Las pastorelas <u>fueron celebradas</u> en Tepozotlán.   2. La ciudad <u>fue visitada</u> por muchos turistas.   3. Mi familia y yo <u>fuimos invitados</u> por una amiga.   4. Todo <u>fue preparado</u> para nuestra llegada.   5. Los planes para ver el drama ya <u>fueron hechos</u>.   6. Los boletos ya <u>fueron comprados</u>.   7. La presentación <u>fue vista</u> por todos nosotros.

41 Noche de paz ⊗

Noche de paz, noche de amor;
Todo duerme en derredor,
Entre los astros que esparcen su luz,
Bella, anunciando al Niño Jesús,
Brilla la estrella de paz,
Brilla la estrella de paz.

42 EJERCICIO DE CONVERSACIÓN

Le preguntas a un compañero o a una compañera sobre su día de fiesta favorito.
1. ¿Qué días de fiesta son celebrados donde él o ella vive?   2. ¿Cuál es su día favorito?
3. ¿En qué día cae?   4. ¿Qué tradición es celebrada en este día?   5. ¿Cómo celebra él o ella este día?   6. ¿Con quiénes lo celebra y dónde?

43 EJERCICIO DE COMPOSICIÓN

Choose one of these two:

A. Escribe sobre la celebración de la Guelaguetza (usando la voz pasiva.)
   1. ¿En qué país es celebrada la Guelaguetza? 2. ¿Y en qué estado? 3. ¿Cuántos estados tiene México? 4. ¿En qué mes es la fiesta? 5. ¿Cómo se prepara el pueblo? 6. Si sabes, cuenta cómo la Guelaguetza fue celebrada antiguamente.   7. ¿Cómo se celebra hoy en día?   8. ¿Qué son exhibidos en el Fortín del Cerro?   9. ¿Cuántas tribus son representadas?   10. ¿Qué te gusta más de la Guelaguetza?

B. Escribe un artículo para el periódico de tu escuela sobre las pastorelas.
   1. ¿Cuándo son celebradas las pastorelas? 2. ¿Dónde? 3. ¿De dónde han recibido las pastorelas su nombre? 4. ¿Dónde se celebran las pastorelas más famosas? 5. ¿Qué han hecho en Tepozotlán recientemente? 6. ¿Qué disfraces usan los actores? 7. ¿Qué pasa durante el drama? 8. ¿Qué es celebrado después del drama? 9. ¿Cuál es tu parte favorita de la posada?

VOCABULARIO

1–18

los antepasados *ancestors*
la **bandera** *flag*
la **banderilla** *small flag or banner*
la **bruja** *witch*
la **catedral** *cathedral*
el **colorido** *colorfulness*
el **conejo** *rabbit*
la **costumbre** *custom*
el **festival** *festival*
el **folklore** *folklore*
la **Guelaguetza** *Mexican festival*
la **luz de Bengala** *sparkler*
Oaxaca *Mexican state and its capital city*
el **orgullo** *pride*
la **Pascua** *Easter*
el **pavo** *turkey*
la **persona** *person*
la **plaza** *plaza, square*
la **población** *population*
el **pollo** *chicken*
la **región** *region*
la **tradición** *tradition*
el **traje** *costume, suit*

distinto,-a *different*
folklórico,-a *folkloric*
tradicional *traditional*

aplaudir *to clap, applaud*
revivir *to relive, revive*

es adornado,-a *(it) is adorned*
es celebrado,-a *(it) is celebrated*
es conservado,-a *(it) is preserved, maintained*
es llamado,-a *(it) is called*
es preparado,-a *(it) is prepared*
es servido,-a *(it) is served*
es usado,-a *(it) is used*
son celebrados,-as *(they) are celebrated*
son comprados,-as *(they) are bought*
son decorados,-as *(they) are decorated*
son encendidos,-as *(they) are lighted, lit*
son estallados,-as *(they) are exploded*
son exhibidos,-as *(they) are exhibited*
son lavados,-as *(they) are washed*
son mandados,-as *(they) are sent*
son pintados,-as *(they) are painted*
son vestidos,-as *(they) are dressed*

de arriba abajo *from top to bottom*
por dentro *on the inside*
por fuera *on the outside*

19–31

la delegación *delegation, representative group*
Fortín del Cerro *festival site*
Lunes del Cerro *festival in Oaxaca, Mexico*
el producto *product*
el representante, la r. *representative*
la revolución *revolution*
la tribu *tribe*

acercar(se) *to approach, go near*
imaginar(se) *to imagine, think*

fue entretenido,-a *(she) was entertained*
fue llamado,-a *(it) was called*
fue planeado,-a *(it) was planned*
fue recibido,-a *(it) was received*
fue tratado,-a *(she) was treated*
fueron comprados,-as *(they) were bought*
fueron distribuidos,-as *(they) were distributed*

fueron hechos,-as *(they) were made*
fueron usados,-as *(they) were used*
será representado,-a *(it) will be represented*
serán aplaudidos,-as *(they) will be applauded*
serán distribuidos,-as *(they) will be distributed*
serán exhibidos,-as *(they) will be exhibited*

32–43

el canto *song*
el **disfraz** *disguise, costume*
el **drama** *drama, play*
la **escena** *scene*
el esqueleto *skeleton*
el **habitante, la h.** *inhabitant*
el hada (f.) *fairy*
la hostería *inn, hostelry*
Jesús *Jesus*
el **nacimiento** *birth*
el **pastor,-a** *shepherd, shepherdess*
la **pastorela** *traditional Mexican play*
el pleito *fight, dispute*
la **reina** *queen*
el **rey** *king*
el **soldado, la s.** *soldier*
el **vagabundo,-a** *vagabond, hobo*
el **vampiro,-a** *vampire*

orgulloso,-a *proud*
pastoral *pastoral*
principal *main*
recientemente *recently*

disfrazar(se) *to disguise, dress up in costume*
restaurar *to restore*
tentar (ie) *to tempt*
tratarse(de) *to deal (with)*
vencer *to conquer, win over*

ha sido celebrado,-a *(it) has been celebrated*
ha sido presentado,-a *(it) has been presented*
ha sido visto,-a *(it) has been seen*
han sido aplaudidos,-as *(they) have been applauded*
han sido entretenidos,-as *(they) have been entertained*
han sido mandados,-as *(they) have been sent*
han sido recibidos,-as *(they) have been received*
han sido restaurados,-as *(they) have been restored*

de diablos *like devils*

35

PENÍNSULA LA GUAJIRA

LAGUNA DE SINAMAICA

MARACAIBO

LAGO DE MARACAIBO

ISLA MARGARITA

LA GUAIRA

CARACAS

DELTA

¡Venezuela!

LLANOS

RÍO ORINOCO

GRAN SABANA

SALTO ÁNGEL

Venezuela puede dividirse en tres grandes zonas. 1. LA FAJA MONTAÑOSA DE LOS ANDES: Inmensas montañas que entran al país por Colombia, al oeste, y se extienden por el norte de Venezuela, paralelas a la costa (su altura máxima es el Pico Bolívar, de 5.002m.). La costa, de 2.800 Km., tiene bellísimas playas bañadas por el Mar Caribe. En esta zona están la moderna capital, Caracas, de 3 millones de habitantes, y la ciudad petrolera, Maracaibo, al borde del Lago de Maracaibo. 2. LA ZONA CENTRAL DE LOS LLANOS: Constituye una vasta sabana, cuya altura media no pasa de 200 m. Es el centro ganadero del país y cubre casi el 35% (por ciento) del territorio nacional. Incluye el vasto delta del Río Orinoco, río que atraviesa toda Venezuela en su recorrido de más de 2.400 Km. 3. EL MACIZO DE GUAYANA: Queda al sur y ocupa casi el 50% del país. Aquí está el Salto Ángel, el más alto del mundo (1.005 m.; caída de agua, 802 m.), en uno de los tepuys de la misteriosa Gran Sabana. También se encuentran en esta zona las impenetrables selvas del Amazonas, donde habitan indios que no hablan español.

2 El reporte para la clase de geografía ⊗

En el malecón todo es movimiento. Todo el día la gente está yendo de un lado al otro.

Tarde por la noche, Margot oye un ruido en el cuarto de su hermana y va a ver qué pasa.

MARGOT Pero Luisa, ¿por qué no estás durmiendo aún? Hace rato que estoy oyendo ruidos. ¿Te pasa algo?

LUISA Estoy escribiendo un reporte sobre Maracaibo para la clase de geografía. Me estoy muriendo de cansancio, pero....

MARGOT ¿Y por qué no describes las fotos que tomamos en Maracaibo? Verás qué bien te queda. Mira, estamos perdiendo tiempo. Mejor nos acostamos ahora y las buscamos mañana.

LUISA ¡Eres un genio! ¿Por qué no se me ocurrió antes?

Las madres siempre les están diciendo a los niños "¡Cuidado con el tráfico!"

Los "por puesto" son muy baratos. Cada persona sólo paga por su asiento.

Las guajiras traen batas, hamacas, tejidos y artículos de artesanía para venderlos en la ciudad.

También hay altos y modernos edificios de apartamentos que están trayendo la vida moderna a la rica ciudad del petróleo.

Estos edificios contrastan con las casitas de tejas rojas de la vieja ciudad colonial.

7

Los limpiabotas tienen su negocio propio.

8

Los niñitos siempre están jugando y divirtiéndose. Aquí un joven heladero les está sirviendo los helados que ellos le están pidiendo alegremente.

9

Desde temprano los domingos están tocando las campanas de la iglesia colonial. Están repitiendo una vieja costumbre de varios siglos.

3 Contesten las preguntas.

1. ¿Qué le pregunta Margot a Luisa?
2. ¿Qué está oyendo ella hace rato?
3. ¿Qué está haciendo Luisa?
4. ¿De qué se está muriendo ella?
5. ¿Qué piensa Margot que Luisa puede describir en su reporte?
6. ¿Cómo se paga en los "por puesto"?
7. ¿Qué traen las guajiras?
8. ¿Para qué?
9. ¿Qué están trayendo los edificios modernos a Maracaibo?
10. ¿Con qué contrastan estos edificios?

4 PRÁCTICA ORAL ⊗

5 MORE ABOUT THE PRESENT PROGRESSIVE

1. You have already learned that to express an action or event that is going on at the moment of speaking, that is, right now, Spanish uses a present form of the verb **estar** —as a helping verb—followed by a form of the main verb called the *present participle.* This compound tense is called the *present progressive.*

      Estoy estudiando geografía.   **Están escribiendo** el reporte.

a. You also learned that the present participle of -ar verbs is formed by adding the ending -ando to the stem of the verb.

estudiar   estudiando   hablar   hablando

b. And that the present participle of -er and -ir verbs is formed by adding the ending -iendo to the stem of the verb.

aprender   aprendiendo   escribir   escribiendo

Remember that *only* the helping verb, **estar,** is conjugated to agree with the subject. The present participle of the main verb remains the same.

Yo estoy estudiando.   **Nosotros estamos** estudiando.
Él está estudiando.   **Ellas están** estudiando.

2. There are several **-er** and **-ir** verbs whose stems end in a vowel. To form the present participle of these verbs, the ending **-yendo** is added to the stem.

Infinitive	Stem	Present Participle
caer	ca-	**cayendo**
creer	cre-	**creyendo**
leer	le-	**leyendo**
oír	o-	**oyendo**
traer	tra-	**trayendo**

3. The present participle of the verb **ir** is **yendo.**

Yo estoy **yendo** a la escuela Simón Bolívar.

4. Stem-changing **-ir** verbs change the last vowel of the stem from **e** to **i,** and from **o** to **u.**

divertir	**divirtiendo**	decir	**diciendo**
preferir	**prefiriendo**	pedir	**pidiendo**
sentir	**sintiendo**	repetir	**repitiendo**
dormir	**durmiendo**	seguir	**siguiendo**
morir	**muriendo**	servir	**sirviendo**

6 **¡Todos están estudiando!** ⊗

¿Qué hace Luisa?   Luisa está estudiando.
¿Y Ud.?   ¿Y nosotros?   ¿Y tú?   ¿Y Uds.?   ¿Y él?   ¿Y yo?   ¿Y ellos?

7 **El profesor pregunta.** ⊗

¿Hizo Margot su tarea?   Margot aún la está haciendo.
¿Y yo?   ¿Y ellas?   ¿Y Ud.?   ¿Y nosotros?   ¿Y él?   ¿Y Uds.?   ¿Y tú?

8 **¿Qué hacen?** ⊗

¿Hiciste el informe?   Lo estoy haciendo.
¿Colgó el mapa?   ¿Aprendieron la lección?   ¿Tomaste las fotos?   ¿Ud. recibió los libros?   ¿Limpiaron los zapatos?   ¿Subiste la bandera?

9 ¿Qué está pasando? ⊗

Luisa lee sobre Venezuela.   Luisa está leyendo sobre Venezuela.
Margot oye mucho ruido.   Su amigo le trae el libro de geografía.   ¿Lees el libro de
Cristóbal Colón?   Ellos van hacia Maracaibo.   ¡Se cae de la bicicleta!

10 Luisa y Margot conversan. ⊗

¿Él traía las fotos?   Las está trayendo ahora.
¿Pediste los helados?
¿Dormiría la siesta?
¿Oiré las campanas?
¿Van a repetir la lección?
¿Ha leído el informe?

11 EJERCICIOS ESCRITOS

A. *Write out the answers to Exercises 6, 7, 8, 9, and 10.*

B. *Rewrite the following paragraph, changing the underlined verbs to the present progressive.*
Los niñitos de Maracaibo siempre se <u>divierten</u> en los parques de la ciudad. Hoy un grupo le
<u>pide</u> helados al heladero, quien se los <u>sirve</u> tan rápido como puede, pues son muy buenos
clientes. Todos <u>oyen</u> las campanas de la iglesia tocar. <u>Repiten</u> una vieja tradición de varios
siglos. Por el malecón, todo el mundo <u>va</u> de un lado al otro y hay mucha alegría en las calles.
Algunas guajiras <u>traen</u> sus lindas alfombras y carteras para venderlas en Maracaibo. Una de
ellas le <u>dice</u> a Luisa que su mercancía es la más barata. Pero Luisa, que ya <u>siente</u> mucha
hambre, decide volver a su casa y no regatear más. Ella se <u>muere</u> de cansancio pues anoche
estudió hasta muy tarde. Cuando llega a la casa se encuentra que Margot <u>duerme</u> la siesta.
"¡Qué vida!" dice ella. "Yo me <u>caigo</u> de cansancio, y Margot es la que <u>duerme</u>. ¡Y yo que
creí que ella leía mi reporte para ayudarme!" En fin, se ha divertido tanto caminando por la
ciudad, que no le importa.

12 El "oro negro" de Maracaibo ⊗

Luisa sigue describiendo sus fotos de Maracaibo.
   Ahora les voy a hablar de la gran
riqueza de esta ciudad. Como Uds.
saben, hace años que Venezuela está
produciendo más de dos millones de
barriles de petróleo por día. Dos tercios
de ellos vienen del lago de Maracaibo.
¿Recuerdan la leyenda de "El Dorado"—
la ciudad de oro que los indios decían
estaba escondida en las selvas del sur?
Pues ahora todo el mundo anda diciendo
que el oro negro es el verdadero "El
Dorado."

1
El petróleo es el "oro negro" de Venezuela.

Del fondo del lago se siguen sacando millones de barriles de petróleo.

El petróleo de Maracaibo continúa siendo la base de la economía en Venezuela.

13 **Contesten las preguntas.**

1. ¿Qué sigue describiendo Luisa?
2. ¿Qué está produciendo Venezuela hace años?
3. ¿De dónde vienen dos tercios de los barriles de petróleo que produce Venezuela?

4. ¿De qué leyenda habla Luisa?
5. ¿Qué anda diciendo todo el mundo?
6. ¿Qué es el "oro negro" de Venezuela?
7. ¿Qué siguen sacando del fondo del lago?
8. ¿Qué continúa siendo el petróleo del lago?

14 **¿Y tú?**

1. ¿Cuál es el producto principal de tu estado?
2. ¿De qué parte del estado viene?
3. ¿Cuáles son otros productos importantes?

4. ¿De qué parte del estado vienen?
5. ¿Por cuáles otras cosas es conocido tu estado?
6. ¿Qué más puedes contarnos de tu estado?

15 **PRÁCTICA ORAL** ⊗

16 # THE PROGRESSIVE WITH VERBS OTHER THAN estar

While **estar** is the most frequently used helping verb to express ongoing action, other verbs may also be used to form the progressive construction.

a. The verbs **seguir,** *to go on,* and **continuar,** *to continue,* are often used to form the progressive construction.

Margot **sigue hablando** con el vendedor.   *Margot is still talking to the salesman.*
Ellas **siguen comprando** cosas.   *They keep on buying things.*
Los indios **continúan viviendo** allí.   *The Indians continue living there.*

b. The verb **andar,** when used as a helping verb, means *to go out, around doing something.*

Ellas **andan vendiendo** alfombras.   *They are out selling rugs.*
¿Por qué **andas diciendo** eso?   *Why do you go around saying that?*

Notice that only the helping verbs are conjugated to agree with the subject; the present participle remains the same.

17 ¿Ya acabaron? ⊗

¿Ya escribieron el informe?   Luisa continúa escribiendo el informe.
¿Y yo?   ¿Y él?   ¿Y ellas?   ¿Y Ud.?   ¿Y nosotras?   ¿Y Uds.?   ¿Y tú?

18 ¿Qué andan haciendo? ⊗

¿Dónde venden carteras?   Por allí andan vendiendo carteras.
¿Dónde juegan los niños?
¿Dónde toma las fotos?
¿Dónde se divierten?
¿Dónde regatea Luisa?
¿Dónde busca a Margot?

19 Luisa le contesta a Margot. ⊗

¿Todavía está estudiando?   Claro que sigue estudiando.
¿Todavía están Uds. preparando la tarea?   ¿Todavía estás haciendo el informe?   ¿Todavía están hablando con el profesor?   ¿Todavía estás yendo a clases?   ¿Todavía está leyendo sobre Venezuela?   ¿Todavía están viviendo en Maracaibo?

20 EJERCICIO ESCRITO

Write out the answers to Exercises 17, 18, and 19.

21 Final del reporte de Luisa ⊗

Maracaibo es la capital del estado de Zulia, al noroeste de Venezuela. Es la segunda ciudad del país. Está situada en el Lago de Maracaibo y es el centro de una gran zona ganadera. Las zonas rurales cerca de la ciudad son un centro del folklore nacional — mezcla° de tradiciones indias, españolas y negras. Por esto Maracaibo es una ciudad de contrastes. Cerca de los mercados indios hay numerosas *boutiques* y discotecas. Junto a casas coloniales hay modernos edificios y viviendas. Desde el malecón se ven botes pescadores de vivos° colores, regatas de lujosos veleros, y grandes barcos de petróleo. Y por todo el lago se levantan las plataformas para helicópteros y altas torres de petróleo, que es su gran riqueza.

PALABRAS ADICIONALES: la mezcla: *mixture;* vivo, -a: *lively;*

22 Sinamaica: la laguna que le dio el nombre a Venezuela ⊗

Margot y Luisa decidieron ir en una excursión de la escuela a la Laguna de Sinamaica. Fueron por carretera unos 55Kms. hacia el norte de Maracaibo, hasta Puerto Mara. Allí tomaron un bote por el Río Limón hasta la laguna. "En 1499," les dice la profesora, "una expedición española hizo un reconocimiento de la costa venezolana descubierta por Cristóbal Colón. Al ver estas casitas sobre el agua, y a los indios, que estaban yendo de un lado a otro en canoas, les recordó a la ciudad de Venecia, en Italia. Y llamaron a estas tierras Venezuela (pequeña Venecia). En esta expedición venía Américo Vespucio. Debido a sus famosos mapas, pronto se llamó al nuevo continente 'América.' Por esto nosotros nos llamamos 'americanos.'" A todos nos interesó mucho lo que nos contó la profesora. Y pudimos ver que las casitas de los indios, en medio de la laguna, seguían siendo iguales a las que vieron los descubridores españoles—¡hace casi quinientos años!

El muchachito guajiro estaba soltando la soga mientras subíamos a su bote. Era nuestro guía para un paseo por la laguna.

En el medio de la laguna había un parador turístico con un restaurante criollo. Alquilan equipos para deportes acuáticos.

¡Todo el mundo andaba remando o usaba botes con motor para ir de un lado a otro!

8

Grupo de casitas en el medio de la laguna

9

La escuelita

10

La bodega

11

La mamá vuelve de un viaje.

12

Aquí se venden cocos.

13

14

Todos siguieron trabajando mientras paseábamos por los canales. Unos estaban lavando la ropa. Otros estaban reparando sus redes. Una señora y su hija preparaban manojos de hierba.

15

16

23 Contesten las preguntas.

1. ¿Adónde fueron Margot y Luisa?
2. ¿Hasta dónde fueron por carretera?
3. ¿Qué tomaron allí?
4. ¿Cómo se llama el río?
5. ¿Cómo llamaron a estas tierras?
6. ¿Qué quiere decir Venezuela?
7. ¿Por quién nos llamamos "americanos"?
8. ¿Hace cuántos años llegaron los españoles a la Laguna de Sinamaica?
9. ¿Qué hacía el muchachito guajiro?
10. ¿Qué había en el medio de la laguna?
11. ¿Para qué alquilan equipos allí?
12. ¿Qué hicieron todos mientras los muchachos paseaban por los canales?

24 ¿Y tú?

1. ¿Cómo se llama el estado en que vives?
2. ¿En qué parte de los EE. UU. está?
3. ¿Cuántos años hace que tu estado es parte de los EE.UU.?
4. ¿Te gustaría visitar Washington, la capital de tu país? ¿Por qué?
5. ¿Qué edificios y monumentos famosos hay en Washington? ¿Cuál es tu favorito?

25 PRÁCTICA ORAL ⊗

26 THE PAST PROGRESSIVE

As you know, the present progressive expresses an action or event that is going on at the moment of speaking. The *past progressive* expresses an action or event that was going on during the time in the past to which the person speaking refers.

The verbs **estar, seguir, continuar,** and **andar,** as helping verbs, are used in either the preterit or the imperfect tense, followed by the *present participle* of the main verb, to form the past progressive. Determining whether to use the preterit or the imperfect depends on whether the action or event is viewed as completed—preterit—or not completed, going on at a time in the past with no clear beginning or end—imperfect.

a. *Preterit + present participle:*

Estuve remando en la laguna.	I was rowing in the lagoon (completed action).
Estuvo lloviendo temprano.	It was raining early (but no longer).

b. *Imperfect + present participle:*

Ella **estaba remando** cuando llegué.	She was rowing when I arrived.
A las ocho **seguía lloviendo.**	At eight o'clock it was still raining.

27 ¿Qué estaban haciendo? ⊗

¿Qué hacía ella? Ella estaba leyendo.
¿Y tú? ¿Y nosotras? ¿Y Ud.? ¿Y yo? ¿Y Uds.? ¿Y Margot y Luisa? ¿Y tú y yo?
¿Y tú y ella? ¿Y Margot y Ud.?

28 Su amigo quería saber lo que pasaba. ⊗

¿Tomabas fotos? Sí, estaba tomando fotos.
¿Iban de un lado a otro? ¿Soltaba el bote? ¿Uds. remaban en la laguna? ¿Luisa y tú reparaban la red? ¿Lavabas la ropa? ¿Alquilaban el bote?

29 Luisa lo preguntaba todo. ⊗

¿Dónde pescabas?   Estaba pescando por allá.
¿Dónde vendían aceite?
¿Dónde sentía ruido?
¿Dónde servían comida?
¿Dónde pedías ayuda?
¿Dónde pescaban tu hermana y tú?
¿Dónde compraba cocos?

30 ¿Qué estuvieron haciendo? ⊗

¿Cuánto tiempo pescó?   Estuvo pescando tres horas.
¿Cuánto tiempo esperaste?
¿Cuánto tiempo lavaron él y tú?
¿Cuánto tiempo trabajaron?
¿Cuánto tiempo leíste?
¿Cuánto tiempo dormí?
¿Cuánto tiempo llovió?

31 ¿Hasta qué hora? ⊗

¿Hasta qué hora bucearon?   Siguieron buceando toda la tarde.
¿Hasta qué hora remaste?
¿Hasta qué hora llovió?
¿Hasta qué hora navegaron?
¿Hasta qué hora hizo deportes acuáticos?
¿Hasta qué hora paseaste por la laguna?

32 EJERCICIOS ESCRITOS

A. *Write out the answers to Exercises 27, 28, 29, 30, and 31.*
B. *Rewrite the following paragraph, changing the underlined verbs to the appropriate past progressive form, using* estar *as the helping verb.*

Por suerte, aunque ayer llovió todo el día, hoy no había ni una nube. Temprano hablamos con unos turistas que pescaban con cañas. Luego yo conversé con una niñita que vendía cocos desde su bote. Todo el tiempo pasaban botecitos con gente que iba a la escuelita, a la bodega o a comprar gasolina para sus motores. Mientras Luisa y yo comprábamos aceite de coco, Margot fue en una canoa al parador. Ella tenía mucha hambre y ya almorzaba cuando nosotros llegamos. ¡Qué comida más deliciosa! Por la tarde visitamos a varias familias que nuestro guía conocía. En casi todas las casitas alguien trabajaba en bellos artículos de artesanía. Mientras yo compraba una linda blusa, mi amigo se compró una magnífica hamaca. ¡Qué día más maravilloso!

33 EJERCICIO DE COMPRENSIÓN ⊗

	0	1	2	3	4	5	6	7	8	9	10
Present progressive	√										
Past progressive											

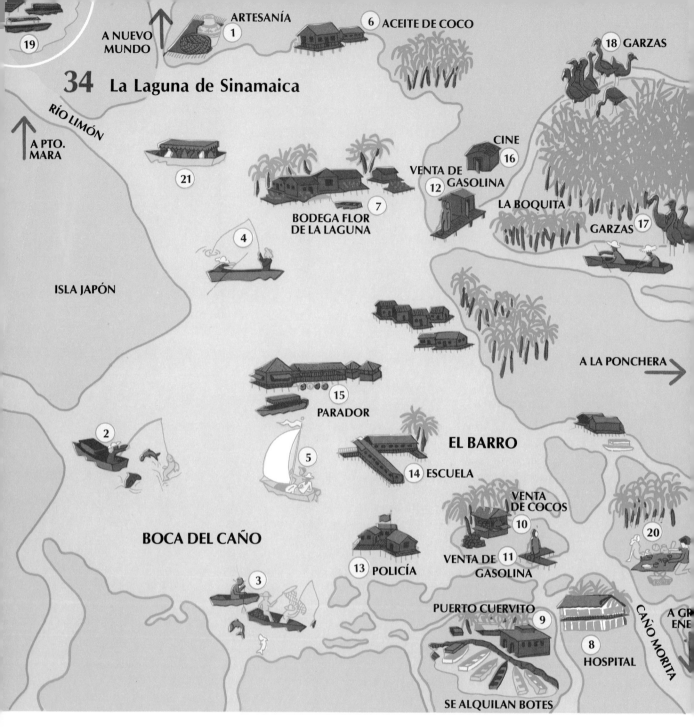

34 La Laguna de Sinamaica

A NUEVO MUNDO

ARTESANÍA ①

⑥ ACEITE DE COCO

⑲

⑱ GARZAS

RÍO LIMÓN

A PTO. MARA

CINE ⑯

VENTA DE ⑫ GASOLINA

LA BOQUITA

GARZAS ⑰

②①

BODEGA FLOR DE LA LAGUNA

⑦

④

ISLA JAPÓN

A LA PONCHERA

⑮ PARADOR

②

EL BARRO

⑤

⑭ ESCUELA

VENTA DE COCOS

⑩

BOCA DEL CAÑO

VENTA DE ⑪ GASOLINA

⑬ POLICÍA

③

PUERTO CUERVITO

⑳

⑨

⑧ HOSPITAL

CAÑO MORITA

A GR ENE

SE ALQUILAN BOTES

35 Rompecabezas: ¿Cuántas preguntas sabes?

Si vas por la laguna hasta el ①, ¿qué puedes comprar aquí?   ¿Qué puedes hacer en el ②, el ③ y el ④?   ¿Qué hacen los del ⑤?   ¿Qué puedes comprar en el ⑥?   ¿Y en el ⑦?   ¿Para qué irás al ⑧?   ¿Y qué podrías hacer en el ⑨?   ¿Qué podrías comprar en el ⑩?   ¿Y en el ⑪ y el ⑫?   ¿Para qué la comprarías?   ¿A qué irías al ⑬?   ¿Quiénes van al ⑭?   ¿Qué podrías hacer en el ⑮?   ¿Y en el ⑯?   ¿Qué bellos pájaros se ven en el ⑰ y el ⑱?   ¿Qué es el ⑲?   ¿Por qué río volverías al ⑲?   ¿Qué podrías hacer en el ⑳?   ¿Qué hace el ②①?

36 Caracas, la gran ciudad—capital de Venezuela ⊗

Por fin Margot y Luisa salen para Caracas, para pasar el verano. Pasean por toda la ciudad.

Al día siguiente dan una vuelta por el centro. Después pasean por los monumentos al Libertador—Simón Bolívar—y los demás Próceres de la Independencia.

Por la tarde toman fotos de la casa de Bolívar y de la sala de otra casa colonial. Luego van por el laguito, para ver la copia de una carabela de Colón. El sábado unos amigos pasan por ellas para ir al fútbol. Sólo pagan 40 Bs.[1] por dos boletos. ¡Qué maravilla!

[1] **Bs.: bolívares,** the Venezuelan monetary unit. Consult newspaper or bank for exchange rate.

37 **Contesten las preguntas.**

1. ¿Para dónde salen Margot y Luisa?
2. ¿Para qué van a Caracas?
3. ¿Por donde pasean?
4. ¿Por dónde dan una vuelta?
5. ¿Por dónde pasean después?
6. ¿Cuándo toman las fotos?

7. ¿De quién es la casa?
8. ¿Por dónde van luego?
9. ¿Para qué van al laguito?
10. ¿Qué hacen unos amigos el sábado?
11. ¿Para qué pasan por ellas?
12. ¿Por qué cosa sólo pagan 40 Bs.?

38 **PRÁCTICA ORAL** ⊗

39 <h1 style="text-align:center">para AND por</h1>

The words **para** and **por** are both prepositions. To use these two prepositions correctly, you must learn some of the fine points that distinguish **para** from **por,** and practice their usage. The following chart shows some of the usages of **para** and **por.**

para	por
1. To indicate the direction of an action (*toward, to, for* a place). Margot va **para** Caracas. *Margot is going to (toward) Caracas.* Luisa salió **para** Maracaibo. *Luisa left <u>for</u> Maracaibo.*	1. To indicate movement through or in a place (*through, by, along, in*). Uds. caminaron **por** el parque. *You walked <u>through</u> the park.* Él paseó **por** Caracas. *He toured <u>in</u> Caracas.*
2. To indicate the purpose, the end or destination of an action (*in order to, for* something or someone). Fui **para** ver Sinamaica. *I went <u>in order to</u> see Sinamaica.* Ella compró el boleto **para** ti. *She bought the ticket <u>for</u> you.*	2. To indicate the motive or reason for an action (*because, on account of, for the sake of, instead of, due to*). **Por** no preguntar, él se perdió. <u>*Because*</u> *he didn't ask, he got lost.* Ella compró el boleto **por** ti. *She bought the ticket <u>because</u> of you.*
3. To indicate a period of time in the future (*by, for* such and such a time). **Para** el lunes saldrá de aquí. *By Monday she will leave here.* Iré a Caracas **para** el mes que viene. *I'll go to Caracas <u>for</u> next month.*	3. To indicate a length of time or approximate time around which something occurs. Luisa va a Caracas **por** un mes. *Luisa is going to Caracas <u>for</u> a month.* Margot llamó **por** las tres. *Margot called <u>around</u> three o'clock.*
4. To indicate what something is used for (*for, to use for*). Tengo un bolsillo **para** boletos. *I have a pocket (<u>to use</u>) for tickets.* Compra este traje **para** el viaje. *Buy this dress <u>for</u> the trip.*	4. To indicate the manner or the way of doing something (*by, on, in*). Llegamos a Sinamaica **por** coche. *We arrived at Sinamaica <u>by</u> car.* Invita a Luisa **por** carta. *Invite Luisa <u>by</u> (writing a) letter.*

5. To indicate a comparison (*considering, in spite of*). **Para** una persona que vive en Venezuela, no sabes mucho del país. *Considering (you're) a person who lives in Venezuela, you don't know much about the country.* **Para** estar aquí dos semanas, no hemos visto nada. *In spite of being here two weeks, we haven't seen anything.*	5. To indicate exchange of one thing for another (*this for that*). **Por** este boleto me tienes que dar el tuyo. *In exchange for this ticket you have to give me yours.* **Por** el viaje a Maracaibo, te ayudo con el reporte. *In exchange for the trip to Maracaibo, I'll help you with the report.*

40 ¿Para o por? ⊗

Compré un regalo _____ Margot.   Compré un regalo para Margot.
Estuvo en Maracaibo _____ una semana.   Llegará a Caracas _____ el martes.   Traigo
una blusa _____ ella.   Pagará doscientos bolívares _____ la hamaca.   Entramos _____
esa calle.

41 Ahora Margot quiere saber. ⊗

Compró un motor _____ el bote.   Compró un motor para el bote.
Ellos saldrán _____ las diez.   Lo perdió _____ tonto.   Vinimos _____ ese camino.
Lo quiero comprar _____ regalárselo a mi amiga.

42 Las muchachas siguen jugando con las palabras. ⊗

Salió _____ Maracaibo.   Salió para Maracaibo.
Paseamos _____ todo el parque.   Nos llamó _____ la tarde.   Entré _____ la ventana.
La fotografía es _____ él.   ¿El regalo es _____ mí?   ¿ _____ qué hora llegarán?

43 EJERCICIO DE CONVERSACIÓN

Usa el mapa de la página 161. Pregúntale a un(-a) compañero(-a). ¿Qué países hacen frontera con Venezuela? ¿Cuál es el mar en que están sus playas? ¿Cómo se llaman las montañas que entran por Colombia? ¿Cuál es la capital? ¿Y la ciudad del oro negro? ¿En qué lago está? ¿Cómo se llama el salto de agua más alto del mundo y dónde está? ¿Cuál es el río más grande de Venezuela?

44 EJERCICIO DE COMPOSICIÓN

Haz un informe sobre los EE.UU. Dinos sus montañas, ríos y lagos más importantes. En qué estados están sus ciudades más importantes y sus mejores playas. Los estados que tiene el país y cuáles otros territorios. Además de inglés, qué otro idioma hablan millones de norteamericanos. Por qué crees que tanta gente habla este idioma. Qué país está al norte. Y al sur. Cuál es la ciudad más antigua de los EE.UU. Quienes la fundaron. En qué año. Cuéntanos algo sobre tu estado.

VOCABULARIO

45

1–11
la bata *robe, smock*
la caída *fall*
Caracas *capital of Venezuela*
el delta *delta (of a river)*
la faja *land belt*
el **genio**, la **g.** *genius*
el **guajiro,-a** *member of Vene-zuelan Indian tribe*
la **hamaca** *hammock*
el **heladero,-a** *ice-cream vendor*
el **limpiabotas**, la **l.** *shoeshine person*
el llano *plain*
el macizo *mountainous landmass*
el **malecón** *sea wall*
Maracaibo *city and lake in Venezuela, oil producing center*
el **movimiento** *movement*
el **petróleo** *oil*
el pico *peak*
el **por ciento** *percent*
el por puesto *type of taxi in Venezuela*
el **recorrido** *route, path*
el **reporte** *report*
la sabana *savanna, grassy plain*
el salto *waterfall*
la **selva** *jungle*
la teja *roof tile*
el tejido *woven material*
el **tepuy** *massif (mountainous landmass)*
el **territorio** *territory*

bañado,-a *bathed*
ganadero,-a *cattle-raising*
impenetrable *impenetrable*
máximo,-a *maximum*
medio,-a *median, average*
misterioso,-a *mysterious*
montañoso,-a *mountainous*
nacional *national*
paralelo,-a *parallel*
petrolero,-a *oil (producing)*
propio,-a *one's own*
vasto,-a *vast, extensive*

constituir *to constitute, make up*
contrastar *to contrast*
extenderse (ie) *to extend*
habitar *to inhabit*
incluir *to include*
ocupar *to occupy*
ocurrir *to occur, happen*

está durmiendo *(she) is sleeping*
está oyendo *(the people) are hearing*
está sirviendo *(he) is serving*
están diciendo *(they) are saying*
están divirtiéndose *(they) are enjoying themselves*
están pidiendo *(they) are asking for*
están repitiendo *(they) are repeating*
están trayendo *(they) are bringing*

estoy escribiendo *I am writing*
estoy muriendo *I am dying*
estoy oyendo *I am hearing*

12–21
el **barril** *barrel*
la **base** *base*
la **economía** *economy*
el **fondo** *bottom*
la **leyenda** *legend*
la **riqueza** *wealth, riches*
el **tercio** *one-third*

escondido,-a *hidden*
verdadero,-a *true*

recordar (ue) *to remember*

anda diciendo *(the people) go around saying*
continúa siendo *(it) continues being*
está produciendo *(it) is producing*
sigue describiendo *(she) continues describing*
siguen sacando *(they) continue taking out*

22–35
el barro *mud, clay*
la **canoa** *canoe*
el caño *narrow water channel*
el **continente** *continent*
la **expedición** *expedition*
la garza *crane (bird)*
la laguna *lagoon*
el manojo *handful, bunch*
el parador *trading post*
el punto (pto.) *point*
el reconocimiento *inspection, examination*
la **soga** *rope*
Venecia *Venice*

criollo,-a *creole*
descubierto,-a *discovered*
venezolano,-a *Venezuelan*

interesar *to interest, be of interest to*

andaba remando *(everyone) continued rowing*
estaba soltando *(he) was loosening*
estaban lavando *(they) were washing*
estaban reparando *(they) were repairing*
estaban yendo *(they) were going*
siguieron trabajando *(they) continued working*
seguían siendo *(they) continued being*

debido a *due to*

36–44
la **copia** *copy*
la **independencia** *independence*
el libertador,-a *liberator*
el **monumento** *monument*
el prócer, la p. *leader, founders*

La visita de Lynette

Telegrama

SRTA. ALEJANDRA ENCINAS
DIVISIÓN DEL NORTE 2792
COLONIA PARQUE SAN ANDRÉS
MÉXICO, D.F:
QUERIDA ALE, LLEGO DOMINGO 20,
2:00 VUELO AEROMÉXICO 900, SALUDOS,
LYNETTE

2 Nuestra amiga Ale ⊗

¿Saben ustedes quién es esta chica? ¿La reconocen? Por supuesto, esta chica es muy bien conocida por nosotros. La chica se llama Alejandra, pero es llamada Ale por sus amigos. ¿Se acuerdan ustedes de ella? ¡Sí, exactamente! Ella es la chica, cuya carta se leyó varias veces. También la vimos en la posada que se celebró en Cuernavaca. Pero, mírenla bien; ya ella no es una niña. Aquí la tenemos una linda señorita pasando sus vacaciones con su tía Lolita en la Ciudad de México. Hoy Ale está ayudando a su tía en la tienda.

1

Ale como la vemos hoy

2

Como primero fue vista por Uds.

3

Como se vio en la posada

4

TÍA   ¡Ale!

ALE   Mande usted, tía.

TÍA   Te ha llegado una carta de Nueva York.

ALE   ¿De Nueva York? Ah, sí; debe ser de Lynette. Hace tanto tiempo que no tengo noticias de ella. ¿Cuándo se mandó la última carta a Nueva York?

TÍA   Bueno, de aquí se escribió una carta la semana pasada. Escribimos que vas tú a pasar el verano con nosotros. (Ale abre la carta y de momento se le sale un grito de alegría.)

ALE   ¡Mire tía, lo que dice aquí! Lynette llega a México en estos días. Dice que se mandará un telegrama con los detalles de su llegada. ¿Me lleva Ud. al aeropuerto a buscarla, tía?

TÍA   Por supuesto, hija.

¿Lynette? ¿Se acuerdan ustedes de Lynette? Muy bien. Lynette es la prima a quien Ale le escribió aquella carta. Acuérdense que en aquella carta se leyó sobre las vacaciones de Navidad de Ale; también vimos cómo Lynette fue invitada por Ale a visitarla en México. Ahora, después de tanto tiempo parece que la vamos a conocer. Estamos en la sala de espera en el aeropuerto internacional de México. Se abren las puertas de la aduana; se ve salir un botones con maletas; se oye la voz de Ale gritando, "Lynette, ¡acá! ¡acá!" y por fin se ve la sonriente cara de la prima de Ale.

5
Ahí está Lynette.

7
¡Qué vacaciones van a pasar!

ALE ¡Por fin! Creí que nunca vendrías a visitarnos. ¡Y qué grande estás!

LYN ¡Mira quién habla! Estamos esperando tu llegada a Nueva York hace cinco años.

ALE Lo sé; pero ven o nos dejan aquí en el aeropuerto. Hay tanto que ver en esta ciudad y todo lo veremos juntas.

6
Creí que nunca vendrías.

3 Contesten las preguntas.

1. ¿Cómo se llama la chica en las fotos?
2. ¿Qué escribió ella?
3. ¿Dónde más la vimos?
4. ¿Es Ale una niña ahora? ¿Qué es?
5. ¿Con quién está ella pasando sus vacaciones? ¿Dónde?
6. ¿De dónde llegó la carta?
7. ¿De quién cree Ale que es la carta?
8. ¿Qué dice la carta?
9. ¿Qué va a recibir Ale con los detalles?
10. ¿Para qué van al aeropuerto?
11. ¿Quién es Lynette?

4 PRÁCTICA ORAL ⊛

5   MORE ABOUT THE PASSIVE VOICE

Lean los siguientes ejemplos. ⊗

> **La carta fue escrita por Ale.**   **Se escribió una carta.**

What does the first sentence mean? Is the doer of the action mentioned or implied? Is the verb in the active or the passive voice? What does the second sentence mean? Is the doer of the action mentioned or implied? What kind of construction is **se escribió?** In these two sentences, what receives the action of the verb? Is it a person or a thing?

> **Lynette fue invitada** por Ale.   **Se invitó** a Lynette.

What does the first sentence mean? Is the doer of the action mentioned or implied? Is the verb in the active or the passive voice? What does the second sentence mean? Is the doer of the action mentioned or implied? In these two sentences, what receives the action of the verb? Is it a person or a thing?

6   Lean el siguiente resumen.

1. In Unit 34 you learned how to form the passive voice. You learned that you use a form of **ser** followed by a past participle.

> Lynette **será invitada** por Ale.   *Lynette will be invited by Ale.*

However, this construction is used only if the doer of the action is stated or at least implied. In most cases the doer is introduced by the preposition **por.**

> Lynette **será invitada por Ale.** *(The doer of the action is stated.)*
> Lynette **será invitada.** *(It is understood or implied that Ale is the doer.)*

2. In Unit 33 you learned that when the doer of the action of the verb is *not* mentioned or implied you use the reflexive construction **se** + *verb.*

> **Se mandó** una carta ayer.   *A letter was sent yesterday.*

Notice that the doer of the action *to send* is neither mentioned nor implied. Also notice that the receiver of the action (the grammatical subject) is a thing. Whenever the doer of the action of the verb is *not* mentioned or implied, and the receiver of the action is a *thing* rather than a person, the reflexive construction is used to express the passive voice. Remember the verb form immediately follows **se,** and is always the **él/ella/Ud.** or the **ellos/ellas/Uds.** form, depending on whether the receiver of the action is singular or plural.

> **Se mandó una carta** ayer.   **Se mandaron unas cartas** ayer.

3. When the doer of the action of the verb is unspecified or indefinite (corresponding to the English *someone, one, it, they*), and the receiver of the action is a person (or persons), the passive voice is expressed by using **se** and the **él/ella/Ud.,** form of the verb.

> **Se invitó a Lynette.**   *Lynette was invited (by someone).*
> **Se invitó a Lynette y a Ale.**   *Lynette and Ale were invited (by someone).*

Notice that only the **él/ella/Ud.** form of the verb is used.

4. The following chart will help you to see how the passive voice is expressed in Spanish.

	DOER IS MENTIONED OR IMPLIED	DOER IS NOT MENTIONED OR IMPLIED
Person	**Lynette fue invitada** por Ale. **Lynette y Ale fueron invitadas** por ella.	**Se invitó a Lynette.** **Se invitó a Lynette y a Ale.**
Thing	**La carta fue escrita** por mí. **Las cartas fueron escritas** por mí.	**Se escribió la carta.** **Se escribieron las cartas.**

7   ¿A quién? ⊗

¿Invitaste a Ale?
¿Llamaron a Lynette?
¿Viste a la tía?
¿Recibieron a las primas?
¿Oíste a los chicos?
¿Conocieron a Lynette?

Creo que se invitó a Ale.
Creemos que se llamó a Lynette.

8   ¿Por quién? ⊗

¿Sabes quién invitó a Ale?
¿Saben Uds. quién llamó a Lynette?
¿Sabe ella quién vió a la tía?
¿Saben ellos quién recibió a las primas?
¿Sabes quién oyó a los chicos?
¿Saben Uds. quién reconoció a Lynette?
¿Sabes quién vió a Ale?

Claro, Ale fue invitada por mí.
Claro, Lynette fue llamada por nosotros.

9   Ale habla con su tía. ⊗

¿Cuándo se escribirá la carta?
¿Cuándo se mandarán las cartas?
¿Cuándo se cerrará la tienda?
¿Cuándo se abrirán las puertas?
¿Cuándo se recibirá el telegrama?
¿Cuándo se sabrán los detalles?
¿Cuándo se verá la invitación?

La carta será escrita mañana.
Las cartas serán mandadas mañana.

10   ¿Se acuerdan? ⊗

¿Cuándo conocieron a Ale?
¿Cuándo aprendieron la dirección de Ale?
¿Cuándo leyeron la carta de Ale?
¿Cuándo celebraron la posada con Ale?
¿Cuándo compraron piñatas con Ale?
¿Cuándo conocieron a Lynette?

Se conoció a Ale el año pasado.
Se aprendió la dirección el año pasado.

11   EJERCICIO ESCRITO

Write out the answers to Exercises 7, 8, 9, and 10.

12   EJERCICIO DE COMPRENSIÓN ⊗

	0	1	2	3	4	5	6	7	8	9	10
Passive	√										
Reflexive											
Indefinite											

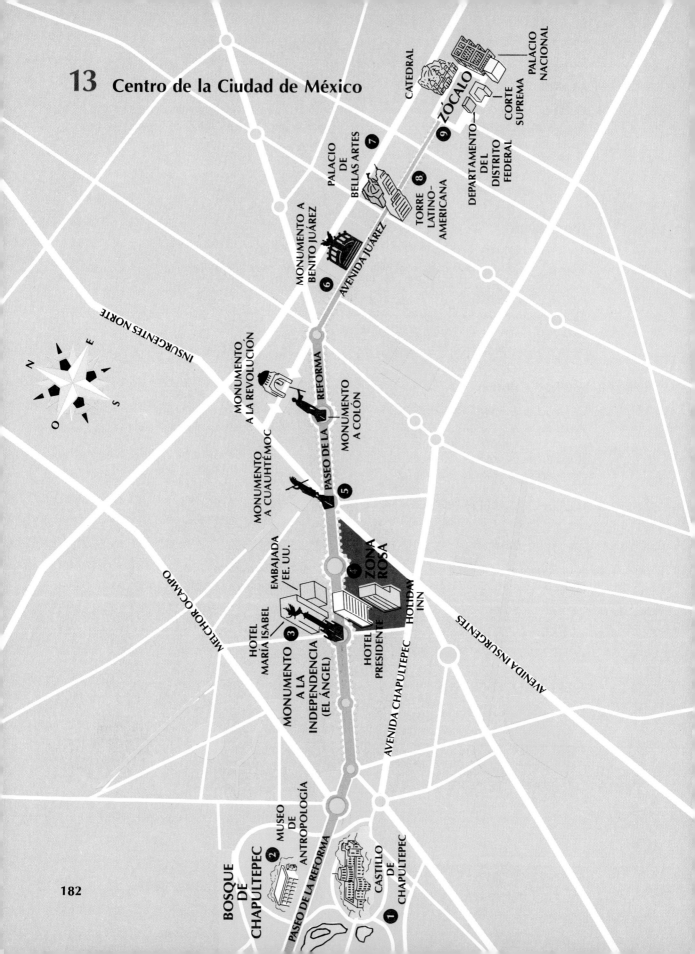

13 Centro de la Ciudad de México

CATEDRAL

PALACIO NACIONAL

ZÓCALO ⑨

CORTE SUPREMA

DEPARTAMENTO DEL DISTRITO FEDERAL

PALACIO DE BELLAS ARTES ⑦

TORRE LATINO- AMERICANA ⑧

MONUMENTO A BENITO JUÁREZ ⑥

AVENIDA JUÁREZ

MONUMENTO A LA REVOLUCIÓN

INSURGENTES NORTE

MONUMENTO A CUAUHTÉMOC

REFORMA

PASEO DE LA REFORMA

MONUMENTO A COLÓN

⑤

ZONA ROSA ④

EMBAJADA EE. UU.

HOTEL MARÍA ISABEL

MONUMENTO A LA INDEPENDENCIA (EL ÁNGEL) ③

HOTEL PRESIDENTE

HOLIDAY INN

MELCHOR OCAMPO

AVENIDA CHAPULTEPEC

AVENIDA INSURGENTES

MUSEO DE ANTROPOLOGÍA ②

BOSQUE DE CHAPULTEPEC

PASEO DE LA REFORMA

CASTILLO DE CHAPULTEPEC ①

N E S O

1

2

4

3

5

6

7

9

8

por la Ciudad de México ⊗

ya conocemos muchísimos lugares en la Ciudad de México, también llamada la de los Palacios. Son probablemente los lugares que Ale y su prima Lynette visitarán. vamos a suponer° que somos nosotros los que vamos a dar un paseo° con Lynette en esta ella ciudad. Empezamos en el este de la ciudad, en el Bosque de Chapultepec. Aquí fue donde celebramos el santo de Kiko. Podemos pasar un rato en el parque disfrutando del zoológico o divirtiéndonos en el parque de diversiones, o podemos dar una tranquila vuelta en el lago. Aquí mismo podemos visitar el Castillo de Chapultepec (1). Éste fue construido por los primeros virreyes° españoles, sobre el lugar en el cual se encontraba un palacio de Moctezuma. Aquí también vivieron el Emperador° Maximiliano y la Emperatriz° Carlota. Ahora podemos pasear por el parque hasta llegar al Paseo de la Reforma.° Atravesamos Reforma y vemos a Tlaloc,° el dios° de la lluvia, guardando la entrada al Museo de Antropología (2).° Podemos pasar días en este museo, pero acuérdense que no tenemos mucho tiempo. Caminamos hacia el noreste por Reforma. El Paseo de la Reforma es uno de las avenidas más bellas de toda América. Caminando pasamos varias glorietas, cada una un monumento fabuloso. La Columna de la Independencia, nosotros la conocemos como El Ángel (3), es uno de los primeros monumentos. Desde aquí tomamos una calle hacia la derecha y estamos en la Zona Rosa (4). ¿Se acuerdan de la Zona Rosa? Aquí están las tiendas elegantes donde vimos a Homero y a Marisa regateando. También éste es el lugar donde se encuentran magníficos restaurantes. Volvemos a Reforma, pasamos el Monumento a Cuauhtémoc,° último emperador azteca (5). Pasamos el Monumento a Colón, Descubridor del Nuevo Mundo. Seguimos y ahora doblamos hacia la derecha y entramos en la Avenida Juárez. El Parque de la Alameda nos queda a la izquierda, donde descansamos un rato y contemplamos el monumento al gran presidente de México, don Benito Juárez (6). Al final del parque, hacia la izquierda, está el Palacio de Bellas Artes (7).° Un centro cultural hecho totalmente de mármol° blanco de Carrara, con asientos para 4,500 personas. Hacia la derecha vemos la Torre Latinoamericana de 44 pisos, que por muchos años fue la más alta en Latinoamérica (8). Pero, ¡no paren! Todavía no hemos terminado. Seguimos por la Avenida Madero hasta llegar al Zócalo.° ¡Qué plaza tan linda! De un lado se ve el Palacio Nacional, del otro lado la Catedral (9) — una de las más grandes y antiguas de toda América, construida sobre las ruinas del gran Teocali,° templo° principal de los aztecas.

PALABRAS ADICIONALES: suponer: *to suppose*; dar un paseo: *to take a walk*; el virrey: *viceroy*; el emperador: *emperor*; la emperatriz: *empress*; Paseo de la Reforma: *main avenue in Mexico City*; Tlaloc: *Aztec god of rain*; el dios: *god*; la antropología: *anthropology*; Cuauhtémoc: *last Aztec emperor*; el Palacio de Bellas Artes: *Palace of Fine Arts*; el mármol: *marble*; el Zócalo: *central plaza in Mexico City*; Teocali: *main temple of the Aztecs*; el templo: *temple*

15 Contesten las preguntas.

1. ¿Con quién vamos a dar un paseo?
2. ¿Por dónde?
3. ¿Dónde vamos a empezar?
4. ¿Qué podemos hacer en este parque?
5. ¿Quiénes vivieron en el castillo?
6. ¿Cómo se llama el dios de la lluvia?
7. ¿Dónde se encuentra su estatua?
8. ¿Qué es el Paseo de la Reforma?
9. ¿Qué monumento vemos primero?
10. ¿A quiénes vimos regatear? ¿Dónde?
11. ¿Quién fue Cuauhtémoc?
12. ¿Y Colón?
13. ¿En qué avenida entramos?
14. ¿Quién fue don Benito Juárez?
15. ¿Qué es el Palacio de Bellas Artes?
16. ¿Qué es el Zócalo?
17. Además del Palacio, ¿qué más se ve?
18. ¿Qué fue el gran Teocali?

16 Una tarde en Xochimilco ⊗

¿Y qué hacen ahora nuestras dos amigas? Ayer, después del paseo, Lynette nos dijo que estaba tan cansada que iba a pasar el día de hoy durmiendo. Por lo visto cambió de idea. ¿Y dónde creen ustedes que están ellas ahora? Esperen. Me parece que están en… ¡Correcto! Están en la Venecia de México, los jardines flotantes de Xochimilco. A este rincón de la Ciudad de México vienen mexicanos y turistas de todas partes para pasar el día paseando por los jardines. Vamos a ver si podemos oír la conversación entre Ale y Lynette.

1

2

Ale, no sabes lo mucho que me agrada estar aquí contigo y con los tíos. Creí que nunca vendría.

3

Me parece un sueño. Después de tantos planes, aquí estamos las dos. Ahí viene la señora de las flores.

4

Tía, mire, aquí viene la señora de las flores. ¿Le importa a Ud. si nos compramos un ramo?

5

Por supuesto, hija. Nos parece una buena idea. Escojan un ramo con mucho colorido.

6

Miren, ahí está el fotógrafo. Llámenlo y nos tomamos una foto todos juntos.

7

¡Qué padre! ¡Hasta a mariachis oímos! Ale, estoy tan feliz, ¡me parece todo tan perfecto!

Y AHORA, ¿QUÉ HACEN?

Mírenlas. Haciendo lo que más nos agrada a todos — GASTAR DINERO.

8

¿A poco no me veo de película? Y me conviene comprarlo para el baile de esta noche.

9

O éste. ¿Cuál le gusta más a usted, tía? A mí me gustan los dos pero no me queda mucho dinero.

10

¡Muchacha! Me preocupan tus locuras. Te has puesto todos los rebozos y todos los quieres.

Me parece que ya han terminado.... No, aquí las tenemos otra vez.

11

¡Mira qué aretes tan lindos! ¿Te importa si las dos compramos los mismos? Me gustan tanto.

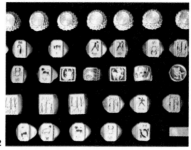
12

Por supuesto que no me importa. Esos anillos con los signos del zodíaco están curiosos, ¿no?

13

¡Qué idea me has dado Ale! Le compro uno a cada una de mis hermanas y todas estarán contentísimas.

17 Contesten las preguntas.

1. ¿Qué dijo Lynette ayer?
2. ¿Dónde están ellas ahora?
3. ¿Dónde está Xochimilco?
4. ¿Quiénes visitan Xochimilco?
5. ¿Con quiénes está Lynette?
6. ¿Dónde compra Ale las flores?
7. ¿Quién les toma una foto?

8. ¿Y a quiénes oyen tocar música mexicana?
9. ¿Qué es lo que más nos agrada a todos?
10. ¿Adónde van las muchachas esta noche?
11. ¿Qué tienen los anillos?
12. ¿Qué les compra Lynette a sus hermanas?

18 ¿Y tú?

1. ¿Qué país te gustaría visitar?
2. ¿Por qué te gustaría ir a este país?

3. ¿Con quién irías? ¿Cuánto tiempo estarías?
4. ¿Qué lugares irías a ver?

19 PRÁCTICA ORAL ⊗

20 ¿Cuál es tu signo zodiacal? ⊗

Aries—el Carnero

Tauro—el Toro

Géminis—los Gemelos

Cáncer—el Cangrejo

Leo—el León

Virgo—la Virgen

Libra—la Balanza

Escorpión—el Alacrán

Sagitario—el Arquero

Capricornio—la Cabra

Acuario—el Aguador

Piscis—los Peces

21   OTHER VERBS LIKE gustar

1. You have already learned that the verb **gustar** requires an indirect object pronoun—**me, te, le, nos,** or **les**—in order to know who is doing the liking.

> **Me gusta este rebozo.**   *I like this shawl.*
> **Nos gusta este rebozo.**   *We like this shawl.*

2. You also learned that only the **él/ella/Ud.** and **ellos/ellas/Uds.** forms of **gustar** are used. Whether the singular or the plural is used depends on the thing that is liked, that is, the subject.

> **Me gustaron los rebozos.**   *I liked the shawls.*
> **Nos gustó el rebozo.**   *We liked the shawl.*

3. The following chart shows some verbs that at times follow the same rules as **gustar**.

agradar	to be pleasing
convenir[1]	to be worthwhile
doler (ue)	to hurt
faltar	to lack, be short of, need something
interesar	to be interested in
importar	to care
parecer	to seem or appear to be
preocupar	to be worried or concerned
quedar	to have (something) left over
tocar	to be one's turn to do something

Notice that these verbs require an indirect object pronoun. And remember that *only* the **él/ella/ Ud.** and **ellos/ellas/Uds.** forms are used.

[1] **Convenir** is conjugated like **venir**.

22 Ale pregunta. ⊗

¿Qué te parece si vamos al museo?
¿Qué les parece a Uds. si llamamos después?
¿Qué le parece a ella si no vamos?
¿Qué les parece a ellos si van en tren?
¿Qué le parece a él si caminamos allá?
¿Qué te parece si invitamos a Lynette?

Me parece una buena idea.
Nos parece una buena idea.

23 ¿Te importa mucho? ⊗

¿Te importa mucho esta invitación?
¿Les importan mucho a Uds. estas cartas?
¿Le importa mucho a ella este viaje?
¿Les importa mucho a ellos este baile?
¿Te importan mucho estos detalles?
¿Les importan mucho a Uds. estos planes?
¿Le importa mucho a él este telegrama?

No, no me importa mucho.
No, no nos importan mucho.

24 Tía Lolita habla con las sobrinas. ⊗

¿Les agradó mucho el viaje a Xochimilco?
¿Te interesó mucho el paseo por México?
¿Te agradó mucho el museo?
¿Les dolieron mucho los pies?
¿Te gustó mucho la catedral?
¿Les preocupó mucho el tráfico en Reforma?

Nos agradó muchísimo.
Me interesó muchísimo.

25 Lynette habla de diferentes cosas. ⊗

Me falta dinero, ¿y a ti?
Me duelen los pies, ¿y a Uds.?
Me parece una buena idea, ¿y a ella?
Me preocupan los viajes en avión, ¿y a ti?
Me interesan los museos, ¿y a ellos?
Me quedan veinte pesos, ¿y a él?
Me conviene la visita a México, ¿y a Uds.?
Me agradan los paseos, ¿y a ti?

A mí me falta dinero también.
A nosotros nos duelen los pies también.

26 EJERCICIOS ESCRITOS

A. *Write out the answers to Exercises 22, 23, 24, and 25.*

B. *Rewrite the following sentences, using the appropriate form of the verb in parentheses. (Remember that all of these verbs are just like* gustar.*)*

Yo vivo en Los Angeles, California. A mí (gustar) mucho viajar a otros países. Es verdad que a mí (preocupar) mucho los viajes en avión. El año pasado (tocar) a mis hermanas ir a México. Este año (tocar) a mí. A mí (convenir) ir a México porque este año vamos a estudiar sobre este país. A muchos de mis amigos (interesar) mi viaje. A todos (parecer) que México es el mejor país para pasar las vacaciones. Bueno, este año es México; pero el año que viene si (quedar) dinero (interesar) ir a España.

27 Y ahora se preparan para la fiesta. ⊗

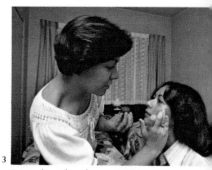

1. No sé, Ale. Yo iba a usar el suéter rojo pero cambié de idea. Mejor úsalo tú.

2. Bueno, está bien. Pero me secas el pelo. En verdad no tengo ganas de ir.

3. Cuando Chucho nos invitó ayer, le iba a decir que no. Pero por ti....

4. Por mí nada. Sabes muy bien que tú no te pierdes un baile en México. Además mira qué bien nos vemos.

5. ¡Mira, Ale! Tienen un equipo de sonido profesional; y parece que tienen un disyoqui.

6. Ves, Ale, ibas a cancelar porque no tenías ganas y ahora estás gozando más que nadie.

Pues aquí dejamos a nuestras dos amigas Ale y Lynette. Estoy seguro que a ustedes les gustaría seguir las aventuras de nuestras dos amigas —pero no es posible. Yo mismo les iba a contar más de estas fabulosas vacaciones en México —pero tampoco me dejan.

28 Contesten las preguntas.

1. ¿Para qué se preparan las chicas?
2. ¿Qué iba a usar Lynette?
3. ¿Ahora quién lo va a usar?
4. ¿Qué tiene que hacer Lynette?
5. ¿De qué no tiene ganas Ale?
6. ¿Qué no se pierde Ale?
7. ¿Quién las invitó?
8. ¿Qué tienen en el baile?
9. ¿Qué está haciendo Ale ahora?
10. ¿Qué no es posible?

29 ¿Y tú?

1. ¿Cómo te preparas tú para un baile?
2. ¿Vas a los bailes a menudo?
3. ¿Dónde son los bailes?
4. ¿Qué clase de música tocan en esos bailes?
5. ¿Cuál es tu baile favorito?
6. ¿Qué crees tú que bailan en México?

30 PRÁCTICA ORAL ⊗

31 Lynette y Ale se preparan para el baile. ⊗

Para su maquillaje usan

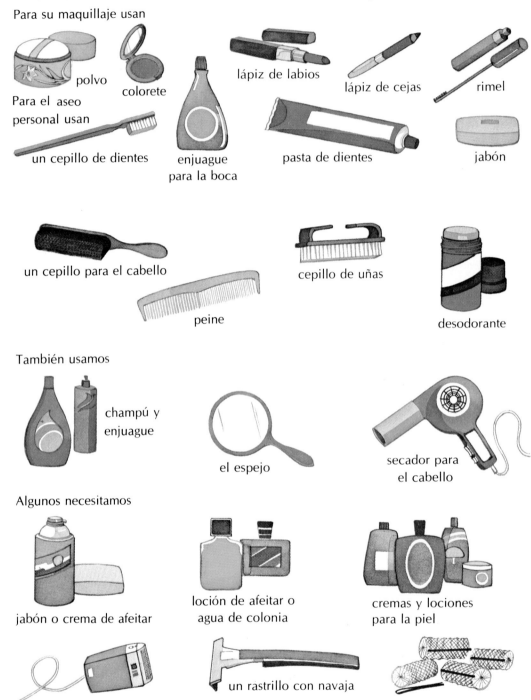

polvo

colorete

lápiz de labios

lápiz de cejas

rimel

Para el aseo personal usan

un cepillo de dientes

enjuague para la boca

pasta de dientes

jabón

un cepillo para el cabello

peine

cepillo de uñas

desodorante

También usamos

champú y enjuague

el espejo

secador para el cabello

Algunos necesitamos

jabón o crema de afeitar

loción de afeitar o agua de colonia

cremas y lociones para la piel

máquina de afeitar

un rastrillo con navaja

tubos para el cabello

32 PRÁCTICA ORAL ⊗

33   iba a + INFINITIVE

Lean los siguientes ejemplos. ⊗

> Ale **iba a usar** el suéter, pero usó otro.
> **Íbamos a comprar** ésa, pero compramos ésta.

What do these two sentences mean? What is the infinitive form of **iba** and **íbamos?** What word follows both **iba** and **íbamos?** Are both **usar** and **comprar** infinitives? Does the expression **iba a usar** express something that happened or something that was planned in the past but did not happen? Does the expression **íbamos a comprar** express something that happened or something that was planned in the past but did not happen?

34   Lean el siguiente resumen.

1. You have already learned that you can express future time by using a present form of **ir** followed by the preposition **a** and the infinitive of a verb.

> Ale **va a comprar** el suéter.   *Ale is going to buy the sweater.*

2. To express an action that was planned in the past but which did not occur, a similar construction is used. In this case an imperfect tense form of the verb **ir** is used.

Iba a	dormir.	*I was going to sleep.*
Ibas a	comer.	*You (fam.) were going to eat.*
Iba a	viajar.	*He/She/You (pol.) was/were going to travel.*
Íbamos a	correr.	*We were going to run.*
Iban a	bailar.	*They/You (pl.) were going to dance.*

Notice that the English equivalent of this construction is *was/were going to.* This construction is often followed by **pero** and the reason why the action did not happen or what happened instead.   **Íbamos a ir al baile pero Ale dijo que no.**

35   La mamá de Lynette pregunta. ⊗

Lynette, ¿vas a hacer tus planes hoy?   Iba a hacer mis planes hoy, pero ahora no.
¿Vas a comprar tu boleto hoy?   ¿Vas a hacer tus maletas hoy?   ¿Vas a mandar una carta hoy?   ¿Vas a llamar a Ale hoy?   ¿Vas a salir de Nueva York hoy?

36   Tía Lolita quiere saber. ⊗

¿Comieron en la Zona Rosa?   No, pero íbamos a comer en la Zona Rosa.
¿Viste el Museo de Antropología?   No, pero iba a ver el Museo de Antropología.
¿Visitó Lynette la catedral?   ¿Vieron ellas el Castillo de Chapultepec?   ¿Caminaron Uds. por Reforma?   ¿Paseaste por el parque?   ¿Pasaron por el Ángel?

37   EJERCICIO DE CONVERSACIÓN

Look at the map on page 182. Starting at point 9, work your way back to point 1. Describe the streets you take and the places you see, tell the directions in which you turn and give some interesting facts about the places you describe.

38 EJERCICIO DE COMPOSICIÓN

Escribe sobre un viaje que ibas a hacer a la Ciudad de México. 1. ¿Qué día ibas a salir? 2. ¿A quién ibas a visitar? 3. ¿Qué cosas para tu aseo personal ibas a llevar? 4. ¿Qué otras cosas ibas a llevar? 5. ¿Qué monumentos ibas a visitar? 6. ¿Qué ibas a hacer en Xochimilco?

39 VOCABULARIO

1–15

el **botones**, la b. *baggage attendant*
el **detalle** *detail*
el **telegrama** *telegram*
la **voz** *voice*

conocido,-a *known*
sonriente *smiling*

reconocer *to recognize*

de momento *suddenly*
hay tanto que ver *there's so much to see*
mande Ud. *yes, sir/ma'am*
se le sale *(she) lets out*

16–26

el **aguador,-a** *water bearer*
el **alacrán** *scorpion*
el **anillo** *ring*
el **arete** *earring*
el **arquero,-a** *archer*
la **balanza** *scales*
la **cabra** *goat*
el **carnero** *ram*
el **fotógrafo**, la f. *photographer*
los **gemelos,-as** *twins*
la **locura** *madness*
el **mariachi** *Mexican band player*
el **ramo** *bunch (of flowers)*
el **rincón** *corner*
el **signo** *sign*
el **toro** *bull*
la **virgen** *virgin*
   Xochimilco *floating gardens near Mexico City*
el **zodíaco** *zodiac*

correcto,-a *correct*
curioso,-a *curious*
flotante *floating*
zodiacal *of the zodiac*

agradar *to please*
   me agrada *(it) pleases me*
   nos agrada *(it) pleases us*
convenir *to suit, be convenient*
   me conviene *(it) suits me*
importar *to matter*
   te importa *(it) matters to you (fam.)*
   le importa *(it) matters to you (pol.)*
parecer:
   me parece *(it) seems to me*
   nos parece *(it) seems to us*
preocupar *to concern, worry*
   me preocupan *(they) concern me*
quedar:
   no me queda *I don't have much left*

¿a poco no...? *isn't it so...?*
lo mucho que *how much*
de película *out of this world, extraordinary*
¡qué padre! *fantastic! out of sight!*

27–38

el **aseo** *cleanliness*
el **cepillo de dientes** *toothbrush*
el **colorete** *rouge*
el **desodorante** *deodorant*
el **disyoqui** *disk jockey*
el **enjuague** *rinse*
el **equipo de sonido** *sound system*
el **espejo** *mirror*
el **jabón** *soap*
el **lápiz de cejas** *eyebrow pencil*
el **lápiz de labios** *lipstick*
el **maquillaje** *make-up*
la **máquina de afeitar** *electric shaver*
la **pasta de dientes** *toothpaste*
el **peine** *comb*
el **polvo** *powder*
el **rastrillo con navaja** *razor*
el **rimel** *mascara*
el **secador** *dryer*

el **tubo** *(hair) roller*
la **uña** *nail*

fabuloso,-a *fabulous*

afeitar(se) *to shave*
cancelar *to cancel*
perderse (ie) *to lose, miss*
secar *to dry*

iba a contar *I was going to tell*
iba a decir *I was going to say*
iba a usar *I was going to use*
ibas a cancelar *you (fam.) were going to cancel*

cambiar de idea *to change one's mind*
tener ganas de *to feel like*

The Cradle of the New World

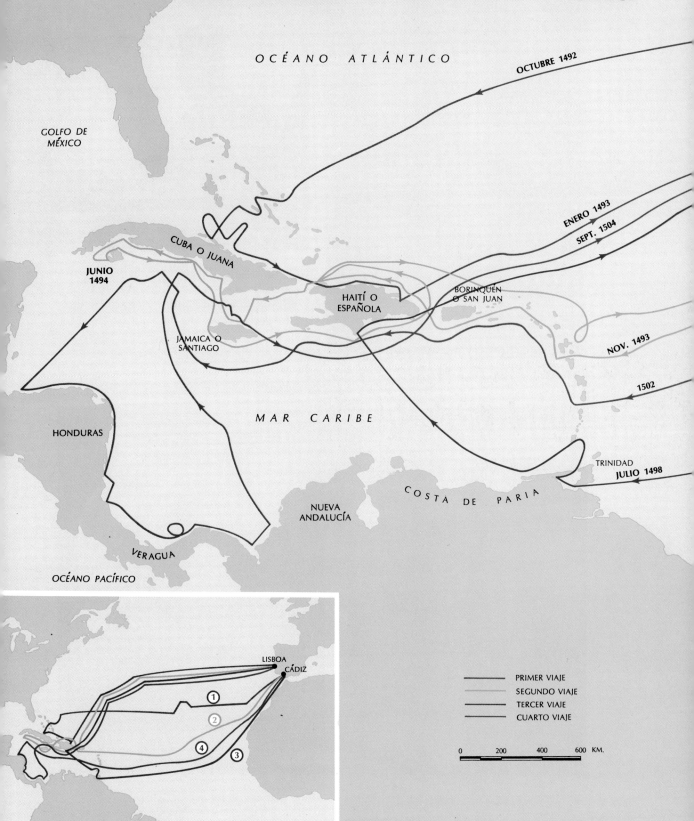

OCÉANO ATLÁNTICO

GOLFO DE MÉXICO

OCTUBRE 1492

ENERO 1493

SEPT. 1504

CUBA O JUANA

JUNIO 1494

HAITÍ O ESPAÑOLA

BORINQUEN O SAN JUAN

JAMAICA O SANTIAGO

NOV. 1493

1502

HONDURAS

MAR CARIBE

TRINIDAD
JULIO 1498

NUEVA ANDALUCÍA

COSTA DE PARIA

VERAGUA

OCÉANO PACÍFICO

LISBOA
CÁDIZ

① ② ③ ④

PRIMER VIAJE
SEGUNDO VIAJE
TERCER VIAJE
CUARTO VIAJE

0   200   400   600   KM.

In the fifteenth century, Christopher Columbus approached the Catholic Monarchs of Spain, asking for money and ships. He hoped to find a shorter route to India by sailing westward. On August 3, 1492, he sailed on the first of four trips that resulted in the discovery and settlement of the Americas in the name of the Spanish Crown.

Plate 18

On his first trip, Columbus discovered and explored several islands of the Greater Antilles. The largest of these was Cuba, which Columbus named *Juana*. By 1515 Cuba had become the chief stronghold of Spanish rule in the New World. Another island was Hispaniola, which we know today as the Dominican Republic and Haiti. Columbus' own son, Diego, became governor of Hispaniola in 1509. Santo Domingo, the capital of the Dominican Republic, is the oldest colonial city in the Americas.

Plate 19

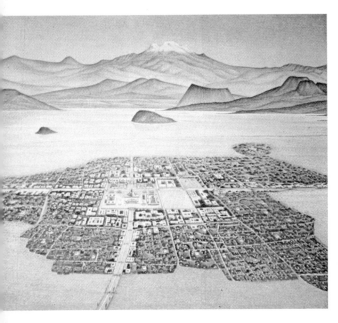

Plate 20

There were many expeditions that left from Cuba to explore the mainland. One of the most important consisted of 550 men, 16 horses, and 11 ships under the leadership of Hernán Cortés. After establishing the settlement of Veracruz, on the eastern coast of Mexico, Cortés began his march north to the Aztec capital of Tenochtitlán. Within a few months he crossed the path between the great volcanoes of Popocatépetl and Iztaccihuatl, and entered the Valley of Mexico. There, for the first time, he saw Tenochtitlán. Within a year and a half, Cortés subdued and conquered the great Aztec empire of Moctezuma.

The fall of the Aztec Empire was only the beginning. The search for other civilizations and the hunger for gold led to further explorations and conquests toward the south. City after city fell to the *conquistadores*. Mexico, including areas that today form the Southwest of the United States, Guatemala, Honduras, El Salvador, Costa Rica, and Nicaragua all became part of the *Virreinato de Nueva España*.

Plate 22

Spain replaced the ancient Indian temples with great baroque churches. The palaces of kings and princes were completely destroyed, and the gold, silver, and precious stones that decorated these buildings were sent to the Spanish Crown. The Indians were reduced to slavery, and the *Conquista* came to an end.

Plate 24

37

¿De dónde viene la comida?

2 La escuela de agronomía ⊗

Adrián estudia en una escuela de agronomía
en las afueras de Valencia, en Venezuela.
Todos los días, antes de ir a sus clases, él
tiene que revisar los distintos instrumentos
en la estación del tiempo de la escuela. Así
los muchachos miden cuánto llovió, la temperatura, la humedad y la dirección del
viento, entre otras cosas. Estos datos son
muy importantes para el cultivo de las
plantas que ellos siembran y cuidan en sus
estudios de agronomía.

El profesor quiere que Adrián aprenda
mucho.

Los muchachos llegan temprano. Tienen
clases teóricas de 8 a 11:30 de la mañana.

"Dudo que Adrián conteste esta pregunta,"
dice el profesor, "pero vamos a ver."

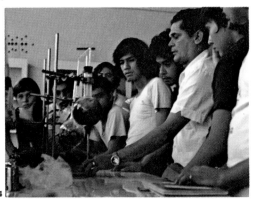

"Espero que Uds. estudien bien esta fórmula.
Así podrán hacer perfume de las flores."

El profesor les pide que no se demoren al-
morzando. ¡Hay que salir al campo!

"Me alegro que todos aprendan tan rápido," les dice el instructor de campo. "Ésta es la mejor
manera de trasplantar una mata de plátano. Al terminar aquí, vamos a practicar con otras
plantas."

6

El instructor prefiere que Leonardo trabaje primero con los plátanos.

8

Ellos trabajan rápido, pero el instructor no cree que terminen antes de las 3 de la tarde.

9

Más tarde el instructor les manda que limpien el campo de maní. Los muchachos tienen que usar machetes para esto.

7

Luego le dice a Eusebio que preste mucha atención a lo que hace.

10

Luego él les pide a los muchachos que lleven la hierba cortada al campo que van a dejar sin cultivar.

3 Contesten las preguntas.

1. ¿En qué clase de escuela estudia Adrián?
2. ¿Dónde está su escuela?
3. ¿Qué miden los muchachos de la escuela?
4. ¿Para qué son importantes estos datos?
5. ¿Qué quiere el profesor?
6. ¿Qué duda el profesor?
7. ¿Qué les pide él a los muchachos?
8. ¿Qué prefiere el instructor de campo?
9. ¿Qué le dice luego a Eusebio?
10. ¿Cómo trabajan los muchachos?
11. ¿Qué no cree el instructor?
12. ¿Qué les manda el instructor más tarde?
13. ¿Qué tienen que usar los muchachos?
14. Luego, ¿qué les pide él?

4 PRÁCTICA ORAL ☉

5 Los alimentos que comemos ⊗

En la vida moderna mucha gente va al supermercado para comprar los alimentos que comen. Algunos son productos frescos.° Otros vienen congelados,° en latas, o en envases. Pero, ¿de dónde vienen? ¿Los cereales, las frutas, los vegetales, el pan? Pues vienen del campo. Y mucha otra gente trabaja en fincas para producirlos y luego traerlos a las ciudades y pueblos donde vivimos. Muchas de las cosas que comemos y que tanto nos gustan vienen de plantas que nunca hemos visto.

El maíz es un cereal nativo de América. Es el principal alimento de muchos países hispanoamericanos.

Del grano del trigo° se saca la harina° para hacer el pan. Es uno de los principales productos de la Argentina.

La semilla° del arroz también es un alimento muy importante en algunos países de Hispanoamérica.

De la caña° de azúcar se obtiene el azúcar. Los principales productores° son las islas del Caribe y México.

La papa° es nativa de América del Sur (Chile y Perú). De aquí fue llevada a España y luego a otros países del mundo.

El frijol° es un alimento muy importante en la dieta de Venezuela, México y el Caribe.

PALABRAS ADICIONALES: fresco, -a: *fresh;* congelado, -a: *frozen;* el trigo: *wheat;* la harina: *flour;* la semilla: *seed;* la caña: *cane;* obtener: *to obtain;* el productor, -a: *producer;* la papa: *potato;* el frijol: *bean*

6   THE SUBJUNCTIVE MOOD

1. Verbs in Spanish and English express *moods* as well as *tenses*. You have already studied the present, imperfect, preterit, future, present perfect, and past perfect tenses of the *indicative mood*. In the indicative mood the verb expresses an action or a state that the person speaking sees as a fact. The verb tense tells *when* the fact happens. The following chart reviews the indicative-mood tenses you have learned.

INDICATIVE MOOD (facts)		
Present	Adrián **estudia** mucho.	Adrian studies a lot.
Imperfect	Adrián **estudiaba** con él.	Adrian used to study with him.
Preterit	Adrián **estudió** anoche.	Adrian studied last night.
Future	Adrián **estudiará** mañana.	Adrian will study tomorrow.
Present Perfect	Adrián **ha estudiado** conmigo.	Adrian has studied with me.
Past Perfect	Adrián ya **había estudiado.**	Adrian had already studied.

2. You have also studied the positive commands and the negative formal command forms of another mood called the *imperative mood*. In the imperative mood, the verb expresses a command or request given by the person speaking.

IMPERATIVE MOOD (commands)		
Singular Familiar Command	**Canta** (tú).	
Singular Formal Command	**Cante** (Ud.).	**No cante** (Ud.).
Plural Command	**Canten** (Uds.).	**No canten** (Uds.).

3. In the *subjunctive mood,* the verb expresses an action or a state that the person speaking does not see as a fact. The speaker considers the action or state expressed by the verb as possible, uncertain, or emotionally with doubt or denial.

7   THE PRESENT SUBJUNCTIVE OF -ar, -er, AND -ir VERBS

To form the present tense of the subjunctive of most verbs, use the stem of the present-indicative **yo** form, and add the present-subjunctive endings. The present-subjunctive endings for **-ar** verbs are: **-e, -es, -e, -emos, -en.** The present-subjunctive endings for **-er** and **-ir** verbs are: **-a, -as, -a, -amos, -an.**

The following chart shows how to form the present subjunctive of **-ar, -er,** and **-ir** verbs.

Infinitive	yo Form, Present Indicative	Stem of yo Form	PRESENT SUBJUNCTIVE		
estudiar **aprender** **abrir**	**estudio** **aprendo** **abro**	**estudi-** **aprend-** **abr-**	**estudie** **estudies** **estudie** **estudiemos** **estudien**	**aprenda** **aprendas** **aprenda** **aprendamos** **aprendan**	**abra** **abras** **abra** **abramos** **abran**

8   USE OF THE SUBJUNCTIVE AFTER que

Lean los siguientes ejemplos. ⊗

Yo **quiero comprar** arroz.   Yo **quiero que tú compres** arroz.
Ellas **esperan vender** las plantas.   Ellas **esperan que yo venda** las plantas.

What do these sentences mean? Do the two verbs in each of the left-hand sentences have the same subject? and in the right-hand sentences? When the subject of both verbs in a sentence is the same, is the second verb an infinitive or a subjunctive form? When there are two verbs in a sentence, with different subjects, is the second verb an infinitive or a subjunctive form? When the second verb is a subjunctive form, what word is used before that verb?

9   Lean el siguiente resumen.

Spanish often uses the subjunctive mood after **que** in sentences that express a request, an opinion, a belief, an emotion, a feeling, a denial, a wish, or a doubt. When a sentence expresses more than one idea, using two or more verbs that have different subjects, a subjunctive form is used after **que**.

Espero que él venda las flores.   *I hope that he sells the flowers.*
El instructor quiere que yo estudie más.   *The instructor wants me to study (that I study) more.*

If the subject of both verbs in a sentence is the same, **que** is omitted and the second verb uses the infinitive form.

Adrián prefiere vender los plátanos.

10   El instructor quiere que todos estudien. ⊗

El instructor quiere que yo estudie mucho.   …que ellos…   …que Ud.…   …que nosotros…   …que ella…   …que tú…   …que Uds.…   …que yo…

11   Adrián se alegra que aprendan la lección. ⊗

Adrián se alegra que tú aprendas la lección.   …que ella…   …que nosotros…   …que ellos…   …que Ud.…   …que Uds.…   …que yo…

12   Leonardo prefiere que los demás abran las latas. ⊗

Él prefiere que tú abras las latas.   …que Adrián…   …que yo…   …que nosotros… …que Ud.…   …que ella…   …que ellos…

13   Leonardo duda todo lo que le dice su amigo. ⊗

Adrián revisa los datos.   Yo dudo que Adrián revise los datos.
Nosotros terminamos a las tres.
Ellos cultivan plantas muy hermosas.
Yo cuido todas las matas de plátano.
Uds. se demoran demasiado.
Nosotros trabajamos todo el día.
Ella siempre presta atención en clase.

14 Adrián sabe lo que el profesor espera de ellos. ⊗

Yo espero comer temprano hoy.   Y el profesor también espera que tú comas temprano hoy.

Ellos esperan aprender la fórmula.
Ella espera subir más tarde.
Nosotros esperamos recorrer todo el campo.
Uds. esperan vender el trigo en el pueblo.
Tú esperas escribir las instrucciones.
Uds. esperan vivir en Valencia.

15 El profesor se alegra de lo que le dicen. ⊗

Él reparte el trabajo.   Me alegro que él reparta el trabajo.
Yo nunca rompo nada.
Ellos responden rápido.
Nosotros siempre compramos la harina.
Ellos cubren las semillas.
Adrián recibe buenas calificaciones.
Ella siembra temprano todos los años.
Uds. toman los datos por la tarde.

16 EJERCICIOS ESCRITOS

A. *Write out the answers to Exercises 13, 14, and 15.*

B. *Rewrite the following paragraph, using the appropriate present-subjunctive form of the verbs in parentheses.*

La profesora quiere que tú (recorrer) el campo de lechuga temprano, y que (cuidar) mucho esas plantas. También quiere que Leonardo (subir) a la colina donde está el café y que él (revisar) bien las matas nuevas. Ella prefiere que nosotros (cultivar) los demás vegetales. Por cierto, ella no piensa que Adrián (asistir) a clase mañana, pero espera que él se (aprender) la fórmula para hacer perfume. Ella nos pide a todos que no (demorar) al resto de la clase. Ella siempre nos dice a nosotros que (estudiar) mucho, pues se alegra que nosotros (recibir) buenas calificaciones. De tarea quiere que yo (escribir) una composición sobre el maíz como alimento en Hispanoamérica.

17 EJERCICIOS DE COMPRENSIÓN ⊗

	0	1	2	3	4	5	6	7	8	9	10
Present subjunctive	√										
Present indicative											

	0	1	2	3	4	5	6	7	8	9	10
Present subjunctive	√										
Infinitive											

18 **Los muchachos también cultivan flores para vender en el mercado del pueblo.** ⊗

Adrián cree que todas las orquídeas se venderán. ¡Son tan lindas!

Pero él no cree que las rosas se vendan. ¡Es que tienen tantas!

"¿Crees tú que las azucenas se vendan a buen precio?" le pregunta a Leonardo.

"Seguro," contesta Leo. "Y pienso que también venderemos los claveles."

"Puede ser. Pero no pienso que vendamos los gladiolos. ¡Están muy caros!"

"Entonces, ¿tú piensas que venderemos los pensamientos, que son más baratos?"

19 **Contesten las preguntas.**

1. ¿Qué cree Adrián que se venderá en el pueblo? ¿Por qué?
2. ¿Qué flores no cree él que se vendan?
3. ¿Por qué?
4. ¿Qué le pregunta Adrián a Leonardo?

5. ¿Qué le contesta Leo?
6. ¿Qué piensa Leo que ellos también venderán?
7. ¿Por qué no cree que vendan los gladiolos?

20 **PRÁCTICA ORAL** ⊗

21 # SUBJUNCTIVE VS. INDICATIVE WITH creer AND pensar

You know that Spanish often uses the subjunctive mood after **que,** when the first part of the sentence expresses a belief or an opinion. However, this opinion can express either certainty or doubt on the part of the person speaking. Therefore, a statement expressing something certain with **creer,** *to believe,* or **pensar,** *to think,* calls for a verb in the indicative mood. A negative statement calls for a verb in the *subjunctive mood.* In asking a question, **creer** and **pensar** are followed by a verb in the subjunctive mood if the person speaking expresses doubt, and by a verb in the indicative if there is no doubt expressed.

1. In a positive statement of certainty, **que** is followed by a verb in the indicative.

Yo **creo que** ella **estudia** mucho.   *I believe that she studies a lot.*

Yo **pienso que** ella **trabajará** mucho.   *I think that she will work a lot.*

2. In a question, **que** is followed by a verb in:
   a. the indicative mood if no doubt is expressed.

   ¿Tú **crees que** él **estudia** mucho?   *Do you believe that he studies a lot?*

   ¿Tu **piensas que** él **llamará** luego?   *Do you think that he will call later?*

   b. the subjunctive mood if doubt is expressed.

   ¿Tú **crees que** él **estudie** mucho?   *Do you believe that he studies a lot? (I doubt it.)*

   ¿Tu **piensas que** él **llame** luego?   *Do you think he will call later? (I don't.)*

3. In a negative statement that implies doubt, **que** is usually followed by a verb in the subjunctive.

Yo **no creo que** él **estudie** mucho.   *I don't believe that he studies a lot.*

Yo **no pienso que** él **trabaje** mañana.   *I don't think that he will work tomorrow.*

However, when the speaker wants to express a firm belief that something did not happen or is not so, a verb in the indicative may be used after a negative statement with **creer** or **pensar.**

Yo **no creo que** él **estudió** mucho.   *I don't believe that he studied a lot. (I'm sure he didn't!)*

Yo **no pienso que** él **trabajó** ayer.   *I don't think that he worked yesterday. (It's impossible!)*

22 Los muchachos piensan distinto. ⊗

Yo creo que venderán las orquídeas.   Pues yo no creo que vendan las orquídeas.
Yo creo que llevarán los gladiolos.
Yo creo que comprarán las rosas.
Yo creo que les gustarán los claveles.
Yo creo que transplantarán las azucenas.
Yo creo que cultivarán los pensamientos.

23 Adrián no cree lo que le pregunta Leo. ⊗

¿Crees que ella cuida el trigo?   No creo que ella cuide el trigo.
¿Crees que ella planta papas?
¿Crees que ella lleva el arroz al pueblo?
¿Crees que ella cultiva caña de azúcar?
¿Crees que ella siempre come frijoles?
¿Crees que ella usa productos congelados?

24 EJERCICIOS ESCRITOS

A. *Write out the answers to Exercises 22 and 23.*
B. *Rewrite the following sentences, making all statements with* pensar *and* creer *negative, and changing the indicative forms of the underlined verbs to the appropriate subjunctive forms, as shown in the following example.*

Ella piensa que yo trabajo mucho.   Ella no piensa que yo trabaje mucho.

Adrián cree que el instructor ayuda al estudiante. Nosotros pensamos que ellas plantarán las rosas. Ellos creen que la temperatura sube al mediodía. Yo creo que nosotros venderemos las orquídeas. Todos piensan que tú aprenderás muy pronto.

Lección 37   ¿De dónde viene la comida?   201

25 Después de almuerzo, el profesor da nuevas instrucciones.

1 Los estudiantes almuerzan y luego descansan un rato en el patio de la escuela.

Los muchachos tienen que curar las orejas de algunos conejos, que están lastimadas. Luego hay que darles de comer a las ovejas y cabras. Algunos de los muchachos limpian los establos de los caballos y las vacas. Las vacas están en el campo y hay que traerlas al establo para ordeñarlas. La leche la llevan al refrigerador. Usan parte de la leche para hacer queso. Después ellos preparan el pienso y lo ponen en los comederos de los animales. ¡Pero esto no es todo! Hay que atender a los puercos y los pollos. También hay que recoger los huevos de las gallinas, para venderlos.

2 "¡Tengan cuidado! No quiero que los conejos sientan dolor," les dice el profesor.

3 "Espero que no vuelvan tarde," les dice a los muchachos que van por las vacas.

4 "Les aconsejo que pidan un recibo por cada envase de leche. Así no habrá problemas."

5 "Les ruego que cuenten bien los quesos. ¿Cuántos tenemos?"

6

"Temo que te duermas preparando el pienso, Víctor. ¡Quedan muchas cosas que hacer!"

7

El profesor quiere que cierren las puertas después de poner el pienso en el comedero.

8

Él no quiere que ningún puerco se pierda. Hay que marcarlos todos.

9

También hay que darles de comer a los pollos y las gallinas. ¡Cuánto trabajo!

26 Contesten las preguntas.

1. ¿Qué tienen que curar los muchachos?
2. ¿Qué limpian algunos muchachos?
3. ¿Adónde llevan la leche?
4. ¿Para qué usan parte de la leche?
5. ¿Qué preparan ellos después?

6. ¿Dónde ponen el pienso?
7. ¿A qué otros animales hay que atender?
8. ¿Qué hay que recoger? ¿Para qué?
9. ¿Qué espera el profesor?
10. ¿Qué les aconseja? ¿Por qué?

27 ¿Y tú?

1. ¿Te gustaría pasar unos días en una finca? ¿Qué harías allí?
2. ¿Cuántos animales de campo conoces? Di sus nombres.

3. ¿Cuál es tu animal de campo favorito?
4. ¿Por qué?
5. ¿Qué crees que comen los conejos?
6. ¿Y las vacas?

28 PRÁCTICA ORAL ⊗

29 STEM-CHANGING VERBS IN THE PRESENT SUBJUNCTIVE

In Unit 29 you reviewed the three groups of verbs that have changes in a vowel of their stem in the *present indicative. All* verbs that have stem changes in the present indicative have stem changes in the present subjunctive. The subjunctive endings are regular.

Group	Infinitive Ending	Verb	Stem Change	Present Subjunctive
			STEM-CHANGING VERBS IN THE PRESENT SUBJUNCTIVE	
I	-ar	cerrar	e *to* ie	**cierre, cierres, cierre, cerremos, cierren**
		contar	o *to* ue	**cuente, cuentes, cuente, contemos, cuenten**
	-er	perder	e *to* ie	**pierda, pierdas, pierda, perdamos, pierdan**
		volver	o *to* ue	**vuelva, vuelvas, vuelva, volvamos, vuelvan**
II	-ir	sentir	e *to* ie, i	**sienta, sientas, sienta, sintamos, sientan**
		dormir	o *to* ue, u	**duerma, duermas, duerma, durmamos, duerman**
III		pedir	e *to* i (All forms)	**pida, pidas, pida, pidamos, pidan**

a. Group I: **-ar** and **-er** verbs. In the present subjunctive, these verbs have the same stem changes as in the present indicative (**e** to **ie** and **o** to **ue** in all forms except the **nosotros, -as** form).

b. Group II: **-ir** verbs. All **-ir** verbs that change **e** to **ie** and **o** to **ue** in the present indicative have the same changes in the present subjunctive. In addition, they change **e** to **i** and **o** to **u** in the **nosotros, -as** form.

c. Group III: **-ir** verbs. All **-ir** verbs that change **e** to **i** in the present indicative have the same changes in all forms of the present subjunctive, *including* the **nosotros, -as** form.

30 El profesor no quiere. ⊗

El profesor no quiere que Adrián cuente los puercos.   …que nosotros…   …que Ud.…
…que ellos…   …que tú…   …que ella…   …que yo…

31 Él espera que cierren las puertas. ⊗

Él espera que Ud. cierre la puerta.   …que tú…   …que nosotros… . …que yo…
…que Ud.…   …que ellas…   que él…   …que Uds.…

32 El instructor teme que se pierdan. ⊗

Él teme que ella se pierda.   …que tú te…   …que ellos se…   …que yo me…   …que
nosotros nos…   …que Uds. se…   …que Víctor se…   …que Ud. se…

33 Adrián no cree que vuelvan temprano. ⊗

Adrián no cree que ellos vuelvan temprano.   ...que tú   ...que ella...   ...que
Uds....   ...que nosotros...   ...que Ud....   ...que yo...

34 Él prefiere que nadie se sienta cansado. ⊗

Él prefiere que Uds. no se sientan cansados.   ...que Ud. no se...   ...que él no se...
...que yo no me...   ...que ellos no se...   ...que nosotros no nos...   ...que tú no te...
...que ella no se...

35 La muchacha duda que alguien duerma la siesta. ⊗

Ella duda que Ud. duerma la siesta.   ...que ellos...   ...que nosotros...   ...que tú...
...que yo...   ...que Adrián...   ...que él...   ...que Uds....

36 Víctor quiere que todos pidan un recibo. ⊗

Víctor quiere que Adrián pida un recibo.   ...que ellos...   ...que Ud....   ...que nosotros...   ...que tú...   ...que Uds....   ...que yo...   ...que ella...

37 Adrián sabe lo que el profesor espera. ⊗

Uds. van a contar los quesos, ¿no?   Bueno, el profesor espera que nosotros contemos los quesos.

Ellos van a pedir más harina, ¿no?
Tú no vas a dormir una siesta, ¿no?
Uds. van a atender los conejos, ¿no?
Él va a cerrar la puerta, ¿no?
Ud. va a volver mañana, ¿no?
Adrián va a divertirse en la finca, ¿no?

38 EJERCICIOS ESCRITOS

A. *Write out the answers to Exercises 30, 32, 34 and 36.*

B. *Rewrite the following paragraph, using the appropriate present-subjunctive form of the verbs in parentheses.*

El instructor quiere que los muchachos (atravesar) la finca. Luego él le pide a Víctor que (contar) las matas. Como ha sido un viaje largo, él aconseja a los muchachos que se (sentar) a descansar un rato. "Adrián," dice el instructor, "espero que no (perder) el machete que te di. Lo vamos a necesitar para limpiar el campo de maní. Espero que todos Uds. (poder) acabar el trabajo temprano, pues la profesora de química quiere que nosotros (volver) antes de las doce." Los muchachos trabajan mucho, pero como son jóvenes, el instructor no cree que ellos se (sentir) cansados. Él siempre les dice que (dormir) ocho horas por la noche y nunca se cansarán. Pero Adrián se está muriendo de cansancio. Él quiere que el instructor le (pedir) permiso a la profesora de química para no ir a su clase hoy. ¿Será porque tienen un examen?

39 Los animales domésticos de la finca ⊗

Del puerco se hace el tocino y el jamón.

El caballo se usa para montar.

La vaca nos da carne y leche.

La carne del pato es muy sabrosa.

La gallina pone huevos.

La carne del pollo es deliciosa.

Y la del pavo también.

El carnero nos da carne y lana.

El burro es un animal de carga.

La cabra nos da leche.

40 Las voces de los animales, ¡en español! ⊗

Las vacas hacen "MUUUU, MUUUU."
Los burros hacen "JIJA, JIJA, JIJA."
Los carneros hacen "BEEEEE, BEEEEE."
Los perros hacen "GUAU, GUAU, GUAU, GUAU."
Los puercos hacen "OINC, OINC, OINC."

Los gatos hacen "MIAU, MIAU, MIAUUUU."
Los patos hacen "CUAC, CUAC, CUAC, CUAC."
Los gallos hacen "QUIQUIRIQUÍ, QUIQUIRI- QUÍ."
Las gallinas hacen "CLOC, CLOC, CLOC, CLOC."
Los pollitos hacen "PÍO, PÍO, PÍO, PÍO."

41 EJERCICIO DE COMPRENSIÓN ⊗

Voces de los animales

pato	√	gallo		perro		carnero		vaca	
burro		puerco		gallina		pollito		gato	

42 Juego con la comida.

Usa el dibujo de la página 193 y dinos de qué planta o animal viene cada una de las comidas en la mesa de comer. Por ejemplo: **La leche viene de la vaca.**

43 Al final del día ⊗

Los muchachos que trabajan con los tractores tienen que guardarlos cuando acaban de usarlos. Pero primero hay que lavarlos bien. Luego hay que arreglar° la maquinaria° que se ha roto. ¡Pero todo no es trabajo! Pronto se reúnen en el salón de recreo°. Y como es viernes, después de comida tienen una gran fiesta para ellos.

PALABRAS ADICIONALES: arreglar: *to fix;* la maquinaria: *machinery;* el salón de recreo: *recreation room*

44 EJERCICIO DE CONVERSACIÓN

Pregúntale a un compañero o a una compañera qué trabajos podría hacer en una finca. Después dile que te nombre los animales domésticos que allí tendría y por qué. Pregúntale de cuál animal podría obtener lana. ¿Cuáles le darían leche? ¿Cuál pondría huevos? ¿De cuál se podría hacer tocino y jamón? ¿Cuál usaría para montar? ¿Cuál podría usar para cargar los productos del campo? Al acabar, él o ella te preguntará a ti: ¿Qué frutas te gustaría sembrar? ¿Qué vegetales y qué cereales te gustan más? ¿Y cuáles son tus flores favoritas?

45 EJERCICIO DE COMPOSICIÓN

Haz una composición de unas 100 palabras, con una lista de alimentos que compran para comer en tu casa. Cuéntanos cuáles son frescos, cuáles compran en latas, cuáles vienen en envases y cuáles vienen congelados. Dinos cuáles son tus frutas y vegetales favoritos. ¿Qué carnes comes y cuál te gusta más? El queso que compran, ¿es de los EE.UU. o de otros países? ¿Por qué crees que es bueno comprar productos de tu estado y de tu país? Dinos por qué crees que suben los precios de algunos alimentos en el supermercado. ¿Crees que es por el costo de cultivarlos, o también por otros costos? Termina diciéndonos cuáles son los alimentos más importantes que produce tu estado. Dinos en qué zonas se cultivan éstos.

46 VOCABULARIO

1–17
la **agronomía** *agronomy, study of agriculture*
el **cultivo** *cultivation, growing*
el **dato** *fact*
el **envase** *container*
la **fórmula** *formula*
la **humedad** *humidity*
el **machete** *machete, large, heavy knife*
el **maní** *peanut*
la **mata** *plant, tree*
el **perfume** *perfume*

cortado,-a *cut*

alegrarse *to be glad*
cultivar *to cultivate, grow*
demorarse *to take a long time, delay*
sembrar (ie) *to sow, plant*
trasplantar *to transplant*

me alegro que aprendan *I am glad that (they) learn*
no cree que terminen *(he) doesn't believe that (they) will finish*
le dice que preste atención *(he) tells (him) to pay attention*
dudo que conteste *(he) doubts that (he) will answer*
espero que Uds. estudien *I hope that you will study*
les manda que limpien *(he) orders/tells (them) to clean*
prefiere que trabaje *(he) prefers that (he) work*
les pide que lleven *(he) asks (them) to carry*
pide que no se demoren *(he) asks that (they) not take long*
quiere que aprenda *(he) wants (him) to learn*

cuando terminemos *when we finish*
prestar atención *to pay attention*

18–24
la **azucena** *white lily*
el **clavel** *carnation*
el **gladiolo** *gladiola*
la **orquídea** *orchid*
el **pensamiento** *pansy*

¿Crees tú que se vendan? *Do you think they'll sell?*
no cree que se vendan *(he) doesn't think (they'll) sell*
no pienso que vendamos *I don't think (we'll) sell*

25–45
el **burro** *donkey*
la **carne** *meat*
el **comedero** *feeder, trough*
el **establo** *stable*
la **gallina** *hen*
la **lana** *wool*
la **oveja** *sheep*
el **pato** *duck*
el **pienso** *dry hay*
el **puerco** *pig*
el **recibo** *receipt*
el **tocino** *bacon*
la **vaca** *cow*

doméstico,-a *domestic*
lastimado,-a *hurt*

aconsejar *to advise*
curar *to cure*
ordeñar *to milk*
poner (huevos) *to lay (eggs)*
rogar (ue) *to beg*
temer *to fear*

les aconsejo que pidan *I advise (you) to ask for*
espero que no vuelvan *I hope (you) don't return*
quiere que cierren *(he) wants (them) to close*
no quiere que se pierda *(he) doesn't want (it) to get lost*
no quiero que sientan *I don't want (them) to feel*
les ruego que cuenten *I beg (you) to count*
temo que te duermas *I fear you'll fall asleep*

Nuestras artesanías

38

1 Los artesanos ⊗

Hoy en día hay grandes industrias en todas partes del mundo. Hay grandes fábricas de cerámica, de vajillas, de cristalería; grandes industrias textiles y muchas más. Pero no siempre fue así. Porque antes, cualquier cosa que uno quisiera era hecha o fabricada por los artesanos. Todo pueblo tenía sus artesanos: artesanos que hacían el guarache, otros que hacían el rebozo. Otros hacían los sombreros, y hasta el catre para dormir— cualquiera de las cosas para el uso diario eran hechas por artesanos.

Industria moderna

Pero como ya vemos, la población del mundo ha crecido mucho. Los artesanos, que sólo trabajan con las manos, no pueden fabricar los millones de vajillas, vasos, jarrones, telas… en fin todas las cosas que se necesitan en el mundo moderno. En el tiempo que el artesano fabrica un jarrón, cualquier fábrica con su moderna maquinaria puede producir miles. Por esta razón, los artesanos prácticamente han desaparecido en muchas partes del mundo; sobre todo en los grandes países industriales.

Una artesana

Sin embargo en cualquiera de los pueblos latinoamericanos todavía podemos encontrar artesanos que aún conservan sus viejas costumbres y siguen haciendo bellos productos de artesanía.

2 Contesten las preguntas.

1. ¿Dónde hay grandes industrias?
2. ¿Qué clase de fábricas hay?
3. ¿Quiénes hacían las cosas antes?
4. ¿Qué tenía todo pueblo?
5. ¿Qué cosas hacían los artesanos?
6. ¿Qué ha crecido mucho?
7. ¿Con qué trabajan los artesanos?
8. ¿Qué tienen las fábricas hoy?
9. ¿Qué pueden producir las fábricas?
10. ¿Dónde han desaparecido los artesanos?
11. ¿Dónde encontramos artesanos aún?
12. ¿Qué siguen conservando ellos?

3 ¿Y tú?

1. ¿Qué industrias conoces tú?
2. ¿Qué cosas se producen en las fábricas?
3. ¿Qué artesanía te gustaría aprender?
4. ¿Por qué?

4 PRÁCTICA ORAL ⊗

5   cualquier, cualquiera

The words **cualquier** and **cualquiera** correspond to the English *any, anyone, whichever*.
  a. **Cualquier** is used as an adjective to modify *singular masculine and feminine* nouns.

    Cualquier artesano puede hacer eso.   *Any artisan can do that.*
    Cualquier chica compraría el rebozo.   *Any girl would buy the shawl.*
  Notice that **cualquier** always goes before the noun it modifies.
  b. **Cualquiera** is used as a pronoun meaning *any* or *anyone*.

            Cualquiera puede hacerlo.   *Anyone can do it.*
               Compra **cualquiera**.   *Buy any one (of them).*
  c. **Cualquiera** is also used as an adjective, to modify singular masculine or feminine nouns.

              Trae **un libro cualquiera**.   *Bring any book.*
        Vamos a **una tienda cualquiera**.   *We're going to any store.*
  Notice that **cualquiera** always goes *after* the noun it modifies, and that the singular noun is preceded by an indefinite article: **un, una.**

6   ¿Dónde se fabrican? ⊗

¿Dónde se fabrica un avión?   En cualquier fábrica de aviones.
¿Dónde se fabrica una mesa?   ¿Dónde se fabrica un mueble?   ¿Dónde se fabrica un televisor?   ¿Dónde se fabrica una estufa?

7   ¿Quién lo va a hacer? ⊗

¿Qué artesano va a hacer eso?   Cualquier artesano puede hacer eso.
¿Qué muchacha va a comprar eso?   Cualquier muchacha puede comprar eso.
¿Qué tienda va a vender eso?   ¿Qué vendedora va a saber eso?   ¿Qué cliente va a creer eso?   ¿Qué fábrica va a producir eso?   ¿Qué niño va a hacer eso?

8   ¿Cuál quieren? ⊗

¿Cuál rebozo vas a comprar?   Compraré cualquiera.
¿Cuál jarrón vas a usar?
¿Cuál sombrero vas a llevar?
¿Cuál vajilla vas a poner?
¿Cuál vestido vas a vender?
¿Cuál blusa vas a comprar?

9   EJERCICIO ESCRITO

Write out the answers to Exercises 6, 7, and 8.

10   EJERCICIO DE COMPRENSIÓN ⊗

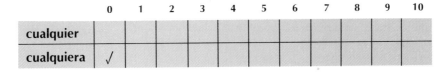

	0	1	2	3	4	5	6	7	8	9	10
cualquier											
cualquiera	√										

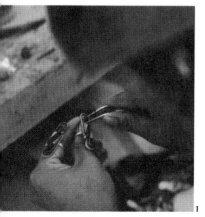

En Taxco,° muchos artesanos labran° artículos de plata que luego venden por todo México.

Además de las famosas alhajas° que se producen en Taxco, hay artículos de plata para la casa.

En Taxco también trabajan la madera.° Muebles hechos por abuelos con ayuda de hijos y nietos.

PALABRAS ADICIONALES: Taxco: *city in Mexico, famous for its silver work;* labrar: *to work, carve;* la alhaja: *jewel;* la madera: *wood*

10   11   12

En la plaza de Oaxaca se ven indias de todas edades tejiendo° toda clase de artículo.

13   14   15

El famoso barro negro de Oaxaca es conocido mundialmente.° Familias enteras trabajan el barro.

16   17   18

Alfombras y tapices se hacen hoy como se hacían en el tiempo de los aztecas.

PALABRAS ADICIONALES: tejer: *to weave;* mundialmente: *throughout the world*

12 Los guajiros ⊗

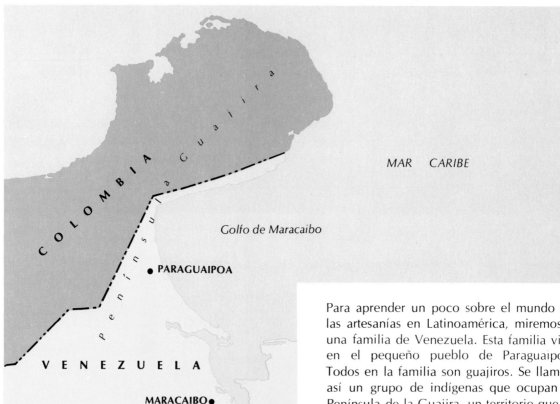

COLOMBIA

Península la Guajira

MAR CARIBE

Golfo de Maracaibo

● PARAGUAIPOA

VENEZUELA

MARACAIBO ●

Para aprender un poco sobre el mundo de las artesanías en Latinoamérica, miremos a una familia de Venezuela. Esta familia vive en el pequeño pueblo de Paraguaipoa. Todos en la familia son guajiros. Se llaman así un grupo de indígenas que ocupan la Península de la Guajira, un territorio que se extiende por el noroeste de Venezuela y el noreste de Colombia. Hablemos y estudiemos un poco sobre los guajiros.

En todo el mundo se conocen los bellos tejidos de los guajiros, pero se sabe muy poco de estos artesanos. La madre guajira es la que dirige y supervisa el trabajo, ya que la confección de tapices y la alfarería son tradicionalmente actividades de la mujer. Pero dentro de la sociedad guajira, los hombres y los niños tienen que ayudar con este trabajo. No es nada raro oír a una madre dando instrucciones a todos los miembros de la familia. "Es mejor que tu papá empiece este tapiz. Que tu hermana ayude con los hilos... ah, sí, y que tus hermanos vendan los tapices que hicimos ayer y que compren más hilo."

Una guajira

La confección de estos tapices es la forma de vida para muchas familias como ésta. Por esto es muy importante que los niños aprendan desde muy jóvenes el trabajo y el arte de sus antepasados. Consideremos que para estas familias el tapiz representa una tradición de generaciones.

Una abuelita nos muestra su bello trabajo y cuida a su nieto mientras que su hija se dedica al arte que aprendió desde muy niña.

Hasta los miembros más jóvenes de la familia, como este niño de cinco años, son grandes artesanos. También los hombres trabajan el tapiz.

El lunes es el día de mercado en el pueblo. Cada familia lleva al mercado el trabajo producido durante la semana.

13 Contesten las preguntas.

1. ¿Qué vamos a aprender?
2. ¿De dónde es la familia?
3. ¿Qué son todos en la familia?
4. ¿Qué es la Guajira?
5. ¿Qué se conoce en todo el mundo?
6. ¿Quiénes hacen los tapices?
7. ¿Quién dirige el trabajo de la familia?
8. ¿Quiénes tienen que trabajar?
9. ¿Qué tapices van a vender?
10. ¿Qué aprenden los niños desde jóvenes?
11. ¿Por qué?
12. ¿Qué representa el tapiz?

14 PRÁCTICA ORAL ⊗

15 MORE ABOUT THE COMMANDS

Lean los siguientes ejemplos. ⊗

> **Miremos** a una familia de Venezuela.
> **Hablemos** sobre los guajiros.

What do these two sentences mean? Is the verb **miremos** in the indicative or the subjunctive mood? Is the verb **hablemos** in the indicative or the subjunctive mood?

> **Que tu papá empiece** el tapiz.
> **Que te ayuden** tus hermanas.
> **Que ellas vendan** el hilo.

What do these three sentences mean? Are the verbs **empiece, ayuden,** and **vendan** in the indicative or the subjunctive mood? Is there a command implied in these three sentences? Does the word **que** appear in all three sentences?

16 Lean el siguiente resumen.

1. To express the idea *let's*..., Spanish uses the **ir a** + *infinitive* construction.

Vamos a estudiar.	*Let's study.*
Vamos a comer.	*Let's eat.*
Vamos a abrir la tienda.	*Let's open the store.*

Another way of expressing the idea *let's*..., is to use the **nosotros, -as** form of the present subjunctive as a command.

Estudiemos.	*Let's study.*
Comamos.	*Let's eat.*
Abramos la tienda.	*Let's open the store.*

Remember that when object pronouns are used with these command forms, the object pronouns are placed immediately after the verb, and are written as a single word.

Estudiemos la lección.	**Estudiémosla.**
Comamos el almuerzo.	**Comámoslo.**
Abramos la tienda.	**Abrámosla.**

2. An indirect command is a command expressed for someone other than the person to whom you are speaking. In English this is expressed by *let, have,* or *may.* Spanish uses the present subjunctive introduced by **que.**

Que compre ella el hilo.	*Let her buy the thread.*
Que te **ayuden ellos.**	*Have them help you.*
Que vendan mucho.	*May they sell a lot.*

17 Vamos a hacer… ⊗

Vamos a aprender sobre las artesanías.   Sí, aprendamos.
Vamos a leer sobre los guajiros.   Sí, leamos.
Vamos a estudiar el mapa de Venezuela.
Vamos a visitar una casa típica.
Vamos a comer comida guajira.
Vamos a ayudar con el tapiz.
Vamos a vender hilo.

18 ¿Quieres? ⊗

Quiero hablar contigo.   Bueno, hablemos.
Quiero estudiar contigo.   Bueno, estudiemos.
Quiero aprender contigo.
Quiero viajar contigo.
Quiero comprar algo contigo.
Quiero comer contigo.
Quiero visitar el mercado contigo.

19 Escuchemos. ⊗

Escuchemos la historia de los guajiros.   Está bien, vamos a escuchar.
Hablemos de sus antepasados.   Está bien, vamos a hablar.
Estudiemos sus costumbres.
Visitemos sus casas.
Comamos sus comidas.
Aprendamos sus artes.
Ayudemos con sus trabajos.

20 La mamá dirige el trabajo. ⊗

Mamá, ¿quién va a abrir el taller?   Que tu hermano abra el taller.
¿Quién va comprar el hilo?   Que tu hermano compre el hilo.
¿Quién va a empezar este tapiz?
¿Quién va a llevar las cosas al mercado?
¿Quién va a vender los tapices?
¿Quién va a ayudar con esto?
¿Quién va a trabajar conmigo?

21 EJERCICIO ESCRITO

Write out the answers to Exercises 17, 18, 19, and 20.

22 EJERCICIO DE COMPRENSIÓN ⊗

	0	1	2	3	4	5	6	7	8	9	10
Direct command	√										
Indirect command											

23 La familia Ortega ⊗

Vamos a conocer a una familia de otro país de Latinoamérica. Esta familia vive en Metepec, un pueblo del estado de México. La familia es la familia Ortega. Ellos tienen un taller en las afueras del pueblo y una tienda muy bonita en el mismo pueblo, donde venden sus artesanías.

Los Ortega son una familia muy numerosa. En el taller trabajan no sólo los hijos del señor Ortega, sino también su hermana y los hijos de ella. Los más jóvenes de la familia siguen las instrucciones del papá mientras aprenden el trabajo. Ellos son los más curiosos y todo lo preguntan. Escuchemos una de sus conversaciones.

Todos trabajan en el taller.

Tienen una bonita tienda…

donde venden sus artesanías.

NIÑO Papá, ¿dónde aprendió Ud. a hacer esto?

PAPÁ Es una larga historia. Nuestros antepasados, los aztecas, descubrieron que podían hacer muchas cosas útiles con el barro que recogían de la tierra.

NIÑO ¿Y Ud. cómo sabe que los aztecas trabajaban el barro?

PAPÁ Bueno, porque hemos encontrado varios ejemplos de la artesanía azteca en las muchas ruinas. Además, muchos de los conocimientos de los aztecas se pasan de generación en generación por la tradición oral.

NIÑO No entiendo lo que quiere decir ''tradición oral.''

PAPÁ Es muy fácil. Yo aprendí a trabajar el barro porque me lo enseñó mi papá. Mi papá lo aprendió de su papá, y su papá… .

NIÑO Ya entiendo. Ahora Ud. me enseña a mí, y cuando yo sea grande yo le enseño a mi hijo.

PAPÁ ¡Exactamente! Así se forman y se mantienen las tradiciones.

Los mayores les dan instrucciones a los menores.

6

No usen este pozo.

7

No cortes mucha leña.

8

No te arrimes al horno.

9

No corran con el agua.

10

No metas la leña ahí.

11

No rompas el molde.

12

No repitas el mismo color.

13

No discutan y trabajen.

14

¡No me interrumpas!

24 Contesten las preguntas.

1. ¿Dónde vive la familia Ortega?
2. ¿Qué tienen ellos?
3. ¿Quiénes trabajan en el taller?
4. ¿Quiénes son los más curiosos?
5. ¿Quiénes son los antepasados de los Ortega?
6. ¿Qué se ha encontrado en las ruinas?
7. ¿Cómo se pasan las tradiciones?
8. ¿De quién aprendió el señor Ortega a trabajar el barro?
9. ¿Quién va a ensenar al niño?

25 PRÁCTICA ORAL ⊗

26

NEGATIVE COMMANDS

Lean los siguientes ejemplos. ⊗

No cortes mucha leña.
No te arrimes al horno.

What do these two sentences mean? Are these commands being given to someone you would ordinarily address as **tú** or **usted?** Are these commands positive or negative? Are **cortes** and **arrimes** forms of **-ar, -er,** or **-ir** verbs? Are **cortes** and **arrimes** in the indicative or the subjunctive mood?

No metas la leña ahí.
No rompas el molde.

What do these two sentences mean? Are these commands being given to someone you would ordinarily address as **tú** or **usted?** Are these commands positive or negative? Are **metas** and **rompas** forms of **-ar, -er,** or **-ir** verbs? Are **metas** and **rompas** in the indicative or the subjunctive mood?

No repitas el mismo color.
No interrumpas mi trabajo.

What do these two sentences mean? Are these commands being given to someone you would ordinarily address as **tú** or **usted?** Are these commands positive or negative? Are **repitas** and **interrumpas** forms of **-ar, -er,** or **-ir** verbs? Are **repitas** and **interrumpas** in the indicative or the subjunctive mood?

27 ### Lean el siguiente resumen.

1. You have already learned that you use familiar commands to direct or request someone whom you address as **tú** to do something. To form this command, you simply use the **Ud./él/ella** form of the verb in the present indicative.

Corta (tú) la leña.	*(You) cut the wood. (Familiar)*
Rompe (tú) el molde.	*(You) break the mold.*
Repite el mismo color.	*Repeat the same color.*

Remember that the subject pronoun **tú** can be used for emphasis. Also notice that all of these commands are *positive* commands.

2. You have also learned that you use formal commands to direct or request one or more persons whom you address as **usted** or **ustedes** to do something.

a. To form the **usted** formal command of any verb, you use the **Ud./él/ella** form of the present subjunctive.

Corte (Ud.) la leña.	*(You) cut the wood. (Polite)*
No corte (Ud.) la leña.	*Don't (you) cut the wood.*
Rompa (Ud.) el molde.	*(You) break the mold.*
No rompa (Ud.) el molde.	*Don't (you) break the mold.*
Repita el mismo color.	*(You) repeat the same color.*
No repita el mismo color.	*Don't (you) repeat the same color.*

Remember that the subject pronoun **usted** may be used for emphasis or politeness. Also notice that the commands can be either positive or negative.

b. To form the command form you use when addressing a group as **ustedes,** you use the **Uds./ellos/ellas** form of the present subjunctive.

Corten (Uds.) la leña.	*(You) cut the wood. (Plural)*
No corten (Uds.) la leña.	*Don't (you) cut the wood.*

Again, the subject pronoun **ustedes** is used for emphasis or politeness, and the commands can be either positive or negative.

3. A negative familiar command directs or requests someone whom you address as **tú** *not* to do something. To form this command you simply use the **tú** form of the present subjunctive.

No cortes (tú) la leña.	*Don't (you) cut the wood.*
No rompas el molde.	*Don't (you) break the mold.*
No repitas el color.	*Don't (you) repeat the color.*

Remember that the subject pronoun **tú** can be used for emphasis. Also notice that all of these commands are negative commands.

28 ¿Qué hago? ⊗

¿Compro el barro?   No, no compres el barro.
¿Corto la leña?
¿Camino al taller?
¿Ayudo a mamá?
¿Entro a la tienda?
¿Pinto el jarrón?
¿Preparo la pintura?

29 ¿Qué hacemos? ⊗

¿Compramos el barro?   No, no compren el barro.
¿Cortamos la leña?
¿Caminamos al taller?
¿Ayudamos a mamá?
¿Entramos a la tienda?
¿Pintamos el jarrón?
¿Preparamos la pintura?

30 El Sr. Ortega da instrucciones. ⊗

Abre esta pintura.   Pero no abras aquélla.
Pide este jarrón.   Pero no pidas aquél.
Divide esta leña.
Repite este color.
Reparte este trabajo.
Pide este color.

31 Dos hermanos discuten. ⊗

Si yo digo, "no aprendas así," tú dices…   "¡Aprende así!"
Si yo digo, "no comas aquí," tú dices…   "¡Come aquí!"
Si yo digo, "no corras aquí," tú dices…
Si yo digo, "no leas esto," tú dices…
Si yo digo, "no muevas eso," tú dices…
Si yo digo, "no rompas aquello," tú dices…
Si yo digo, "no vendas esto," tú dices…

32 EJERCICIO ESCRITO

Write out the answers to Exercises 28, 29, 30, and 31.

33 El joven, Luis Martínez Jiménez ⊛

El pueblito de Teotitlán del Valle° queda en las afueras de la ciudad de Oaxaca. Aquí vive y trabaja Luis Martínez Jiménez. Luis nos va a contar un poco del orgullo y de la gran satisfacción que él recibe de su trabajo.

Yo tengo mi propia tienda.

"Todos en mi familia han sido y son grandes artesanos. Desde muy pequeño yo aprendí el oficio° de mis antepasados. Mis padres, y sus padres, y los padres de ellos, todos trabajaron en la confección del tapiz. Recuerdo que cuando yo era pequeño mi apá° me decía: 'Algún día quiero tener una tienda muy grande para poder exhibir y vender el trabajo que nuestros amigos y nosotros hacemos.' Mi apá ya murió; pero ahora yo tengo mi propia tienda, La Casa Martínez, donde he realizado° el sueño de mi apá.

Mi hermano me ayuda mucho.

Tengo tapices rarísimos

y tapices tradicionales.

Mis tapices son conocidos en todas partes de la república y en otros países también. Vienen de todas partes a nuestro pequeño pueblo a comprar tapices. Incluso° hay compradores° que nos hacen encargos° desde países de Europa y África. Muchos nos hacen encargos especiales, y nosotros les hacemos los tapices de acuerdo con° los dibujos y los colores que a ellos les gustan. Pero mi amá° se encarga de esos detalles.° Yo me preocupo de° la producción.

Éste soy yo cuando empecé.

En verdad estoy muy agradecido° porque las cosas me van muy bien. Soy joven, tengo sólo dieciocho años. Todavía no me he casado. Pero cuando me case, mis hijos van a aprender lo que yo aprendí. Y si ellos quieren, podrán trabajar conmigo, y seguir y conservar las tradiciones de nuestros antepasados."

Aquí estoy yo hace unos tres años aprendiendo con mis hermanos a hacer el tapiz. Mis parientes se reían porque no siempre me salían bien.

Aquí estoy yo ahora, dando instrucciones para un tapiz especial. Todos trabajan, hasta los niñitos que ni° hablar saben. Así crecen, y aprenden a ser grandes artesanos.

PALABRAS ADICIONALES: Teotitlán del Valle: *village near Oaxaca;* el oficio: *profession;* mi apá: *my dad;* realizar: *to realize, achieve;* incluso: *even;* el comprador, -a: *buyer;* hacer encargo: *to place an order;* de acuerdo con: *in accordance with, according to;* mi amá: *my mom;* el detalle: *detail;* preocuparse (de): *to worry (about);* agradecido,-a: *grateful;* ni: *not even*

34 EJERCICIO DE CONVERSACIÓN

Llamas a Luis Martínez Jiménez por teléfono para que te mande varios de sus tapices para venderlos en una tienda de tu ciudad o pueblo. En la conversación le dices: 1. Dónde viste su nombre y lo que él hace.   2. Para qué quieres los tapices.   3. Cuántos quieres que te mande.   4. Qué precio puedes pagar por cada uno.   5. Qué tipo de tapiz crees que se venda mejor en tu ciudad.   6. Qué tamaño de tapices quieres que él te mande.   7. De qué colores los quieres.   8. Cómo quieres que te los mande de México.   9. Cuánto crees que tendrás que pagar en la aduana (25%).   10. Cuántc tiempo crees que tomen para llegar.

35 EJERCICIO DE COMPOSICIÓN

Después de tu conversación por teléfono con Luis Jiménez Martínez, le escribes una carta donde repites todo lo que discutiste por teléfono con él. Acuérdate de decirle adónde quieres que mande los tapices y cuánto dinero le mandas.

VOCABULARIO

1–10
el **artesano,-a** *craftsman, -woman*
el **catre** *cot*
la **cerámica** *ceramics*
la **cristalería** *glasswork; glass-making*
el **guarache** *sandal (Mexico)*
la **maquinaria** *machinery*
el **producto** *product*
la **razón** *reason*
el **sombrero** *hat*
la **tela** *cloth*
el **uso** *use*
la **vajilla** *dishes, china*

cualquier,-a *any, anyone*
fabricado,-a *manufactured, built, made*
industrial *industrial*
prácticamente *practically*
textil *textile*

conservar *to conserve, save*
desaparecer *to disappear*
fabricar *to manufacture, build*
producir *to produce, make*

quisiera *(one) might want*
sin embargo *however*

12–22
la **alfarería** *pottery*
el **arte** (pl. **las artes**) *art*
la **confección** *preparation, making*
la **frontera** *border, frontier*
la **generación** *generation*
la **Guajira** *territory in the north-west of Venezuela*
el **hilo** *thread*
el **indígena**, la **i.** *native inhabitant*
el **miembro**, la **m.** *member*
Paraguaipoa *small village in Venezuela*
la **península** *peninsula*
la **sociedad** *society*
el **tapiz** *tapistry, carpet*

producido,-a *produced*
raro,-a *rare, strange*
tradicionalmente *traditionally*

considerar *to consider*
dedicarse (a) *to dedicate oneself (to)*
mostrar (ue) *to show*
representar *to represent*
supervisar *to supervise*

consideremos *let's consider*
estudiemos *let's study*
hablemos *let's speak*
miremos *let's look at*

forma de vida *way of life*
ya que *since*

que ayude *let (her) help*
que compren *have (them) buy*
que vendan *let (them) sell*

23–35
el **conocimiento** *knowledge*
la **historia** *story*
Metepec *town in Mexico*
el **molde** *mold*
el **pozo** *well*
la **ruina** *ruin*
el **taller** *workshop, factory*

oral *oral*

arrimarse *to get close*
escuchar *to listen*
mantener *to maintain, keep up*
meter *to put, place*

cuando yo sea *when I am*
no (te) arrimes *don't get close (fam.)*
no corran *don't run (pl.)*
no cortes *don't cut (fam.)*
no discutan *don't argue (pl.)*
no interrumpas *don't interrupt (fam.)*
no metas *don't put (fam.)*
no repitas *don't repeat (fam.)*
no rompas *don't break (fam.)*
no trabajen *don't work (pl.)*
no usen *don't use (pl.)*

Los
mexicanos
de ayer

39

1 El Museo de Antropología e Historia en la Ciudad de México ⊗

Toda gran ciudad tiene sus grandes centros culturales. Muchas veces estos centros no son solamente reconocidos en esa ciudad o ese país, sino también tienen fama en el mundo entero. El Museo de Antropología e Historia en la Ciudad de México es uno de estos centros. Este famoso museo fue inaugurado en 1964 en el Parque de Chapultepec. Su localización tiene mucho significado ya que fue en Chapultepec donde los aztecas se establecieron cuando primero llegaron al Valle de México. La construcción del museo es moderna y espaciosa. Contiene veintiséis salas permanentes de exhibición, además de laboratorios de investigación, salas de conferencia, oficinas e innumerables servicios de información para aquéllos que vienen a revivir la gloria de las grandes culturas prehispánicas.

Sala de orientación

El patio central

2 El plano del museo ⊗

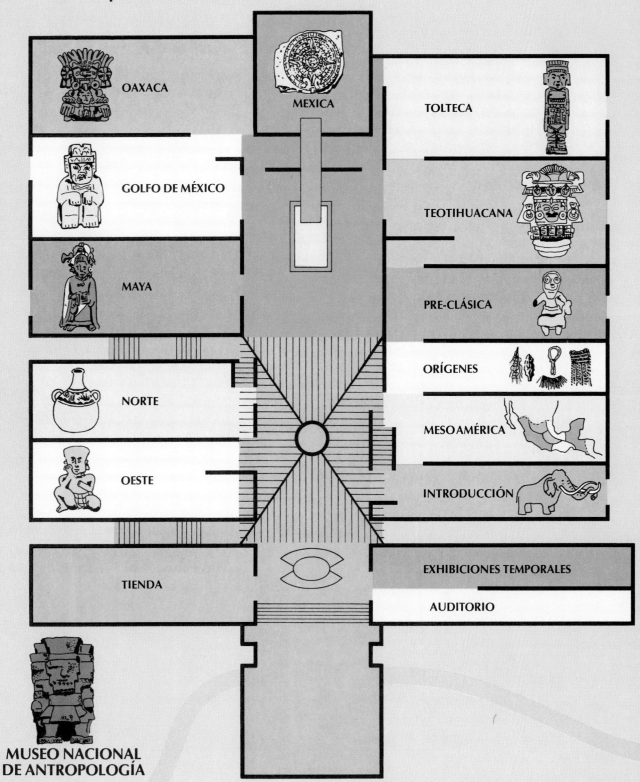

OAXACA

MEXICA

TOLTECA

GOLFO DE MÉXICO

TEOTIHUACANA

MAYA

PRE-CLÁSICA

NORTE

ORÍGENES

OESTE

MESO AMÉRICA

INTRODUCCIÓN

TIENDA

EXHIBICIONES TEMPORALES

AUDITORIO

MUSEO NACIONAL
DE ANTROPOLOGÍA

3 Unos estudiantes en el museo ⊗

La maestra se ha reunido con sus alumnos en uno de los patios del museo. Hay varias cosas que ella quiere que los alumnos hagan antes de empezar su recorrido.

MAESTRA ¡Pongan atención, por favor! Es necesario que todos oigan lo que voy a decir. Primero, espero que todos tengan un cuaderno para apuntes y un lápiz o una pluma.

ALUMNO Señorita, olvidé mi lápiz. ¿Cree Ud. que pueda yo comprar uno en la librería del museo?

MAESTRA Como siempre, Rafael. ¿Cuándo es que a ti no se te olvida algo? Por ahora quiero que pongas atención y luego compres tu lápiz. Bueno, continuemos. No creo que puedan ver todo el museo pero sí quiero que vean ciertas cosas en particular.

¡Pongan atención!

MAESTRA Lo primero que quiero que hagan es que estudien el plano del museo que aparece en la página dos del folleto que les di. Una señorita del museo nos acompañará en nuestro paseo por el museo y nos explicará varios aspectos de las culturas prehispánicas. Después de cada explicación espero que hagan preguntas inteligentes. Acuérdense que para la próxima clase les voy a pedir que me traigan un reporte de esta visita.

Quiero que conozcan...

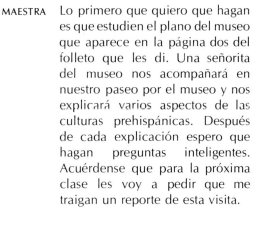

Como siempre, Rafael

¿Oíste? ¡Otro reporte!

Quiero que...

5 salgan con la señorita,

6 y que pongan atención a todo;

7 que vean las maquetas,

8 especialmente la de Tenochtitlán;

9 que tomen muchos apuntes;

10 y que vengan aquí después de su recorrido.

4 Contesten las preguntas.

1. ¿Dónde se reúnen los alumnos?
2. ¿Cómo empieza la maestra?
3. ¿Qué espera ella que los alumnos tengan?
4. ¿Qué olvidó Rafael?
5. ¿Dónde va a comprar el otro lápiz?
6. ¿Pueden los estudiantes verlo todo?
7. ¿Qué es lo primero que tienen que ver?
8. ¿Dónde encuentran el plano del museo?
9. ¿Quién los acompañará?
10. ¿Qué va a hacer la señorita?
11. ¿Qué espera la maestra que los estudiantes hagan?

5 PRÁCTICA ORAL ⊗

6 PRESENT SUBJUNCTIVE OF SOME IRREGULAR VERBS

Lean los siguientes ejemplos. ⊗

Quiero que **vean** las maquetas.
Y que **pongan** mucha atención.
Quiero que mañana **traigan** un reporte.

What do these three sentences mean? In the first sentence, which verb is in the present subjunctive? and in the second? and in the third? What is the infinitive of **vean?** What is the infinitive of **pongan?** What is the infinitive of **traigan?** Are all of these verbs irregular in the present indicative?

7 Lean el siguiente resumen.

1. In Unit 37 you learned that to form the subjunctive of most verbs, you use the stem of the **yo** form in the present indicative, and add the present-subjunctive endings. That is, **-e, -es, -e, -emos, -en** to **-ar** verbs; and **-a, -as, -a, -amos, -an** to **-er** and **-ir** verbs.

Es necesario que yo **hable** contigo.
Quiero que **comas** ahora.
Prefiero que ellos **abran** la tienda.

Notice that **hablar, comer,** and **abrir** are regular verbs.

2. Many verbs that you learned are irregular in the present indicative. But they form their subjunctive in the same way the regular **-ar, -er,** and **-ir** verbs do. Take the stem of the present-indicative **yo** form and add the present-subjunctive endings.

The following chart shows how to form the present subjunctive of some of the irregular verbs you have learned.

VERB	PRESENT-INDICATIVE yo FORM	STEM	PRESENT SUBJUNCTIVE
conocer	conozco	conozc-	conozca, conozcas, conozca, conozcamos, conozcan
hacer	hago	hag-	haga, hagas, haga, hagamos, hagan
oír	oigo	oig-	oiga, oigas, oiga, oigamos, oigan
poner	pongo	pong-	ponga, pongas, ponga, pongamos, pongan
salir	salgo	salg-	salga, salgas, salga, salgamos, salgan

VERB	PRESENT-INDICATIVE **yo** FORM	STEM	PRESENT SUBJUNCTIVE
tener	tengo	teng-	tenga, tengas, tenga, tengamos, tengan
traer	traigo	traig-	traiga, traigas, traiga, traigamos, traigan
venir	vengo	veng-	venga, vengas, venga, vengamos, vengan
ver	veo	ve-	vea, veas, vea, veamos, vean

8 La maestra quiere. ⊗

¿Qué vamos a conocer en el museo?   La maestra quiere que conozcamos todo.
¿Qué vamos a hacer en la clase?   La maestra quiere que hagamos todo.
¿Qué vamos a oír en la sala de orientación?   ¿Qué vamos a poner en el reporte?   ¿Qué vamos a traer a clase mañana?   ¿Qué vamos a ver en esa sala?

9 ¿Es necesario? ⊗

¿Es necesario que yo vea eso?   Sí, es necesario que tú veas eso.
¿Es necesario que ellas hagan eso?   Sí, es necesario que ellas hagan eso.
¿Es necesario que nosotros tengamos eso?   ¿Es necesario que él oiga eso?   ¿Es necesario que ustedes traigan eso?   ¿Es necesario que ella vea eso?   ¿Es necesario que yo haga eso?

10 Los alumnos esperan. ⊗

Los alumnos esperan conocer el museo.   Y la maestra espera que ellos lo conozcan.
Los alumnos esperan ver todo.   Y la maestra espera que ellos lo vean.
Los alumnos esperan hacer el recorrido.
Los alumnos esperan oír el reporte.
Los alumnos esperan traer el trabajo.
Los alumnos esperan conocer el templo.
Los alumnos esperan tener mucho tiempo.

11 La maestra quiere que lo hagas otra vez. ⊗

Hiciste la tarea para hoy.   Y quiere que hagas la tarea para mañana también.

Oímos los reportes hoy.
Ellas salieron temprano hoy.
Traje mi lápiz y cuaderno hoy.
Uds. vinieron en coche hoy.
Tuvimos que pagar por nuestro almuerzo hoy.
Conocí a mucha gente hoy.
Ellos lo pusieron todo en orden hoy.
Lo vi todo hoy.

12 EJERCICIO ESCRITO

Write out the answers to Exercises 8, 9, 10, and 11.

13 Tato y Lola en el museo ✪

Vamos pasando de una sala a otra del museo. Estamos imaginándonos y admirando la belleza de estas antiguas civilizaciones. De repente oímos dos voces que conocemos, discutiendo animadamente. ¿Quiénes serán? Ahí están… ¡son nuestros amigos Tato y Lola! Vamos a escuchar la causa de tanto ruido y tanta discusión.

14   Contesten las preguntas.

1. ¿Por dónde vamos pasando?
2. ¿Qué estamos haciendo?
3. ¿Qué oímos?
4. ¿Qué tiene que ser Lola?
5. ¿Qué no tenían los aztecas?
6. ¿Quién cree que es el nuevo emperador?
7. ¿Dónde lee Lola sobre las responsabilidades de un mandatario azteca?
8. ¿Cómo tiene que ser el mandatario?
9. ¿Qué es necesario que sepa?
10. ¿Qué estudia muchas noches?
11. ¿Qué decide Lola?

15   PRÁCTICA ORAL ⊗

16   La excursión de Tato y Lola ⊗

Tato y Lola se cansan de discutir sobre quién va a ser el nuevo mandatario azteca. Siguen su paseo por el museo y de momento a Tato se le ocurre algo.

TATO   Tengo una gran idea, Lola. ¿Por qué no hacemos un viaje para conocer las pirámides de verdad?
Puede servir para aprender mucho y para vivir una gran aventura.

LOLA   A veces se te ocurren buenas ideas. Me parece estupendo.

TATO   Bueno, tenemos muchos planes que hacer antes del viaje. Empecemos por estudiar este mapa que nos muestra los lugares más importantes.

17   Las culturas prehispánicas de México ⊗

18 Lo que Tato y Lola vieron en su excursión

1 LA PIRÁMIDE DE LA LUNA

2 LA PIRÁMIDE DEL SOL

3 TULA, LA CAPITAL DE LOS TOLTECAS

4 LOS GIGANTES DE TULA

5 EN MONTE ALBÁN

6 MITLA

8

7 EL TEMPLO DE LAS INSCRIPCIONES

LA TUMBA

9

EL CASTILLO

10

EL TEMPLO DE LOS GUERREROS

11

EL CARACOL

12

EL CHAC-MOOL

Lección 39   Los mexicanos de ayer   235

19 El viaje de Tato y Lola ⊗

Tato y Lola salen primero hacia Teotihuacán, llamada la ciudad de los dioses. Tato y Lola están fascinados con la maravillosa ciudad. A lo largo de la Calzada° de los Muertos, que es la avenida principal de la ciudad, se encuentran la Pirámide del Sol, una de las grandes maravillas de América. También ven muchas plazas y templos como el templo de Quetzalcóatl, (La Serpiente Emplumada°) que era uno de los dioses de los antiguos° habitantes de la ciudad. Al final de la calzada se levanta la preciosa° Pirámide de la Luna. Nuestros amiguitos suben hasta la parte más alta de la pirámide para contemplar la ciudad. Lola dice, ''Me parece mentira° que estemos aquí…¡todo es tan hermoso!''

De Teotihuacán, Tato y Lola llegan a la antigua capital de los toltecas, Tula. Estas ruinas fueron descubiertas° en 1950. Hasta entonces Tula se consideraba una leyenda° de los indígenas. ''Qué maravilla,'' dice Lola cuando ve los famosos Gigantes. Originalmente, estas estatuas eran los soportes de un templo, pero el templo ya no° existe, y las estatuas quedaron solas encima de una gran pirámide.

Nuestros amigos vuelven a la Ciudad de México a descansar antes de seguir hacia Oaxaca. Aquí en Oaxaca verán las ciudades de Mitla y Monte Albán. Estos dos centros fueron el corazón° de las culturas mixteca° y zapoteca,° y en sus ruinas vemos toda la belleza y el misterio° de su historia. Cuentan que en el año 1000 AC, Monte Albán fue misteriosamente abandonado y no fue descubierto sino hasta cinco siglos después. Nunca sabremos cuál fue el misterio, pero siempre podremos disfrutar de su belleza.

Tato está tan fascinado con el misterio de Monte Albán, que no quiere que sigan el viaje todavía. Pero Lola quiere llegar a Palenque.° Estas ruinas están en medio de la selva del Estado de Chiapas, y Lola, que nunca ha estado en la selva, quiere que no tarden ni un minuto más para salir rumbo a° Palenque.

¡Qué razón tenía Lola! La belleza de esta zona es indescriptible.° La riqueza de la vegetación, el azul del cielo, y las majestuosas° ruinas que se levantan en medio de la selva son casi increíbles. ''¡Qué felices debían ser los mayas° viviendo aquí!'' piensa Lola, y es posible que todas las personas que visiten Palenque piensen lo mismo.° Una de las cosas más curiosas de Palenque es el Templo de las Inscripciones. Dentro de este templo, en 1952, el arqueólogo° Alberto Ruz encontró una tumba, la primera descubierta dentro de un templo indígena.

Ha llegado la última etapa del viaje. Nos encontramos en la península de Yucatán, donde están las grandes ruinas de la civilización maya: Chichén-Itzá, Uxmal y Tulum.

Tato está verdaderamente° entusiasmado°; hay tantos edificios, templos y pirámides como los que a él le habría gustado construir en sus sueños° de emperador. A Tato le gustan hasta los nombres de los edificios: el Castillo, el Templo de los Guerreros, las Mil Columnas, y el Chac-Mool (que es un jaguar de piedra con los ojos de jade) en Chichén-Itzá; el Palacio del Gobernador y el Palacio de las Máscaras° en Uxmal, y el bellísimo Templo de los Frescos en Tulum.

Mientras Tato sueña, Lola toma fotos. No quiere perderse° ni un detalle. Pero sabemos que en el fondo° Lola también sueña con poder volver° pronto. El viaje ha sido tan lindo que Lola querría° repetirlo una y mil veces.

PALABRAS ADICIONALES: la calzada: *avenue;* emplumado,-a: *feathered;* antiguo,-a: *ancient;* precioso,-a: *pretty;* me parece mentira: *it seems incredible;* descubierto,-a: *discovered;* la leyenda: *legend;* ya no: *no longer;* mixteco,-a: *Mixtec (large Mexican Indian tribe);* zapoteco,-a: *Zapotec (large Mexican Indian tribe);* el misterio: *mystery;* Palenque: *ancient Mayan city;* rumbo a: *bound for;* indescriptible: *indescribable;* majestuoso,-a: *majestic;* el maya, la m.: *member of the Mayan Indian tribe;* lo mismo: *the same thing;* el arqueólogo,-a: *archeologist;* verdaderamente: *truly;* entusiasmado,-a: *enthusiastic, delighted;* el sueño: *dream;* la máscara: *mask;* perderse (ie): *to miss;* en el fondo: *deep inside;* poder volver: *being able to come back*

20 THE SUBJUNCTIVE OF OTHER IRREGULAR VERBS

Lean los siguientes ejemplos. ⊗

> No quiero que tú **seas** emperatriz.
> Deseo que me **des** el poder.
> Es necesario que ella **sepa** mucho.

What do these three sentences mean? Are the verbs **seas, des,** and **sepas** in the subjunctive mood? What is the infinitive of **seas?** and of **des?** and of **sepas?** Are these verbs regular or irregular? What is the present-indicative **yo** form of **ser?** What is the present-indicative **yo** form of **dar?** and of **saber?**

21 Lean el siguiente resumen.

There are some irregular verbs whose present subjunctive *cannot* be formed by taking the stem of the **yo** form in the present indicative and adding the subjunctive endings. The endings used with these irregular verbs are regular subjunctive endings, but you must learn and remember the stems.

The following chart shows how to form the present subjunctive of some irregular verbs.

VERB	PRESENT SUBJUNCTIVE
dar	dé, des, dé, demos, den
estar	esté, estés, esté, estemos, estén
ir	vaya, vayas, vaya, vayamos, vayan
saber	sepa, sepas, sepa, sepamos, sepan
ser	sea, seas, sea, seamos, sean

22 EXPRESSIONS FOLLOWED BY THE SUBJUNCTIVE

There are a number of expressions in Spanish that are commonly used with the subjunctive. As you study these expressions, you will notice that most of them express a wish, a desire, a command, a preference, or something similar.

querer (ie) que to want that...	Ella **quiere que vayas** con ella. Yo **quiero que vengas** conmigo.
ser necesario que to be necessary that...	**Es necesario que** él **sepa** todo. **Es necesario que veamos** el museo.
insistir en que to insist that...	**Insistimos en que** tú **seas** bueno. Él **insiste en que** yo **vaya.**
desear que to wish that...	**Deseamos que** todos **estén** bien. Ella **desea que** tú lo **sepas.**
preferir (ie) que to prefer that...	**Preferimos que seas** tú. **Prefieren que salgan** ustedes.
esperar que to hope that...	Ellas **esperan que** ellos **vengan.** **Espero que** no **seas** tú.

23 Tato y Lola discuten. ⊗

¿Puedo yo ser emperador?
¿Puedo yo estar aquí contigo?
¿Puedo yo ir a las pirámides?
¿Puedo yo saber tus planes?
¿Puedo yo dar las instrucciones?
¿Puedo yo ser el guía?

No, yo no quiero que seas emperador.
No, yo no quiero que estés aquí conmigo.

24 ¿Qué quieres que hagamos? ⊗

¿Cuándo le voy a dar el libro?
¿Cuándo vamos a estar aquí?
¿Cuándo van a ir ellas al museo?
¿Cuándo van a saber Uds. los planes?
¿Cuándo va a dar ella su reporte?
¿Cuándo voy a ser yo el guía?

Quiero que le des el libro mañana.

25 Tato le pregunta a Lola. ⊗

¿Prefieres que yo sea el guía?
¿Esperas que salgamos mañana?
¿Quieres que yo venga aquí?
¿Es necesario que estemos allí temprano?
¡Insistes en que yo lleve mi cámara?
¿Deseas que yo vaya a la pirámide contigo?
¿Quieres que tomemos muchas fotos?

Sí, prefiero que seas el guía.
Sí, espero que salgan mañana.

26 EJERCICIO ESCRITO

Write out the answers to Exercises 23, 24, and 25.

27 EJERCICIO DE COMPRENSIÓN ⊗

	0	1	2	3	4	5	6	7	8	9	10
Subjunctive	√										
Indicative											

28

The Aztec Calendar, la Piedra del Sol, was unearthed in 1790 in the area that is today El Zócalo, in Mexico City. It represents one of the major achievements of the Aztec Empire, leaving us evidence of their great abilities as astronomers and mathematicians. The stone weighs twelve tons, has a diameter of twelve feet, and a width of three feet. According to legend, it took the Aztecs fifty-two years to complete the work. The number fifty-two is symbolic since the Aztecs believed that every fifty-two years the world might come to an end.

Looking at the center of the calendar, you see the face of Tonatiuh, the sun god. Immediately around his face are four squares with symbols representing four destructions of the Earth. The next ring represents the twenty symbols for the twenty days of the Aztec month. The ring that follows is made of fine stones and symbolizes the heavens, enclosed within another ring that has the signs for the stars and the eight points of the compass.

29 El calendario azteca

30 EJERCICIO DE CONVERSACIÓN

Usando el mapa que aparece en la página 233 nos vas a contar sobre un viaje que piensas hacer desde Tula hasta Chichén Itzá. Usa los números que aparecen en el mapa y contesta las siguientes preguntas. *(Try to use the subjunctive.)*

Si vas al número ①, ¿dónde piensas empezar tu recorrido? ¿Quiénes vivieron aquí? ¿Qué crees que les pasó? ¿Qué esperas ver aquí? Ahora pasas al número ②. ¿Dónde crees que estés ahora? ¿Cuál es la pirámide más grande? ¿Cuánto mide? ¿Cuál otra pirámide ves aquí? ¿Cómo llamaban los aztecas a esta ciudad? De aquí pasas al número ③ y luego al número ④. ¿Dónde has estado? ¿Qué sabes de estos lugares?

31 EJERCICIO DE COMPOSICIÓN

Vas a escribir un reporte sobre un viaje a tu museo favorito. Tienes que decirnos: 1. ¿Con quién fuiste? 2. ¿Cuándo fuiste? 3. ¿A qué museo fuiste? 4. ¿Por qué fuiste a ese museo? 5. ¿Cómo es el museo? 6. ¿Cuál es tu exhibición favorita? 7. ¿Por qué? 8. ¿Qué culturas antiguas viste? 9. ¿Cuál es tu favorita? 10. ¿Qué sabes de esta cultura? ¿Y de su historia? ¿Y de su arte? ¿Y de sus artesanías?

VOCABULARIO

1–12
la **antropología** anthropology
el **apunte** note
el **aspecto** aspect
el **azteca, la a.** Aztec
la **construcción** construction
la **conferencia** conference
la **cultura** culture
la **exhibición** exhibition
la **explicación** explanation
la **fama** fame, reputation
la **gloria** glory
la **información** information
la **investigación** research, investigation
la **librería** bookstore
la localización location
la maqueta scale model
la **orientación** orientation
la **página** page
la **sala** room
el **servicio** service
el **significado** importance, meaning
 Tenochtitlán ancient Aztec capital (stood where Mexico City stands today)

cultural cultural
espacioso,-a spacious, big
innumerable countless
prehispánico,-a pre-Hispanic, before the Spanish conquest
permanente permanent, constant
reconocido,-a recognized

acompañar to accompany
contener to contain, hold
establecer(se) to settle, establish
explicar to explain
inaugurar to inaugurate, open (to the public)

en particular in particular
poner atención to pay attention

¿Cuándo es que a ti no se te olvida algo? When is it that you don't forget something?

que conozcan you (pl.) to know, that you know
que hagan that you (pl.) will do
que (los alumnos) hagan them (the students) to do, that they (the students) do
que (todos) oigan that you (all) listen
que pongas atención you (fam.) to pay attention, that you pay attention
que pueda that I can
que puedan that (you) will be able
que salgan them to leave, that they leave
que (todos) tengan that you (all) have
que tomen them to take, that they take
que me traigan that you (pl.) bring me
que vean you (pl.) to see, that you see
que vengan them to come, that they come

13–31
el **astro** star, heavenly body
la batalla battle
la **belleza** beauty
el **calendario** calendar
el **caracol** snail, shell
el **castillo** castle (a Mayan ruin at Chichén-Itzá)
la **causa** cause, reason
el Chac-Mool famous statue
la **civilización** civilization
el **emperador** emperor
la **emperatriz** empress
el **gigante, la g.** giant
el guerrero,-a warrior
el **imperio** empire
la inscripción inscription
la **luna** moon
el mandatario,-a leader, chief executive
 Mitla ancient site near Oaxaca
 Monte Albán ancient city near Oaxaca
la **pirámide** pyramid
el poder power
la **responsabilidad** responsibility
el **templo** temple
el tolteca, la t. Toltec (member of an ancient pre-Columbian civilization)
 Tula ancient city of the Toltecs, near Mexico City
la tumba tomb

animadamente excitedly
valiente brave, courageous

administrar to administer, manage
ceder to hand over, yield
conquistar to conquer
insistir (en) to insist (on)
pasar to go, pass
sacrificar to sacrifice

de repente suddenly
de verdad for real
para que so that
se le ocurre (he) thinks of something

que (me) des that you give (me)
que...esté that (everyone) (will) be; that (she) spend (time)
que sea that (he) be
que (tú) seas you (fam.) to be, that you be
que (ella) sepa for (her) to know, that (she) know
que vaya that (she) go

Los mexicano-americanos

1 El plan ⊗

Varios estudiantes mexicano-americanos deciden trabajar en un proyecto sobre los mexicano-americanos en el Suroeste de los Estados Unidos. Lo van a hacer para la clase de español de su escuela en Los Ángeles, California.

1

2

HÉCTOR ¿Dónde podré buscar los datos históricos que necesito?

NINA Podemos ir a la biblioteca de la escuela y a la biblioteca pública.

DELIA Claro. Allí podemos usar los diccionarios y las enciclopedias. Y la biblioteca pública tiene una sección de libros históricos.

JULIO También tiene una sección de libros para referencia. Aunque no se pueden sacar, podemos sacar copias de los datos.

TOMÁS Yo puedo dibujar cualquier mapa que sea necesario. Y si quieren algún dibujo, también puedo.

NINA Y yo puedo sacar fotografías y revelar las que tomemos en blanco y negro, en mi cuarto oscuro.

HÉCTOR También podemos escribirle al gobierno federal para las estadísticas que usemos. Y, ¿por qué no le escribimos a otras escuelas en los distintos estados del Suroeste? Nos podrían mandar fotos para ilustrar el artículo.

NINA Bien, nos reuniremos en dos semanas para ver los resultados de nuestros esfuerzos.

2 Contesten las preguntas.

1. ¿En qué van a trabajar los estudiantes?
2. ¿Dónde podrán buscar los datos?
3. ¿Qué podrán usar en la biblioteca?
4. Como no pueden sacar los libros de referencia, ¿qué podrán hacer con ellos?

5. ¿Qué puede hacer Tomás? ¿Y Nina?
6. ¿Adónde podrán escribir para obtener las estadísticas? ¿Y las fotografías?
7. ¿Cuándo se van a reunir otra vez?
8. ¿Para qué?

3 ¿Y tú?

1. ¿Sobre qué podrías hacer un proyecto?
2. ¿Dónde podrías encontrar los datos que necesites?
3. ¿Lo harías con fotografías sólo, o con

mapas y dibujos? ¿Por qué?
4. ¿Quiénes crees que podrían ayudarte?
5. ¿Dónde podrían obtener las estadísticas que necesiten?

4 PRÁCTICA ORAL ⊗

242   EL MUNDO DE LA JUVENTUD

5 En la biblioteca ⊗

6 Contesten las preguntas.

1. ¿Dónde están Tato y Lola?
2. ¿Qué quiere saber Tato?
3. ¿Qué palabra quiere buscar Tato?

4. ¿Por qué está Lola enojada?
5. ¿Qué les dice la señora que trabaja en la biblioteca?

7 PRÁCTICA ORAL ⊗

8 Expresiones útiles ⊗

¿Adónde llevo los libros para sacarlos?

Olvidé mi tarjeta.

¿Cuál es la sala de lectura?

¿Dónde devuelvo los libros?

¿A qué hora cierra?

¿A qué hora abre la biblioteca?

¿Dónde están las revistas?

9 REVIEW OF THE INDICATIVE AND THE SUBJUNCTIVE MOODS

1. The following chart shows how to form the present tenses of the indicative and subjunctive moods of regular **-ar, -er,** and **-ir** verbs.

Infinitive	Indicative: Present Tense	Subjunctive: Present Tense
hablar	hablo	hable
	hablas	hables
	habla	hable
	hablamos	hablemos
	hablan	hablen
comer	como	coma
	comes	comas
	come	coma
	comemos	comamos
	comen	coman
vivir	vivo	viva
	vives	vivas
	vive	viva
	vivimos	vivamos
	viven	vivan

2. The following chart shows how to form the present tense of the indicative and subjunctive moods of stem-changing verbs.

	GROUP 1	
Infinitive	Indicative: Present Tense	Subjunctive: Present Tense
cerrar (ie)	cierro	cierre
	cierras	cierres
	cierra	cierre
	cerramos	cerremos
	cierran	cierren
contar (ue)	cuento	cuente
	cuentas	cuentes
	cuenta	cuente
	contamos	contemos
	cuentan	cuenten
perder (ie)	pierdo	pierda
	pierdes	pierdas
	pierde	pierda
	perdemos	perdamos
	pierden	pierdan
volver (ue)	vuelvo	vuelva
	vuelves	vuelvas
	vuelve	vuelva
	volvemos	volvamos
	vuelven	vuelvan

Notice that the verbs in Group I that undergo a stem-change in the present of the indicative have the same change in the present of the subjunctive. Remember that the **nosotros,-as** form does not have this stem-change: **cerramos, cerremos, contamos, contemos, perdemos, perdamos, volvemos, volvamos.**

GROUP II		
Infinitive	Indicative: Present Tense	Subjunctive: Present Tense
sentir (ie, i)	**siento**	**sienta**
	sientes	**sientas**
	siente	**sienta**
	sentimos	**sintamos**
	sienten	**sientan**
dormir (ue, u)	**duermo**	**duerma**
	duermes	**duermas**
	duerme	**duerma**
	dormimos	**durmamos**
	duermen	**duerman**

Notice that in Group II all of the verbs are **-ir** verbs. All **-ir** verbs that change from **e** to **ie** and from **o** to **ue** in the present of the indicative have the same changes in the present of the subjunctive. In addition, the **e** changes to **i,** and the **o** changes to **u** in the **nosotros, -as** form of the present of the subjunctive: **sintamos, durmamos.**

GROUP III		
Infinitive	Indicative: Present Tense	Subjunctive: Present Tense
medir (i)	**mido**	**mida**
	mides	**midas**
	mide	**mida**
	medimos	**midamos**
	miden	**midan**

Notice that in Group III all of the verbs are **-ir** verbs. All **-ir** verbs that change from **e** to **i** in the present of the indicative have the same stem-change in the present of the subjunctive. In addition, the **nosotros,-as** form undergoes the same stem-change in the present of the subjunctive: **midamos, pidamos.**

3. Remember that you have learned to use the subjunctive:
   a. to express a doubt, a feeling, a belief, a request.
      Dudo que ella **escriba** hoy.   Él **quiere que** tú lo **compres.**
   b. to express an indirect command.
      Que haga ella el reporte.   **Que terminen** para mañana.
   c. to express the idea *let's...*.
      Hagamos este reporte hoy.   **Consideremos** nuestra herencia.
   d. to express the positive and the negative formal commands, and to express the negative familiar command.
      Escriba(n) usted(es) el reporte.   **No escriba(n) usted(es)** el reporte.
      No escribas tú el reporte.   **No hagas tú** esto.

10 ¿Qué crees que Nina quiera? ⊗

¿Dibujo el mapa?
¿Le escriben al gobierno?
¿Revelamos las fotos?
¿Tomás lee el libro de historia?
¿Delia y tú usan la enciclopedia?
¿Te reúnes con Héctor?

Nina quiere que dibujes el mapa.
Nina quiere que le escriban al gobierno.

11 Julio se alegra de lo que le dicen. ⊗

Nina toma las fotos.
Héctor y yo trabajamos juntos.
Yo nunca interrumpo su trabajo.
Ella te permite usar sus libros.
A Tomás le gusta mucho dibujar.
Ellos prometen el trabajo en dos semanas.
Él piensa contar todo sobre México.

Me alegro que Nina tome las fotos.
Me alegro que Héctor y tú trabajen juntos.

12 ¿Qué espera Delia? ⊗

¿Se sientan a escribir?
¿Sueñas con el proyecto?
¿Cuento todas las páginas?
¿Comienzo el dibujo?
¿Vuelven ellas aquí mañana?
¿Puedo empezar a escribir?
¿Mides el tamaño de las fotos?
¿Pide ella más información?

Delia espera que se sienten a escribir.
Delia espera que sueñe con el proyecto.

13 ¿Qué crees? ⊗

¿Crees que Héctor va a pedir la información?
¿Crees que ellos van a entender todo?
¿Crees que yo voy a recordar eso?
¿Crees que vamos a repetir lo mismo?
¿Crees que ellos van a cerrar temprano?
¿Crees que él va a encontrar los detalles?
¿Crees que yo voy a perder la oportunidad?

No, no creo que pida la información.
No, no creo que entiendan todo.

14 EJERCICIO ESCRITO

Write out the answers to Exercises 10, 11, 12, and 13.

15 EJERCICIO DE COMPRENSIÓN ⊗

	0	1	2	3	4	5	6	7	8	9	10
Indicative											
Subjunctive	√										

16 Los datos de Héctor sobre Aztlán ⊗

Según la tradición, nuestros antepasados° aztecas vienen de Aztlán, el país mítico que quedaba al noreste de México, en la Alta California. De allá, los aztecas (o mexicas) cruzaron lo que hoy es el suroeste de los Estados Unidos e invadieron el Valle de México. Allí, en 1325, ellos fundaron la ciudad de Tenochtitlán, donde hoy se encuentra la Ciudad de México. Los aztecas desarrollaron° aquí una gran civilización del siglo XIV hasta la conquista española en 1519. Por esta razón los mexicano-americanos somos descendientes de los habitantes de Aztlán, que quedaba en lo que hoy es el Suroeste de los Estados Unidos. Pero nuestra herencia de Aztlán ha sido modificada por las otras influencias que nos afectaron después: primero española, luego mexicana y, por último,° americana.

PALABRAS ADICIONALES: el antepadaso,-a: *ancestor;* desarrollar: *to develop;* por último: *lastly*

17

After Hernan Cortes conquered the Aztec Empire in 1519, the Spaniards called the new country Virreinato de Nueva España. *This area extended from what is today Mexico, south to include some of the Central American countries; and north to the high valley of the Rio Grande, New Mexico, Texas, and southern Arizona. But* Nueva España *was not the only area under Spanish rule in the Americas. The following map shows that the southern part of the United States belonged to Spain at the end of the eighteenth century. The Spanish Empire in the Americas also included Florida and the Caribbean islands of Cuba, Santo Domingo, and Puerto Rico, the rest of Central America, and the north and west of South America, to the tip of Argentina and Chile.*

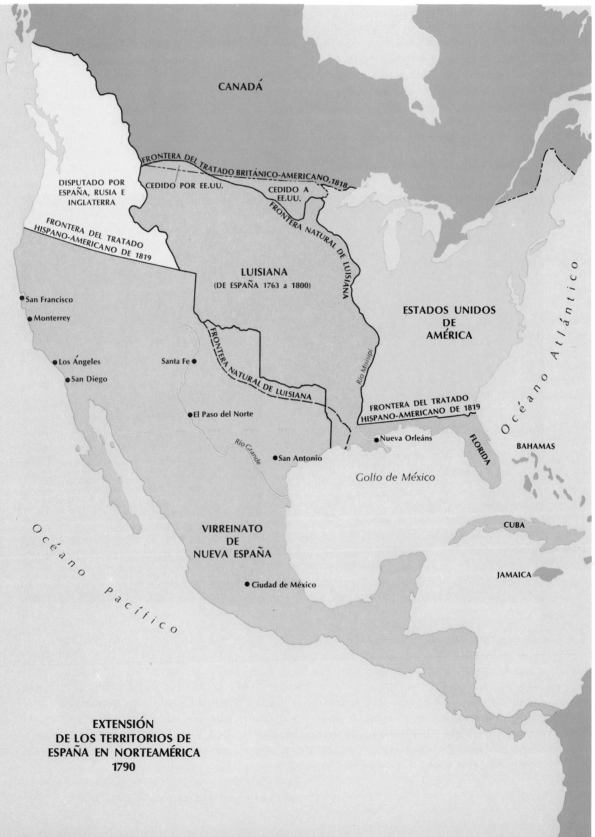

CANADÁ

DISPUTADO POR
ESPAÑA, RUSIA E
INGLATERRA

FRONTERA DEL TRATADO BRITÁNICO-AMERICANO, 1818

CEDIDO POR EE.UU.

CEDIDO A
EE.UU.

FRONTERA NATURAL DE LUISIANA

FRONTERA DEL TRATADO
HISPANO-AMERICANO DE 1819

LUISIANA
(DE ESPAÑA 1763 a 1800)

ESTADOS UNIDOS
DE
AMÉRICA

Océano Atlántico

●San Francisco

●Monterrey

●Los Ángeles

Santa Fe ●

FRONTERA NATURAL DE LUISIANA

Río Misisipí

●San Diego

●El Paso del Norte

Río Grande

FRONTERA DEL TRATADO
HISPANO-AMERICANO DE 1819

●San Antonio

●Nueva Orleáns

FLORIDA

BAHAMAS

Golfo de México

Océano Pacífico

VIRREINATO
DE
NUEVA ESPAÑA

CUBA

JAMAICA

●Ciudad de México

EXTENSIÓN
DE LOS TERRITORIOS DE
ESPAÑA EN NORTEAMÉRICA
1790

19 Preparando las páginas ⊗

JULIO ¡Qué belleza las fotografías que nos han mandado! Tenemos de varias ciudades y pueblos de Texas, Nuevo México, Arizona y Colorado.

NINA Y ya yo recibí las que tomé en colores, en California.

DELIA Bueno, vamos a colocarlas sobre las páginas para medir el espacio y ver cómo quedan.

HÉCTOR De las mejores podíamos hacer ampliaciones, ¿no creen?

TOMÁS Depende del texto que lleven. No olvides que hay que identificarlas.

FLORA Necesitamos escribir el texto. Héctor, tú eres buen mecanógrafo y nos puedes ayudar en esto.

TOMÁS Espérate un momento, Flora. El trabajo es divertido, pero hay que hacerlo con mucho cuidado. Vamos a hacer una lista de las cosas que necesitamos.

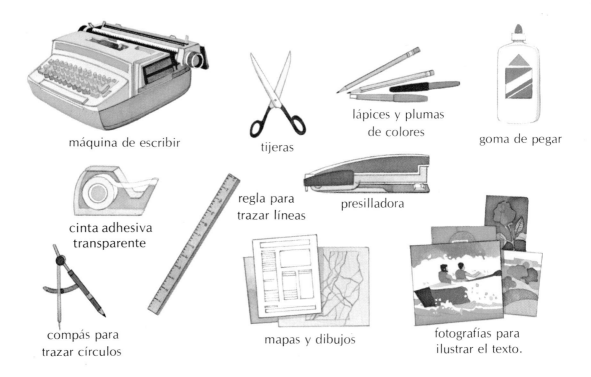

máquina de escribir

tijeras

lápices y plumas de colores

goma de pegar

cinta adhesiva transparente

regla para trazar líneas

presilladora

compás para trazar círculos

mapas y dibujos

fotografías para ilustrar el texto.

20 Contesten las preguntas.

1. ¿De qué estados americanos les han mandado fotografías?
2. ¿Dónde tomó Nina sus fotografías?
3. ¿Dónde van a colocar las fotos?
4. ¿Para qué?
5. ¿Qué pueden hacer con las mejores fotos?
6. ¿Qué es Héctor?
7. ¿Qué necesitan para hacer dibujos?
8. ¿Con qué van a ilustrar el artículo?
9. ¿Qué usarán para pegar las fotos?
10. ¿Y para trazar líneas y círculos?
11. ¿Qué usarán para cortar?

21 ¿Y tú?

1. ¿Cuántas fotos pondrías en una página?
2. ¿De cuántas pulgadas serían tus mejores fotos?
3. ¿Y las demás fotos?
4. ¿Tus dibujos y mapas serían a color o en blanco y negro? ¿Por qué?
5. ¿Para qué usarías la cinta adhesiva?

22 PRÁCTICA ORAL ⊗

23 THE SPELLING-CHANGING VERBS

1. In Unit 32 you learned about the verbs that end in **-car, -gar,** and **-zar.** These are **-ar** verbs that have a spelling change in the stem before adding an ending that begins with the vowel **e.** This change occurs in the **yo** form of the preterit tense in the indicative mood: **busqué, llegué,** and **empecé.**

The following chart shows that these verbs have the same spelling change in all the present-tense forms of the subjunctive mood.

Infinitive	Spelling Change	Indicative: Preterit-Tense **yo** Form	Subjunctive: Present Tense
bus**c**ar	**c** to **qu**	bus**qué**	bus**que** bus**que**s bus**que** bus**que**mos bus**que**n
lle**g**ar	**g** to **gu**	lle**gué**	lle**gue** lle**gue**s lle**gue** lle**gue**mos lle**gue**n
empe**z**ar	**z** to **c**	empe**cé**	empie**c**e empie**c**es empie**c**e empe**c**emos empie**c**en

2. You also learned about the verbs that end in **-cer, -cir, -ger, -gir,** and **-guir.** These are **-er** and **-ir** verbs that have a spelling change in the stem before adding an ending that begins with the vowels **o** or **a.** This change occurs in the **yo** form of the present tense in the indicative mood: **conozco, conduzco, recojo, dirijo, sigo.**

The following chart shows that these verbs have the same spelling change in all the present-tense forms of the subjunctive mood.

Infinitive	Spelling Change	Indicative: Present-Tense yo Form	Subjunctive: Present Tense
conocer	c to zc	conozco	conozca conozcas conozca conozcamos conozcan
recoger	g to j	recojo	recoja recojas recoja recojamos recojan
seguir	gu to g	sigo	siga sigas siga sigamos sigan

24 ¿Qué prefiere Delia? ⊗

¿Busco la presilladora?   Delia prefiere que busques la presilladora.
¿Pegamos las fotografías?   ¿Colocan el mapa?   ¿Paga por las tijeras nuevas?   ¿Empiezo a escribir a máquina?   ¿Almorzamos antes de ir a la biblioteca?

25 Nina sabe lo que Julio quiere que hagan. ⊗

¿Vas a escoger los dibujos?   Sí, Julio quiere que yo escoja los dibujos.
¿Héctor va a corregir el texto?   ¿Vamos a recoger los libros?   ¿Por fin van a conocer a Teresa?   ¿Ellos van a llegar hoy?   ¿Vas a seguir trabajando?

26 EJERCICIOS ESCRITOS

A. *Write out the answers to Exercises 24 and 25.*
B. *Rewrite the following sentences, using the appropriate present-subjunctive form of the verb in parentheses.*
Nina duda que Julio (llegar) antes de las diez. Delia se alegrará mucho que Héctor (empezar) a trabajar con nosotros. Es necesario que nosotros (seguir) trabajando por la tarde. ¿No crees que ellos (conocer) a Teresa? Es mejor que tú (dirigir) a los muchachos nuevos. ¿No piensas que ella (colocar) bien las fotos en la página? Nina quiere que nosotros (apagar) las luces antes de irnos. Tomás prefiere que yo (escoger) los colores de los mapas.

Misión El Álamo, construida por los españoles en San Antonio, Texas

Puente internacional entre México y los Estados Unidos, en Laredo, Texas

Muchacha mexicana-americana retratada en el campo

Toda la familia está en el picnic. Hasta la abuelita.

Celebrando una posada navideña en Los Ángeles, California

Estatua a los frailes misioneros españoles, protectores de los indios.

Creo la tomé en Albuquerque, Nuevo México.

8

9

Mi primo Ramón en San Francisco, California

10

11

12

Arquitectura colonial española (rejas, tejas y arcos) en Los Ángeles

28 Los datos de Nina sobre la época° colonial ⊗

España gobernó el área que es hoy el Suroeste americano. Fue parte del Virreinato de Nueva España hasta 1821, más de 300 años después de la conquista de los aztecas. Durante estos tres siglos los colonizadores trajeron a estos territorios su idioma° español, su religión, sus leyes,° y sus conocimientos° de agricultura y comercio.° También trajeron el caballo, la vaca, y muchos otros animales; y la papa, el trigo, el arroz, el azúcar, la naranja, el olivo, el plátano y muchas otras plantas. España dominaba el Sur de los Estados Unidos durante nuestra Guerra° de Independencia y le declaró la guerra a Inglaterra en 1779, para obligarla° a reconocer° la independencia de las Trece Colonias Americanas. Bernardo Gálvez, el joven gobernador español de Luisiana, con la ayuda de soldados° voluntarios—mexicanos entre otros muchos— derrotó° a los ingleses en el Sur. Él capturó las ciudades de Natchez, Baton Rouge y Pensacola. Y terminó el poder° inglés en lo que ahora son los estados de la Florida, Alabama, Mississippi y Louisiana. En su honor se han nombrado dos ciudades de Texas: Galveston y Galvez. Durante la época del Congreso Continental los primeros billetes de banco prometían el equivalente de la cantidad° del billete en moneda española. Por ejemplo: los billetes del gobierno° revolucionario° de Virginia en 1776 garantizaban *eight Spanish milled dollars*. En otro billete de Rhode Island, de 1786, dice: *the possessor of this bill shall be paid twenty Spanish milled dollars.*

PALABRAS ADICIONALES: la época: *era, epoch*; el idioma: *language*; la ley: *law*; el conocimiento: *knowledge*; el comercio: *business*; la guerra: *war*; obligar: *to force*; reconocer: *to recognize*; el soldado,-a: *soldier*; derrotar: *to defeat*; el poder: *power*; la cantidad: *quantity*; el gobierno: *government*; revolucionario,-a: *revolutionary*

29 Celebrando el fin del proyecto ⊗

JULIO   Creo que nos quedó muy bien el proyecto, ¿no creen?

NINA   Sí, especialmente con las fotos y los dibujos. Pero hay ciertas cosas nuestras que me gustaría señalar.

DELIA   Es verdad. Yo diría que aunque seamos primera o sexta generación americanos, como nuestros antepasados, siempre tenemos ciertos lazos que nos unen a la cultura hispana-mexicana.

1

30 PRÁCTICA ORAL ⊗

31 Personas de origen hispano en los EE.UU.

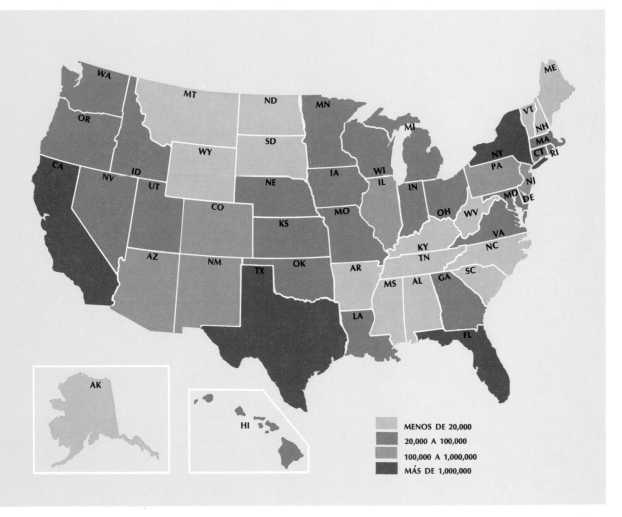

MENOS DE 20,000
20,000 A 100,000
100,000 A 1,000,000
MÁS DE 1,000,000

32 Los mexicano-americanos en los Estados Unidos ⊗

Desde 1848, miles de mexicanos se quedaron viviendo en los antiguos territorios mexicanos que ahora pertenecían° a los Estados Unidos. Muchos de éstos se convirtieron en ciudadanos° americanos, de acuerdo con° el Tratado° de Guadalupe-Hidalgo entre México y los Estados Unidos. Algunos eran descendientes de los españoles de Nueva España, que llegaron a estas tierras cuando España dominaba el Nuevo Mundo. Muchos más también tenían raíces° indias, siendo descendientes de los habitantes que vivían en este territorio que fue anteriormente° de México. Desde 1848, el inglés ha sido el nuevo idioma oficial. Muchos son bilingües° y hablan inglés y español. Hoy hay millones de mexicano-americanos en los antiguos territorios mexicanos que ahora son los estados de California, Nevada, Utah, Arizona, Nuevo México, Colorado y Texas. Vemos en el mapa que no es sólo en el Suroeste donde encontramos grandes números de personas de origen hispánico. Pero no olvidemos que en el Suroeste más del 90% de los hispanos son mexicano-americanos, séase,° americanos de ascendencia° y raíces mexicanas.

PALABRAS ADICIONALES: pertenecer: *to belong;* el ciudadano,-a: *citizen;* de acuerdo con: *in accord with;* el tratado: *treaty;* la raíz: *root;* anteriormente: *previously;* bilingüe: *bilingual;* séase: *that is;* la ascendencia: *ancestry*

33 EJERCICIO DE CONVERSACIÓN

Vas a hablarle a la clase sobre los hispanos que se encuentran en los Estados Unidos. Vas a tener que ir a la biblioteca para conseguir mucha de la información.
1. ¿Cuántos hispanos viven en los Estados Unidos?   2. ¿En qué partes del país viven la mayoría de los hispanos?   3. ¿Qué sabes de los orígenes de los mexicano-americanos? 4. ¿En qué estados se encuentran los mexicano-americanos?   5. ¿Qué sabes de los hispanos en la ciudad de Nueva York?   6. ¿De dónde viene la mayoría de los hispanos de Nueva York?   7. ¿Qué sabes de los hispanos en Miami?   8. ¿En qué otras partes del país viven muchos hispanos?

34 EJERCICIO DE COMPOSICIÓN

Choose one of the following, and use the subjunctive mood wherever possible.

A. Escribe un reporte sobre el país de Venezuela. 1. ¿Dónde está Venezuela? 2. ¿De dónde viene el nombre Venezuela? 3. ¿Quiénes descubrieron Venezuela? 4. ¿Qué vieron cuando entraron a Sinamaica? 5. ¿Qué indígenas viven en Sinamaica aún? 6. ¿Dónde está la ciudad de Maracaibo? 7. ¿Por qué es famoso el Lago de Maracaibo? 8. ¿Qué es el oro negro? 9. ¿Cuál es la capital de Venezuela? 10. ¿Cómo es esta ciudad?

B. Vas a describir algunas de las artesanías de Venezuela. 1. ¿Quiénes son los guajiros? 2. ¿Dónde está la Guajira? 3. ¿Qué clase de artesanía se encuentra en la Guajira? 4. ¿Quién dirige la confección del tapiz en la familia guajira? 5. ¿Qué hacen los hombres? ¿Y los niños?

C. Escribe una carta a un(-a) amigo(-a). Le tienes que contar sobre una visita que tú hiciste al Museo de Antropología de la Ciudad de México. 1. ¿En qué parte de la ciudad está el museo? 2. ¿Cuándo fuiste? 3. ¿Con quién fuiste? 4. ¿Qué aprendiste sobre Teotihuacán? 5. ¿Qué viste en la sala Tolteca? 6. En la sala de Oaxaca, ¿qué ves? 7. ¿Dónde está el calendario azteca? ¿Qué sabes del calendario?

D. Tienes que hacer un proyecto para tu clase sobre los mexicano-americanos. 1. ¿Dónde vas a buscar la información? 2. ¿Qué parte de la biblioteca usarás? 3. ¿Adónde escribirás para recibir más información? 4. ¿Qué información recibes sobre Aztlán? 5. ¿Qué información recibes sobre Hernán Cortés?

1–18

el **artículo**   *article (written work)*
el cuarto oscuro   *darkroom*
el **diccionario**   *dictionary*
la **enciclopedia**   *encyclopedia*
el **esfuerzo**   *effort*
las **estadísticas**   *statistics*
la **extensión**   *stretch, extension*
el **gobierno**   *government*
    Luisiana   *Louisiana*
    Nueva Orleáns   *New Orleans*
el **proyecto**   *project*
la **referencia**   *reference*
el **resultado**   *result*
la **revista**   *magazine*
la **sección**   *section*
el **tratado**   *treaty*
el **virreinato**   *viceroyalty*

disputado,-a   *disputed*
federal   *federal*
histórico,-a   *historic*
público,-a   *public*
tonto,-a   *silly*

buscar   *to look up, look for*
devolver (ue)   *to return, give back*
dibujar   *to draw*
ilustrar   *to illustrate*
revelar   *to develop (photos)*
sacar   *to take out, borrow*

sacar copias   *to make copies*
sacar **fotografías**   *to take photos*

¡Qué **fresco,-a!**   *What nerve! How fresh!*

19–26

la **cinta adhesiva transparente**   *adhesive tape*
la **ampliación**   *enlargement*
el **círculo**   *circle*
el **compás**   *compass*
el **espacio**   *space*
la **goma de pegar**   *glue*
la **máquina de escribir**   *typewriter*
el **mecanógrafo,-a**   *typist*
    Nuevo México   *New Mexico*
la **presilladora**   *stapler*
el **texto**   *text*
las **tijeras**   *scissors*

depender (de)   *to depend (on)*
identificar   *to identify*
trazar   *to draw, trace*

27–34

el álbum de recortes   *scrapbook*
el **arco**   *arch*
la **estatua**   *statue*
el fraile   *friar*
el **lazo**   *bond, tie*
la **misión**   *mission*
el **misionero,-a**   *missionary*
el **protector,-a**   *protector*
la **reja**   *bar, wrought iron grille*
la **teja**   *(roof) tile*

retratado,-a   *photographed*

unir   *to unite, join*

South America

In the continent of South America there are nine Spanish-speaking republics: Venezuela, Colombia, Ecuador, Peru, Bolivia, Chile, Paraguay, Uruguay, and Argentina. Practically all of the countries of South America are extremely mountainous. In these mountains there are large natural reserves of copper, iron ore, gold, silver, and countless other minerals. Venezuela is a leading exporter of oil and oil byproducts. Colombia is rich in emeralds. Argentina, with vast grazing lands, exports meat, cereal, and wool.

The most famous conquistador of South America was Francisco Pizarro. In 1510 Pizarro went to Panama to accompany Balboa to the Pacific coast. Pizarro had heard of a great golden empire in the south. Encouraged by the great accomplishments of Cortés, Pizarro sought the fabled cities of gold. In 1532 Pizarro reached the city of Coxamarca, and took prisoner the Inca ruler Atahualpa. Soon after this, the Inca Empire fell.

In Chile, the Spanish encountered their most difficult adversaries, the Araucanian

Indians. In 1539 Pizarro named Pedro de Valdivia lieutenant governor of the yet-unconquered Chilean territories. Valdivia began his arduous march of conquest, and founded the cities of Santiago and Concepción. His conquest, however, was never complete. The story goes that the Araucanians captured Valdivia, tied him to a tree, and killed him by pouring melted gold down his throat.

Plate 27

In the nineteenth century, in South America, two very important personages emerged as leaders of the independence movement: Simón Bolívar and José San Martín. Bolívar was responsible for the independence of Venezuela, Colombia, Ecuador, and the upper regions of Peru, named Bolivia in his honor. San Martín was responsible for the independence of Chile and Argentina. By the end of the nineteenth century Spain had lost control of all American territories, and strong, modern, independent nations emerged.

Plate 29

Today, the future of the countries of South America holds as much enchantment and promise as it did for the Spanish conquistador. It is a land rich in culture and tradition, blessed with numerous natural resources. There are, for example, the Catavi tin mines in Bolivia—the world's largest tin mines—and the María Elena nitrate fields in Chile. There are oil fields not only in Venezuela, but also in Colombia and Argentina. There are rich farm lands and plantations that produce rice, corn, coffee, and provide grazing land for livestock. And there are the miles of coastline making the treasures of the sea another source of great wealth.

Plate 31

Plate 32

Grammatical Summary

Grammatical Summary

Articles

	Definite Articles			Indefinite Articles	
	Masculine	*Feminine*		*Masculine*	*Feminine*
Singular Plural	<u>el</u> chico <u>los</u> chicos	<u>la</u> chica <u>las</u> chicas	*Singular* Plural	<u>un</u> chico <u>unos</u> chicos	<u>una</u> chica <u>unas</u> chicas

Contractions of the Definite Article

a + el → al
de + el → del

Adjectives

Adjectives That End in −o

	Masculine	*Feminine*
Singular Plural	chico <u>alto</u> chicos <u>altos</u>	chica <u>alta</u> chicas <u>altas</u>

Adjectives That End in −e

	Masculine	*Feminine*
Singular Plural	chico <u>inteligente</u> chicos <u>inteligentes</u>	chica <u>inteligente</u> chicas <u>inteligentes</u>

Adjectives That End in a Consonant

	Masculine	*Feminine*
Singular	chico <u>menor</u>	chica <u>menor</u>
Plural	chicos <u>menores</u>	chicas <u>menores</u>

Adjectives of Nationality

	Masculine	*Feminine*
Singular	chico <u>francés</u>	chica <u>francesa</u>
Plural	chicos <u>franceses</u>	chicas <u>francesas</u>

Shortening of Adjectives Before a Masculine Singular Noun

alguno	algún chico
bueno	buen chico
malo	mal chico
primero	primer chico
tercero	tercer chico
ninguno	ningún chico

Demonstrative Adjectives

	este			ese	
	Masculine	*Feminine*		*Masculine*	*Feminine*
Singular *Plural*	este chico estos chicos	esta chica estas chicas	*Singular* *Plural*	ese chico esos chicos	esa chica esas chicas

aquel		
	Masculine	*Feminine*
Singular	aquel chico	aquella chica
Plural	aquellos chicos	aquellas chicas

Possessive Adjectives: Short Forms

mi hijo, mi hija mis hijos, mis hijas	nuestro hijo, nuestra hija nuestros hijos, nuestras hijas
tu hijo, tu hija tus hijos, tus hijas	
su hijo, su hija sus hijos, sus hijas	

Possessive Adjectives: Long Forms

hijo mío, hija mía hijos míos, hijas mías	hijo nuestro, hija nuestra hijos nuestros, hijas nuestras
hijo tuyo, hija tuya hijos tuyos, hijas tuyas	
hijo suyo, hija suya hijos suyos, hijas suyas	

Comparatives

Comparisons of Unequal Quantities

$$\left.\begin{array}{l} \text{más} \\ \text{menos} \end{array}\right\} + \text{que}$$

Note: Spanish has four irregular comparative adjectives: **mejor, peor, menor, mayor.**

Comparisons of Equal Quantities

$$\text{tan} + \begin{Bmatrix} adjective \\ adverb \end{Bmatrix} + \text{como}$$

tanto, –a + {singular noun} + como
tantos, –as + {plural noun} + como
tanto + como

Superlatives

Adjective (with final vowel dropped) + **–ísimo (–a, –os, –as)**

Demonstratives: Neuter

esto   eso   aquello

Pronouns

Subject Pronouns	Direct Object Pronouns	Indirect Object Pronouns	Reflexive Pronouns	Objects of Prepositions
yo	me	me	me	mí**
tú	te	te	te	ti**
él, ella, Ud.	lo, la	le*	se	él, ella, Ud.
nosotros, –as	nos	nos	nos	nosotros, –as
ellos, ellas, Uds.	los, las	les*	se	ellos, ellas, Uds.

*Note: **Se** replaces **le** and **les** before **lo, los, la, las.**
Note: With the preposition **con, the forms **conmigo** and **contigo** are used.

Position of Object Pronouns

Indirect and direct object pronouns are placed immediately before the conjugated verb. When both object pronouns are used, the order is indirect object pronoun followed by direct object pronoun.

Me dio la red.   **No me la dio.**

When object pronouns are used with familiar or polite positive commands, the object pronouns are placed immediately after the verb, and are written as a single word.

Véndaselo.   **Ponlo aquí.**

Object pronouns may either be attached to the end of an infinitive form or precede the conjugated verb.

Voy a venderla.   **La voy a vender.**   **Voy a vendérselo.**

When object pronouns are used with a present participle, the object pronouns may be attached to the end of the present participle or precede the conjugated verb.

Estoy hablándote.   **Te estoy hablando.**

Possessive Pronouns

	Masculine		Feminine	
	Singular	Plural	Singular	Plural
mine	el mío	los míos	la mía	las mías
yours (fam.)	el tuyo	los tuyos	la tuya	las tuyas
his, hers yours (pol. pl.) } theirs	el suyo	los suyos	la suya	las suyas
ours	el nuestro	los nuestros	la nuestra	las nuestras

Demonstrative Pronouns

	Masculine	Feminine
this (one) these	éste éstos	ésta éstas
that (one) those	ése ésos	ésa ésas
that (one) those	aquél aquéllos	aquélla aquéllas

Relative Pronouns

The two relative pronouns in Spanish are **que** and **quien(es)**.
Que can refer to persons and things:

> **La chica que llamó es mi prima.**
> **Van a la iglesia que está cerca de la casa.**

Quien(es) only refers to persons and is used after prepositions:

> **La chica con quien hablo es mi prima.**
> **Los chicos con quienes trabajo viven allí.**

The relative pronoun is never omitted in Spanish.

Negation

Negative Words

Affirmative	Negative Counterpart
sí	no
algo	nada
alguien	nadie
alguno	ninguno
algunas veces	nunca, jamás
también	tampoco
o...o...	ni...ni...

A negative word may be placed before a verb: **Nadie viene.** A negative word may also follow a verb. If it does, **no** or another negative word must appear before the verb: **No viene nadie.**

Word Order

The most common word order for a simple sentence in Spanish is:
subject, negative word, indirect object, direct object, verb, complements

Yo	**no**	**se**	**lo**	**di**	**ayer.**

Yo no se lo di ayer.

In a question the word order is usually:
question word (subject), negative word, indirect object, direct object, verb, complements

¿Quién	**no**	**me**	**lo**	**dio**	**ayer?**

¿Quién no me lo dio ayer?

In a positive command the word order is:
command + object pronouns, (subject pronouns)

Haz + me + lo (tú).
Házmelo (tú).

In a negative command, the word order is:
negative, object pronouns, command, (subject pronoun)

No	**me**	**lo**	**vendan**	**(Uds.).**

No me lo vendan Uds.

Hay

There is and *there are* are expressed in Spanish with the word **hay:**

Hay un libro en la mesa.	*There is a book on the table.*
Hay muchos estudiantes en su clase.	*There are many students in her class.*

REGULAR VERBS

Note: Chart continues across to next page. Regular verb endings are underlined.

VERB	PRESENT	PRETERIT	IMPERFECT	FUTURE
HABLAR	hablo hablas habla hablamos hablan	hablé hablaste habló hablamos hablaron	hablaba hablabas hablaba hablábamos hablaban	hablaré hablarás hablará hablaremos hablarán
COMER	como comes come comemos comen	comí comiste comió comimos comieron	comía comías comía comíamos comían	comeré comerás comerá comeremos comerán
VIVIR	vivo vives vive vivimos viven	viví viviste vivió vivimos vivieron	vivía vivías vivía vivíamos vivían	viviré vivirás vivirá viviremos vivirán

IRREGULAR VERBS

Note: Only the irregular forms of the verbs studied in *Nuestros amigos* and in *El mundo de la juventud* are given. Chart continues across to next page.

VERB	PRESENT	PRETERIT	IMPERFECT	FUTURE
ANDAR		anduve anduviste anduvo anduvimos anduvieron		
CABER	quepo cabes cabe cabemos caben	cupe cupiste cupo cupimos cupieron		cabré cabrás cabrá cabremos cabrán
CAER(SE)	caigo caes cae caemos caen	caí caíste cayó caímos cayeron		
DAR	doy das da damos dan	di diste dio dimos dieron		

CONDITIONAL	TÚ COMMAND	POLITE COMMANDS	PRESENT SUBJUNCTIVE	PARTICIPLES
hablaría hablarías hablaría hablaríamos hablarían	habla	hable hablemos hablen	hable hables hable hablemos hablen	hablado hablando
comería comerías comería comeríamos comerían	come	coma comamos coman	coma comas coma comamos coman	comido comiendo
viviría vivirías viviría viviríamos vivirían	vive	viva vivamos vivan	viva vivas viva vivamos vivan	vivido viviendo

CONDITIONAL	TÚ COMMAND	POLITE COMMANDS	PRESENT SUBJUNCTIVE	PARTICIPLES
cabría cabrías cabría cabríamos cabrían				
	–			caído cayendo
		dé demos den	dé des dé demos den	

IRREGULAR VERBS (cont.)

Chart continues across to next page.

VERB	PRESENT	PRETERIT	IMPERFECT	FUTURE
DECIR	digo dices dice decimos dicen	dije dijiste dijo dijimos dijeron		diré dirás dirá diremos dirán
ESTAR	estoy estás está estamos están	estuve estuviste estuvo estuvimos estuvieron		
HABER	he has ha hemos han	hube hubiste hubo hubimos hubieron		habré habrás habrá habremos habrán
HACER	hago haces hace hacemos hacen	hice hiciste hizo hicimos hicieron		haré harás hará haremos harán
IR(SE)	voy vas va vamos van	fui fuiste fue fuimos fueron	iba ibas iba íbamos iban	
OÍR	oigo oyes oye oímos oyen	oí oíste oyó oímos oyeron		
PODER	puedo puedes puede podemos pueden	pude pudiste pudo pudimos pudieron		podré podrás podrá podremos podrán
PONER	pongo pones pone ponemos ponen	puse pusiste puso pusimos pusieron		pondré pondrás pondrá pondremos pondrán

CONDITIONAL	TÚ COMMAND	POLITE COMMANDS	PRESENT SUBJUNCTIVE	PARTICIPLES
diría dirías diría diríamos dirían	di			dicho diciendo
		esté estemos estén	esté estés esté estemos estén	
habría habrías habría habríamos habrían				
haría harías haría haríamos harían	haz		haga hagas haga hagamos hagan	hecho
	ve	vaya vayan	vaya vayas vaya vayamos vayan	ido yendo
			oiga oigas oiga oigamos oigan	oído oyendo
podría podrías podría podríamos podrían				
pondría pondrías pondría pondríamos pondrían	pon	ponga pongamos pongan	ponga pongas ponga pongamos pongan	puesto

IRREGULAR VERBS (cont.)

Chart continues across to next page.

VERB	PRESENT	PRETERIT	IMPERFECT	FUTURE
SABER	sé sabes sabe sabemos saben	supe supiste supo supimos supieron		sabré sabrás sabrá sabremos sabrán
SALIR	salgo sales sale salimos salen			saldré saldrás saldrá saldremos saldrán
SER	soy eres es somos son	fui fuiste fue fuimos fueron	era eras era éramos eran	
TENER	tengo tienes tiene tenemos tienen	tuve tuviste tuvo tuvimos tuvieron		tendré tendrás tendrá tendremos tendrán
TRAER	traigo traes trae traemos traen	traje trajiste trajo trajimos trajeron		
VALER	valgo vales vale valemos valen			valdré valdrás valdrá valdremos valdrán
VENIR	vengo vienes viene venimos vienen	vine viniste vino vinimos vinieron		vendré vendrás vendrá vendremos vendrán
VER	veo ves ve vemos ven	vi viste vio vimos vieron	veía veías veía veíamos veían	

CONDITIONAL	TÚ COMMAND	POLITE COMMANDS	PRESENT SUBJUNCTIVE	PARTICIPLES
sabría sabrías sabría sabríamos sabrían		sepa sepamos sepan	sepa sepas sepa sepamos sepan	
saldría saldrías saldría saldríamos saldrían	sal			
	sé	sea seamos sean	sea seas sea seamos sean	
tendría tendrías tendría tendríamos tendrían	ten		tenga tengas tenga tengamos tengan	
			traiga traigas traiga traigamos traigan	traído trayendo
valdría valdrías valdría valdríamos valdrían				
vendría vendrías vendría vendríamos vendrían	ven		venga vengas venga vengamos vengan	viniendo
			vea veas vea veamos vean	visto

STEM-CHANGING VERBS

Present Indicative Tense

GROUP I		GROUP II		GROUP III
o → ue	e → ie	o → ue	e → ie	e → i
encontrar	**pensar**	**dormir**	**preferir**	**pedir**
encuentro	pienso	duermo	prefiero	pido
encuentras	piensas	duermes	prefieres	pides
encuentra	piensa	duerme	prefiere	pide
encontramos	pensamos	dormimos	preferimos	pedimos
encuentran	piensan	duermen	prefieren	piden

Preterit Tense

	o → u	e → i	e → i
	dormí	preferí	pedí
	dormiste	preferiste	pediste
	durmió	prefirió	pidió
	dormimos	preferimos	pedimos
	durmieron	prefirieron	pidieron

Present Subjunctive Tense

o → ue	e → ie	o → uc, u	e → ie, i	e → i
encuentre	piense	duerma	prefiera	pida
encuentres	pienses	duermas	prefieras	pidas
encuentre	piense	duerma	prefiera	pida
encontremos	pensemos	durmamos	prefiramos	pidamos
encuentren	piensen	duerman	prefieran	pidan

Other Similar Verbs in Each Group

GROUP I		GROUP II	GROUP III
acordarse (ue)	doler (ue)	divertirse (ie, i)	despedirse (i, i)
acostarse (ue)	empezar (ie)	morir (ue, u)	medir (i, i)
almorzarse (ue)	encender (ie)	sentir (ie, i)	reír (í, i)
atender (ie)	llover (ue)	sentirse (ie, i)	repetir (i, i)
atravesar (ie)	perder (ie)		vestirse (i, i)
cerrar (ie)	querer (ie)		
contar (ue)	poder (ue)		
costar (ue)	sonar (ue)		
despertarse (ie)	volver (ue)		

SPELLING (ORTHOGRAPHIC)-CHANGING VERBS

Present Indicative Tense

–cer	**–cir**	**–ger**	**–gir**	**–guir**
c → zc			g → j	gu → g
conocer	**conducir**	**recoger**	**dirigir**	**seguir**
conozco	conduzco	recojo	dirijo	sigo
conoces	conduces	recoges	diriges	sigues
conoce	conduce	recoge	dirige	sigue
conocemos	conducimos	recogemos	dirigimos	seguimos
conocen	conducen	recogen	dirigen	siguen

Preterit Tense

–car	**–gar**	**–zar**		
c → qu before e	g → gu before e	z → c before e	i → y between vowels	
buscar	**llegar**	**empezar**	**creer**	**leer**
busqué	llegué	empecé	creí	leí
buscaste	llegaste	empezaste	creíste	leíste
buscó	llegó	empezó	creyó	leyó
buscamos	llegamos	empezamos	creímos	leímos
buscaron	llegaron	empezaron	creyeron	leyeron

Present Subjunctive Tense

–cer	**–cir**	**–ger**	**–gir**	**–guir**
c → zc			g → j	gu → g
conocer	**conducir**	**recoger**	**dirigir**	**seguir**
conozca	conduzca	recoja	dirija	siga
conozcas	conduzcas	recojas	dirijas	sigas
conozca	conduzca	recoja	dirija	siga
conozcamos	conduzcamos	recojamos	dirijamos	sigamos
conozcan	conduzcan	recojan	dirijan	sigan

–car	**–gar**	**–zar**
c → qu	g → gu	z → c
buscar	**llegar**	**empezar**
busque	llegue	empiece
busques	llegues	empieces
busque	llegue	empiece
busquemos	lleguemos	empecemos
busquen	lleguen	empiecen

Irregular Participles

Present Participles

caer	**cayendo**	pedir	**pidiendo**
creer	**creyendo**	preferir	**prefiriendo**
decir	**diciendo**	repetir	**repitiendo**
divertir	**divirtiendo**	seguir	**siguiendo**
dormir	**durmiendo**	sentir	**sintiendo**
leer	**leyendo**	servir	**sirviendo**
morir	**muriendo**	traer	**trayendo**
oír	**oyendo**	venir	**viniendo**

Past Participles

abrir	**abierto**
decir	**dicho**
escribir	**escrito**
hacer	**hecho**
morir	**muerto**
poner	**puesto**
romper	**roto**
ver	**visto**
volver	**vuelto**

Progressive Tenses

Present Progressive Tense

estoy
estás
está
estamos
están

hablando comiendo viviendo

Past Progressive Tense*

estuve
estuviste
estuvo
estuvimos
estuvieron

hablando comiendo viviendo

estaba
estabas
estaba
estábamos
estaban

hablando comiendo viviendo

*Note: The verbs **seguir, continuar,** or **andar** may be used as alternates to the verb **estar.**

Reflexive Verbs

These are verbs for which the subject and object of the action are the same:

¿Quién se viste ahora?
Yo me visto ahora, y luego ellos se visten.

Note the use of the reflexive pronouns with the verb.

Other reflexive verbs:

irse	encontrarse
lavarse	levantarse
ponerse	llamarse
sentirse	aburrirse

Reflexive Construction se

When the doer of an action is not mentioned or implied, the reflexive construction **se** is used. The subject usually follows the verb. The verb form immediately follows **se,** and is always the third person singular or plural form, depending on whether the subject is singular or plural:

Se habla español.
Se alquilan esquís aquí.

Indefinite Subject se

When the subject of a sentence is not specific, Spanish uses **se** + the third person singular form of the verb. The unspecified or indefinite subject usually corresponds to the English *one, it, they:*

Se sabe que ella esquía bien.

Passive Voice

A verb is said to be passive—in the passive voice—when the subject of the verb receives the action of the verb. To form the different tenses of the passive voice, you use a form of **ser** followed by a past participle. The form of **ser** agrees with the subject and the past participle agrees with the subject in number and gender.

Las muchachas fueron invitadas por mí.
Este libro será leído por los chicos.

When the doer of an action of a verb is not specified or indefinite, the passive voice is expressed by using the reflexive construction **se.**

	DOER IS MENTIONED OR IMPLIED	DOER IS NOT MENTIONED OR IMPLIED
Person	**Lynette fue invitada por Ale.** **Lynette y Ale fueron invitadas por mí.**	**Se invitó a Lynette.** **Se invitó a Lynette y Ale.**
Thing	**La carta fue escrita por mí.** **Las cartas fueron escritas por mí.**	**Se escribió la carta.** **Se escribieron las cartas.**

Uses of the Subjunctive Mood

a. to express a doubt, a feeling, a belief, a request:

Dudo que ella escriba hoy.   **Él quiere que tú lo compres.**

b. to express an indirect command:

Que haga ella el reporte.   **Que terminen para mañana.**

c. to express the idea *let's* . . .

Hagamos este reporte hoy.   **Consideremos nuestra herencia.**

d. to express the positive and the negative formal commands, and to express the negative familiar command.

Escriba(n) usted(es) el reporte.   **No escriba(n) usted(es) el reporte.**
No escribas tú el reporte.   **No hagas tú esto.**

Ser *vs.* estar

ser

a. for origin:

¿De dónde es Lupe?
Ella es de México.

b. for physical features or personality:

¿Cómo es Paco?
Él es muy alto.
¿Cómo es la maestra?
Ella es muy estricta.

c. to tell who someone is:

¿Quién es don Luis?
Él es el papá de Paco.

d. for time:

¿Qué hora es?
Son las tres y media.

estar

a. for location:

¿Dónde está Juan?
Juan está en la escuela.

b. for health:

¿Cómo están los maestros?
Ellos están enfermos.

Verbs used like **gustar**

agradar	importar
convenir	parecer
doler(ue)	preocupar
faltar	quedar
interesar	tocar

Para vs. Por

para	por
1. To indicate the direction of an action *(toward, to, for a place)*: **Margot va para Caracas.** **Luisa salió para Maracaibo.**	1. To indicate movement through or in a place *(through, by, along, in)*: **Uds. caminaron por el parque.** **Él paseó por Caracas.**
2. To indicate the purpose, the end of, destination of an action *(in order to, for something or someone)*: **Fui para ver Sinamaica.** **Ella compró el boleto para ti.**	2. To indicate the motive or the reason for an action *(because, on account of, for the sake of, instead of, due to)*: **Por no preguntar, él se perdió.** **Ella compró el boleto por ti.**
3. To indicate a period of time in the future *(by, for such and such a time)*: **Para el lunes saldrá de aquí.** **Iré a Caracas para el mes que viene.**	3. To indicate a length of time or approximate time around which something occurs *(around such and such a time)*: **Luisa va a Caracas por un mes.** **Margot llamó por las tres.**
4. To indicate what something is used for *(for, to use for)*: **Tengo un bolsillo para boletos.** **Compra este traje para el viaje.**	4. To indicate the manner or the way of doing something *(by, on, in)*: **Llegamos a Sinamaica por coche.** **Invita a Luisa por carta.**
5. To indicate a comparison *(considering, in spite of)*: **Para una persona que vive en Venezuela, no sabe mucho del país.** **Para estar aquí dos semanas, no hemos visto nada.**	5. To indicate exchange of one thing for another *(this for that)*: **Por este boleto tienes que dar el tuyo.** **Por el viaje a Maracaibo, te ayudo con el reporte.**

Verbs
That Require a Preposition Before an Infinitive

Verbs That Require "a"	Verbs That Require "con"	Verbs That Require "de"
aprender ayudar empezar enseñar invitar ir(se) venir	encontrarse	acabar

NUMERALS

Cardinals

0	cero	18	dieciocho	70	setenta
1	uno (un, una)	19	diecinueve	80	ochenta
2	dos	20	veinte	90	noventa
3	tres	21	veintiuno (veintiún)	100	cien
4	cuatro	22	veintidós	101	ciento uno
5	cinco	23	veintitrés	200	doscientos, –as
6	seis	24	veinticuatro	300	trescientos, –as
7	siete	25	veinticinco	400	cuatrocientos, –as
8	ocho	26	veintiséis	500	quinientos, –as
9	nueve	27	veintisiete	600	seiscientos, –as
10	diez	28	veintiocho	700	setecientos, –as
11	once	29	veintinueve	800	ochocientos, –as
12	doce	30	treinta	900	novecientos, –as
13	trece	31	treinta y uno	1.000	mil
14	catorce	32	treinta y dos	1.001	mil uno
15	quince	40	cuarenta	2.000	dos mil
16	dieciséis	50	cincuenta	1.000.000	un millón (de)
17	diecisiete	60	sesenta	2.000.000	dos millones (de)

Ordinals

1°	primero (primer), –a		6°	sexto, –a	
2°	segundo, –a		7°	séptimo, –a	
3°	tercero (tercer), –a		8°	octavo, –a	
4°	cuarto, –a		9°	noveno, –a	
5°	quinto, –a		10°	décimo, –a	

Dates

May 1, 1786	1° de mayo de 1786	(el primero de mayo de mil setecientos ochenta y seis)
June 2, 1801	2 de junio de 1801	(el dos de junio de mil ochocientos uno)
August 3, 1919	3 de agosto de 1919	(el tres de agosto de mil novecientos diecinueve)
February 14, 1980	14 de febrero de 1980	(el catorce de febrero de mil novecientos ochenta)

VOSOTROS, –AS

Forms and Uses of vosotros, –as

Vosotros and **vosotras** are the plural forms of the familiar **tú.** In the list of subject pronouns, **vosotros, –as** follows **nosotros, –as.**

yo	nosotros, –as
tú	vosotros, –as
él, ella, Ud.	ellos, ellas, Uds.

Vosotros, –as is used as the familiar plural form in Spain. In other Spanish-speaking areas, the plural of **tú** is **Uds.**

Spain
_____

¿Qué dices tú?
¿Qué decís vosotros?

Other Spanish-Speaking Areas
_____

¿Qué haces tú?
¿Qué hacen Uds.?

Regular Verb Endings
for vosotros, –as

There are verb endings for the **vosotros, –as** form in all tenses.

	–ar	**–er**	**–ir**
Infinitive	**hablar**	**comer**	**partir**
Present	**habláis**	**coméis**	**partís**
Preterit	**hablasteis**	**comisteis**	**partisteis**
Imperfect	**hablabais**	**comíais**	**partíais**
Future	**hablaréis**	**comeréis**	**partiréis**
Conditional	**hablaríais**	**comeríais**	**partiríais**
Present Subjunctive	**habléis**	**comáis**	**partáis**

A Few Irregular Verb Forms for vosotros, –as*

Infinitive	**decir**	**estar**	**haber**	**hacer**
Pres.	**decís**	**estáis**	**habéis**	**hacéis**
Pret.	**dijisteis**	**estuvisteis**	**hubisteis**	**hicisteis**
Imp.				
Fut.	**diréis**		**habréis**	**haréis**
Cond.	**diríais**		**habríais**	**haríais**
Pres. Subj.	**digáis**	**estéis**	**hayáis**	**hagáis**

Infinitive	**ir**	**poder**	**querer**	**ser**	**ver**
Pres	**vais**	**podéis**	**queréis**	**sois**	**veis**
Pret.	**fuisteis**	**pudisteis**	**quisisteis**	**fuisteis**	**visteis**
Imp.	**ibais**			**erais**	**veíais**
Fut.		**podréis**	**querréis**		
Cond.		**podríais**	**querríais**		
Pres. Subj.	**vayáis**	**podáis**	**queráis**	**seáis**	**veáis**

* Note: Only irregular forms are given. Other forms are regular.

In stem-changing verbs, the stem of the **vosotros, –as** form is the same as that of the **nosotros, –as** form.

Queremos que ellos vengan.   No pidamos lo imposible.
¿Queréis que ellos vengan?   No pidáis lo imposible.

Command Forms

The **vosotros, –as** command form of all verbs is made by dropping the final **r** of the infinitive and adding a **d.** The negative command form comes from the present subjunctive.

Infinitive	Command	Negative Command
hablar	**hablad**	**no habléis**
comer	**comed**	**no comáis**
partir	**partid**	**no partáis**
dar	**dad**	**no deis**

Possessive Adjectives

	Masculine	Feminine
Singular	**vuestro**	**vuestra**
Plural	**vuestros**	**vuestras**

Possessive Pronouns

	Masculine	Feminine
Singular Plural	**el vuestro** **los vuestros**	**la vuestra** **las vuestras**

Subject and Object Pronouns

Subject	**vosotros, vosotras**
Object of Preposition	**vosotros, vosotras**
Direct Object Pronoun Indirect Object Pronoun Reflexive Object Pronoun	**os**

Queremos ir con vosotras.
Os llamo por la tarde
Voy a dároslo.

When the reflexive object pronoun **os** is attached to the affirmative command form, the **d** of the verb form is dropped and the **os** is added. The only exception is **idos.**

lavad	**lavaos**
levantad	**levantaos**
cuidad	**cuidaos**
No os vayáis.	

INDEX OF IRREGULAR VERBS

The alphabetical list below will guide you to the appropriate page for the verb itself or for a verb whose pattern it follows.

pagar, *like* llegar, 271
parecer, *like* conocer, 271
pedir, 270
pegar, *like* llegar, 271
pensar, 270
perder(se), *like* pensar, 270
pescar, *like* buscar, 271
poder, 266–267
poner(se), 266–267
practicar, *like* buscar, 271
preferir, 270
probar, *like* encontrar, 270
producir, *like* conducir, 271
proteger, *like* recoger, 271

querer, *like* pensar, 270

recoger, 271
reconocer, *like* conocer, 271
recordar, *like* encontrar, 270
repetir, *like* pedir, 270
rogar, *like* encontrar, 270; *like* llegar, 271

saber, 268–269

sacar, *like* buscar, 271
sacrificar, *like* buscar, 271
salir, 268–269
seguir, 271
sembrar, *like* pensar, 270
sentarse, *like* pensar, 270
sentirse, *like* preferir, 270
ser, 268–269
servir, *like* pedir, 270
sonar, *like* encontrar, 270
soñar, *like* encontrar, 270

tener, 268–269
tentar, *like* pensar, 270
tocar, *like* buscar, 271
traer, 268–269
trazar, *like* empezar, 271

valer, 268–269
venir, 268–269
ver, 268–269
vestirse, *like* pedir, 270
volver, *like* encontrar, 270

Vocabulary

Spanish-English Vocabulary

This vocabulary includes active words appearing in the 24 units of **Nuestros amigos,** as well as active and inactive words appearing in the 16 units of **El mundo de la juventud.** Exceptions are most proper nouns, and forms of verbs other than the infinitive. Also excluded are words from optional reading selections, if these words are glossed or listed in the **Vocabulario** for the unit, or if they are cognates that students should recognize.

Each noun is listed with its definite article. Nouns that refer to people and have masculine and feminine forms are noted as follows: e.g., **el abuelo, –a.** Nouns that have the same form used for both the masculine and feminine are noted as follows: e.g., **el prócer, la p.**

Verbs with one or more irregularities are marked **(GS).** This refers to the Grammatical Summary section, where students will find these verbs conjugated. A list of these verbs is found on page 280.

Following each definition is a numeral that refers to the unit in which the word first appears. If several numerals follow a single definition, the first numerals show passive uses of the word; the last, the unit in which the word becomes active.

Abbreviations

adj	*adjective*	f	*feminine*	obj	*object*	pron	*pronoun*
adv	*adverb*	fam	*familiar*	pl	*plural*	ref	*reflexive*
com	*command*	**GS**	*Grammatical Summary*	pol	*polite*	sing	*singular*
conj	*conjunction*	lang	*language*	prep	*preposition*	sub	*subject*
dim	*diminutive*	m	*masculine*	pret	*preterit*		

A

a *to,* 1; *at,* 5; a la vez *at the same time,* 26; a mano *by hand,* 27; ¿a poco no...? *isn't it so . . .?* 36; a su hora *on time,* 28, a tiempo *on time,* 26; *in time, early,* 28; a ver *let's see,* 26; de acuerdo a *in accordance with, according to,* 32

abajo: de arriba abajo *from top to bottom,* 34

abandonado, –a *abandoned,* 39

abierto, –a *open, opened,* 33

abrigar *to cover up (warmly),* 31

el **abrigo** *coat,* 3

abril *April,* 12

abrir *to open,* 13, 26

absorbente *absorbent,* 24

la **abuela** *grandmother,* 2

el **abuelito, –a** *grandpa, grandma,* 7

el **abuelo** *grandfather,* 2; los abuelos *grandparents, grandfathers,* 2

aburrido, –a *boring,* 4

acá *here, over here,* 26

acabadito: acabadito, –a de hacer *just made,* 26; acabaditos de salir *just out of,* 26

acabar *to finish,* 8; acabadito, –a de hacer *just made,* 26; acabaditos de salir *just out of,* 26; acabar de + inf *to have just + past participle,* 14

acampar *to camp out,* 15

Acapulco *city in Mexico,* 28

el **aceite** *oil,* 25, 27

el **acelerador** *accelerator, gas pedal,* 25

aceptar *to accept,* 26, 28

la **acera** *sidewalk,* 20

acercar(se) *to approach, go near,* 34

acompañar *to accompany,* 39

aconsejar *to advise,* 37

acordarse (ue) (GS) *to remember,* 18

el **acordeón** *accordion,* 8, 29

acostado, –a *lying down,* 32

acostarse (ue) (GS) *to lie down, to go to bed,* 17; acostado, –a *lying down,* 32

la **actividad** *activity,* 8

activo, –a *active,* 10; *busy,* 23

actual *current, present-day,* 24

acuático, –a *aquatic, living or growing in water,* 20

acuerdo: de acuerdo a *in accordance with, according to,* 32; estar de acuerdo *to agree,* 25

adelante *let's get on, onward,* 9

además *besides,* 3

adentro *within, inside,* 19, 27

adicional *additional,* 1

adiós *good-bye,* 5

adivinar *to guess,* 25

administrar *to administer, manage,* 39

admirar *to admire,* 18

¿adónde? *(to) where?* 5

adornado, –a *decorated,* 23

la **aduana** *customs office,* 28; **la declaración de aduana** *customs declaration,* 28

el **adulto** *adult,* 4, 20

el **adversario, –a** *opponent,* 9

el **aeromozo, –a** *flight attendant, steward/ess,* 28

el **aeroplano** *airplane,* 28

el **aeropuerto** *airport,* 23

la **aerovía** *airline,* 28

afectar *to affect,* 40

afectuosamente *affectionately,* 12

afeitar: la máquina de afeitar *electric shaver,* 36; la loción de afeitar *after-shave lotion,* 36

afeitar(se) *to shave,* 36

África *Africa,* 38

afuera *outside,* 18

las **afueras** *outskirts,* 28

agarrar *to grab,* 9

agosto *August,* 12

agradable *agreeable, pleasant,* 23

agradar *to please,* 36

agregar *to add,* 32

la **agricultura** *agriculture,* 40

la **agronomía** *agronomy, study of agriculture,* 37

el **agua (f)** *water,* 7; el agua de colonia *cologne,* 36; el agua de piña

drink made with water, pineapple peelings, and sugar, 19; **el agua salada** salt water, 27
el **aguacate** avocado, 30
el **aguacero** downpour, rainstorm, 31
el **aguador, –a** water bearer, 36
aguantar to hold, 21, 28
el **aguinaldo** Christmas gift, 19
¡ah! ah! 3
ahí there, 10
el **ahijado, –a** godson, goddaughter, 30
ahogarse to drown (oneself), 21
ahora now, 4
ahorrar to save, 26, 29
el **aire** air, 25
el **ajedrez** chess, 8
ajustar to adjust, 24
al to the (contraction a + el), 5; **al borde de** along the edge of, 23; **al final del día** at the end of the day, 26; **al terminar** at the end, when you're through, 24
el **ala** (f) wing, 28
el **alacrán** scorpion, 36
el **álbum: el álbum de recortes** scrapbook, 40
el **alcázar** fortress, castle, 30
el **alcohol** alcohol, 17
alegrarse to be glad, 37
alegre happy, 20; **alegremente** happily, 10
la **alegría** happiness, 13, 19
alemán, alemana German, 25
la **aleta** fin, 21
la **alfarería** pottery, 38
la **alfombra** rug, 14
el **alga** (f) seaweed, 27
algo something, 7
el **algodón** cotton, 17; **de algodón** (made of) cotton, 28; **el algodón de azúcar** cotton candy, 22
alguien somebody, someone, 33
algún, –o, –a some, 4, 30
el **alimento** food, 36
la **almohadilla** pot holder, 32
almorzar (ue) (GS) to lunch, 11
el **almuerzo** lunch, 7
¿aló? hello? 6
alquilar to rent, 11
alrededor de around, 27
alto, –a tall, 3; high, 31; **alta mar** high seas, open seas, 27
la **altura** height, 23
el **alumno, –a** student, pupil, 4
allá (over) there, 12; **por allá** (through) there, 8
allí there, 10
el **amanecer** dawn, 27
amarillo, –a yellow, 3
amarrar to fasten, tie up, 28
la **ambición** ambition, 29
americano, –a American, 4, 25
el **amigo, –a** friend, 1; **los amigos** friends, 1
el **amiguito, –a** little friend (dim), 22

la **ampliación** enlargement, 40
el **amplificador** amplifier, 29
anaranjado, –a orange (color), 3;
ancho, –a wide, 23; **de ancho** wide, 23
el **ancla** (f) anchor, 30
anclado, –a anchored, 27
anclar to anchor, 31
andar (con) (GS) to go around (with), 6
el **ángel** angel, 36
el **anillo** ring, 36
animadamente excitingly, 39
animado, –a animated, exciting, 9
los **animales: el cruce de animales** animal crossing, 25
animar to liven up, 11
el **ánimo** spirit, 9
anoche last night, 11
el **anochecer** dusk, 27
anotar to make notes, 11
ansiosamente anxiously, 10
ante before, in front of, 29
anteayer the day before yesterday, 12
la **antena** aerial, antenna, 24
los **antepasados** ancestors, 34
anterior previous, 26
antes before, 12
el **antiácido** antacid, 17
antiguo, –a ancient, old, 23
la **antropología** anthropology, 39
anual annual, yearly, 23
anunciar to announce, 28
el **anuncio** ad, commercial, 24
el **anzuelo** fish hook, 27
el **año: el año escolar** academic year, 26; **el año pasado** last year, 24; **los años: de los años cincuenta** from the 50's, 25; **desde hace…años …years ago**, 25; **tener…años** to be . . . years old, 16
apagar to turn off, 24
el **aparato** ride (in amusement park), 22; appliance, 32
aparecer (GS) to appear, 28
el **apartamento** apartment, 11, 27
aplaudir to clap, applaud, 34
el **aplauso** applause, 29
apreciado, –a dear, appreciated, 12
aprender to learn, 13; **aprender a + inf** to learn to + inf, 13
aprovechar to take advantage (of), 31
aproximadamente approximately, 19
el **apunte** note, 39
aquel that, 29
aquél that one, 29
aquello that, 30
aquí here, 4; **por aquí** through here, 4
el **árbitro** referee, 9
el **árbol** tree, 9
el **arco** bow, 26, 29; arch, 40

la **ardilla** squirrel, 10
el **área** (f) area, 31, 40; **el área de llegadas** (f) arrival area, 28
Arecibo Arecibo, 31
la **arena** sand, 21; **el castillo de arena** sand castle, 21
el **arete** earring, 36
el **arma** firearm, 30
la **armadura** suit of armor, 30
el **arquero, –a** archer, 36
el **arreglo** arrangement, 29
arriba: arriba de on, on top of, 10; **de arriba abajo** from top to bottom, 34
arrimarse to get close, 38
el **arroyo** stream, brook, 23
el **arroz** rice, 7
el **arte** (pl las **artes**) art, 38
la **artesanía: la tienda de artesanía** handicrafts store, 18
el **artesano, –a** craftsman, –woman, 38
el **artículo** item, article, 18; article (written work), 40
el **artista**, la **a.** artist, 23
el **aseo** cleanliness, 36
así that way, then, 10; **así que** therefore, 28
el **asiento** seat, 28
asistir a to attend, 25, 28
el **aspecto** aspect, 39
la **aspirina** aspirin, 17
el **astro** star, heavenly body, 39
asustado, –a frightened, 26
asustar to frighten, 30
Atenas Athens, 31
atención attention, 5; **poner atención** to pay attention, 39
atender (ie) (GS) to look after, to take care of, 18, 26
aterrizar to land, 28
el **Atlántico** Atlantic (Ocean), 5
el **atleta**, la **a.** athlete, 26
las **atracciones: la caseta de atracciones** amusement park booth, 22
atrapar to trap, 27
atrás back, 20; **en marcha atrás** in reverse, 25
atravesar (ie) (GS) to go through, to cross, 19
aún even, 11; still, 23
aunque although, 22, 40
ausente absent, 5
austríaco, –a Austrian, 25
el **autobús** bus, 11
la **autoescuela** driving school, 25
automáticos: los cambios automáticos automatic shift, 25
el **automóvil** car, automobile, 25; **los automóviles: prohibido automóviles** no cars permitted, 25
la **autopista** highway, skyway, 20; **la entrada en autopista** highway entrance, 25; **el fin de autopista** end of highway, 25

los **auxilios: los primeros auxilios**
first aid, 25

la **avenida**   *avenue*, 11

la **aventura**   *adventure*, 15

el **avestruz**   *ostrich*, 10

la **aviación**   *aviation*, 28

el **avión**   *plane*, 28

avisar   *to warn, inform, tell*, 18

el **aviso**   *warning*, 28

ayer   *yesterday*, 11

la **ayuda**   *help*, 14

el **ayudante**, la **a.**   *assistant, aide*, 26
ayudar   *to help*, 12; por ayudar
for helping, 26

azotar   *to hit, batter around*, 27

azteca, –a   *Aztec*, 33, 36

el **azteca, la a.**   *Aztec*, 36, 39

el **azúcar (f)**   *sugar*, 7; el algodón de
azúcar   *cotton candy*, 22

la **azucena**   *white lily*, 37

azul   *blue*, 3

B

el **bacalaíto**   *codfish fritter*, 13

el **bachillerato**   *bachelor's degree*, 28

la **bahía**   *bay*, 18, 23

bailar   *to dance*, 6

bajar(se)   *to go down*, 8; *to get off*,
22

bajo, –a   *short (height)*, 3; *low*, 24;
bass, 29

la **balanza**   *scales*, 36

el **balcón**   *balcony*, 23

el **balón**   *ball (basket, volley, soccer)*,
9

la **banca**   *bench*, 10

el **banco**   *bank*, 2, 40; *bench*, 30; la
cuenta de banco   *bank account*, 26

la **banda**   *band*, 29

la **bandeja**   *tray*, 18

la **bandera**   *flag*, 34

la **banderilla**   *small flag or banner*, 34

bañado, –a   *bathed*, 35

bañarse   *to bathe (oneself), go in
the water*, 21

el **baño**   *bathroom*, 14; el cuarto do
baño   *bathroom*, 28; el traje de
baño   *swimsuit*, 21

barato, –a   *cheap, inexpensive*, 16

el **barbero, –a**   *barber*, 27

el **barco**   *boat, ship*, 21

el **barómetro**   *barometer*, 31

el **barquito**   *little boat (dim)*, 21

barrer   *to sweep*, 26

la **barrera**   *barrier, obstacle*, 26

el **barril**   *barrel*, 35

el **barrio**   *neighborhood*, 10

el **barro**   *mud, clay*, 35

la **base**   *base*, 35

el **básquetbol**   *basketball*, 9

¡basta!   *that's enough!* 29

bastante   *enough*, 13

el **bastón**   *ski pole*, 33

la **bata**   *smock, robe*, 35

la **batalla**   *battle*, 39

el **bate**   *bat*, 9

el **bateador, –a**   *batter*, 27
batear   *to bat*, 27

la **batería**   *battery (of car)*, 25; *battery, percussion section*, 29

el **batido**   *milkshake*, 7

la **batidora**   *blender*, 32

el **bautismo**   *baptism*, 30

beber   *to drink*, 7

el **béisbol**   *baseball*, 9

belga   *Belgian*, 25

la **belleza**   *beauty*, 39

bello, –a   *beautiful*, 24

el **beneficio**   *benefit*, 28

Berlín   *Berlin*, 31

la **biblioteca**   *library*, 25

la **bicicleta**   *bicycle*, 8

bicultural   *bicultural*, 33

bien   *fine, well*, 4; bien pagado, –a
well paid, 26; está bien   *all right*,
13; ¡qué bien!   *how nice!* 6

bilingüe   *bilingual*, 26

el **billete: el billete del tren**   *train
ticket*, 11

la **biología**   *biology*, 5

el **bizcocho**   *cake*, 13

blanco, –a   *white*, 3

el **bloque**   *block*, 28

la **blusa**   *blouse*, 3

la **boca**   *mouth*, 33

el **bocadillo**   *sandwich*, 11

la **bocina**   *loudspeaker*, 28

la **boda**   *wedding*, 30

la **bodega**   *grocery store*, 10

la **bola**   *ball (bowling)*, 9; *ball*, 27

la **bolera**   *bowling alley*, 9

el **bolero**   *Latin-American dance*, 29

el **boleto**   *ticket*, 20

los **bolos**   *bowling (game)*, 9

la **bolsa**   *bag*, 18

el **bongó**   *bongo drum*, 29

bonito, –a   *pretty*, 3

el **borde: al borde de**   *along the edge
of*, 23

borroso, –a   *blurred*, 22

el **bosque**   *forest, woods*, 15

Boston   *Boston*, 31

la **bota**   *boot*, 4, 16

botánico, –a   *botanical*, 20

botar   *to throw away*, 27; *to throw
out*, 29

el **bote**   *boat*, 11

el **botecito**   *little boat (dim)*, 21

la **botella**   *bottle*, 10

el **botellón**   *big bottle*, 27

el **botiquín**   *first-aid kit*, 15; *medicine
cabinet*, 17

el **botón**   *button, knob*, 24

el **botones, la b.**   *baggage attendant*,
36

el **brazo**   *arm*, 33

brevemente   *briefly*, 19

brillante   *bright*, 21

brincar (GS)   *to jump*, 10

la **brisa**   *breeze*, 21

británico, –a   *British*, 25

la **brocha**   *paint brush*, 14

la **broma**   *joke*, 21
bromear   *to joke*, 21

broncear   *to tan*, 24; la loción para
broncear   *suntan lotion*, 21

la **bruja**   *witch*, 34

la **brújula**   *compass*, 15

bucear   *to skin-dive*, 21

bueno, –a   *good*, 4

¿bueno?   *hello?* 6

Buenos Aires   *Buenos Aires*, 31

el **bul**   *fruit punch*, 13

búlgaro, –a   *Bulgarian*, 25

el **burro**   *donkey*, 37

buscar (GS)   *to look up, look for*, 6,
40

la **butaca**   *arm chair*, 14

C

el **caballito: el caballito de mar**   *sea
horse*, 27

el **caballo**   *horse*, 8, 20; montar a
caballo   *to ride horseback*, 8

el **cabello**   *hair*, 24

caber (GS)   *to fit*, 25, 28, 31

la **cabeza**   *head*, 17

la **cabina**   *cockpit*, 28

la **cabra**   *goat*, 36

el **cacahuate**   *peanut*, 19

la **cacerola**   *saucepan, casserole*, 32

el **cacto**   *cactus*, 10

el **cacharro**   *jalopy*, 25

cada   *each*, 9; cada vez   *every
time, each time*, 24

caer(se) (GS)   *to fall down*, 9, 26

la **cafetera**   *coffee maker*, 26

la **cafetería**   *cafeteria*, 28

la **caída**   *fall*, 35

El Cairo   *Cairo*, 31

la **caja**   *(cash) box*, 26; *box*, 28; la
caja registradora   *cash register*, 26

el **calcetín**   *sock*, 3, 28

el **calendario**   *calendar*, 39

la **calidad**   *quality*, 24

caliente   *warm*, 10; *hot*, 21

la **calificación**   *grade, mark*, 18

el **calor**   *heat*, 17; hace (mucho) calor
it's (very) hot, 9; tener calor   *to be
hot*, 17

caluroso, –a   *warm, hot*, 31

la **calle**   *street*, 11

el **callejón**   *alley*, 11

la **cama**   *bed*, 4, 14

la **cámara**   *camera*, 24

el **camarón**   *shrimp*, 27

cambiar(se)   *to change*, 9, 30;
cambiar de idea   *to change one's
mind*, 36; cambiar la velocidad   *to
shift gears*, 25

el **cambio**   *change (money)*, 20;

change, 29; **la casa de cambio** money exchange office, 28
cambios: los cambios automáticos automatic shift, 25; **los cambios manuales** manual shift, 25
caminar to walk, 10
la **caminata** hike, 15; **hacer caminatas** to go hiking, 9
el **camino** way, 19; road, path, 23; **el camino de tierra** dirt road, 20; **por el camino** on the way, 22
el **camión** truck, 27; bus, truck, 33
la **camisa** shirt, 3
la **camiseta** T-shirt, 16
el **campamento** camping site, 15; **el campamento de verano** summer camp, 26
la **campana** bell, 10
la **campaña: la tienda de campaña** camping tent, 15
el **campeón, –a** champion, 32
el **campeonato** championship, 32, 33
el **campesino, –a** farmer, country person, 27
el **camping** campsite, camping ground, 15
el **campista, la c.** camper, 15
el **campo** countryside, 23
el **canal** channel, station, 24
el **canario** canary, 22
cancelar to cancel, 15, 36
la **canción** song, 1, 11
el **candidato, –a** candidate, 2, 28
el **cangrejo** crab, 27
la **canica** marble, 8
la **canoa** canoe, 35
cansado, –a tired, 6
el **cansancio: muerto, –a de cansancio** dead tired, 15
cansarse to get tired, 17, 39
cantar to sing, 11
la **cantimplora** canteen, 15
el **canto** song, 34
la **caña** pole, cane, reed, 27
el **caño** narrow water channel, 35
la **capital** capital city, 2
capturar to capture, 40
la **cara** face, 17; expression, 22
la **carabela** caravel (type of ship used by Columbus to cross the Atlantic, 30
Caracas capital of Venezuela, 35
el **caracol** snail, shell, 39
el **caramelo** candy, 22
la **caráota** kidney bean, 32
la **careta** mask, 21
la **carga** cargo, load, 23
cargar (GS) to load, 31
el **Caribe** the Caribbean, 8; **el Mar Caribe** the Caribbean Sea, 5
el **cariño** affection, love, 10
cariñosamente with love, 12
la **carnada** bait, 27
la **carne** meat, 30, 37
el **carnero** ram, 36
caro, –a expensive, 10

la **carrera: la carrera de obstáculos** obstacle race, 26
la **carretera** highway, road, 20
el **carril** lane, 20
el **carrito** little cart (dim), 22
el **carro** car, 2
la **carrocería** body (of car), 25
el **carrusel** carrousel, merry-go-round, 22
la **carta** menu, 7; letter, 11
las **cartas** playing cards, 8
la **cartera** purse, pocketbook, 16
cartón: de cartón (made of) cardboard, 28
el **cartucho** (tape) cartridge, 29
la **casa** house, 1, 2; **a casa** (toward) home, 14; **en casa** at home, 14; **la casa de cambio** money exchange office, 28; **la casa de campo** country house, 15; **la casa de los sustos** fun house, 22
casarse to marry, get married, 30
la **cascada** waterfall, 23
el **casco** helmet, 33
la **caseta** booth, 22; **la caseta de atracciones** amusement park booth, 22
casi almost, 8
caso: hacer caso (a) to pay attention to, 32; **en caso de** in case of, in the event of, 25
el **cassette** cassette recorder, 29
las **castañuelas** castanets, 29
el **castillo** castle, 21; castle (a Mayan ruin at Chichén-Itzá), 39; **el castillo de arena** sand castle, 21
¡cataplúm! plop! bang! 33
el **catchup** ketchup, 7
el **catecismo** catechism, 27
la **catedral** cathedral, 30, 34
la **categoría** category, 32
catorce fourteen, 1
el **catre** cot, 38
la **causa** cause, reason, 39
el **cayo** islet, key (small island), 31
la **cebra** zebra, 10
ceder to hand over, yield, 39; **ceder el paso** to yield right-of-way, 25
las **cejas: el lápiz de cejas** eyebrow pencil, 36
la **celebración** celebration, 13, 19
celebrar to celebrate, 8
la **cena** supper, dinner, 7
el **cencerro** cowbell, 29
el **centavo** cent, 20
centígrado, –s centigrade, 17
el **centímetro** centimeter, 16
central central, 23
el **centro** downtown, 7; center, 33
Centroamérica Central America, 28
cepillarse: cepillarse los dientes to brush one's teeth, 17
el **cepillo: el cepillo de dientes** toothbrush, 36
la **cera** wax, 33

la **cerámica** ceramic, ceramics, 33, 38
cerca near, 10; **cerca de** near, 23
las **cercanías** vicinity, 26
cercano, –a near, close, 23
el **cereal** cereal, 7
cero zero, 1
cerrar (ie) (GS) to close, 26
el **certificado: el certificado de vacuna** vaccination certificate, 28
el **ciclista, la c.** rider, 20
el **ciclón** cyclone, 27
el **cielo** sky, 31
cien one hundred, 5
ciento one hundred, 16
cierto, –a true, 19; **por cierto** certainly, 28
cinco five, 1
cincuenta fifty, 5; **de los años cincuenta** from the 50's, 25
la **cincha** cinch, girth, 26
el **cine** movie, 8
la **cinta** belt (judo), 32; **la cinta adhesiva transparente** transparent adhesive tape, 40; **la cinta (magnetofónica)** recording tape, 29
la **cintura** waist, 16
el **cinturón** belt, 3; **el cinturón de seguridad** seat belt, safety belt, 25, 28
la **circulación: doble circulación** two-way traffic, 25
el **círculo** circle, 40
la **ciudad** city, 2; **la Ciudad de México** Mexico City, 31
la **civilización** civilization, 39, 40
la **claridad** brightness, 24
claro of course, 14; **claro que** of course, 26
la **clase** class, 4; type, 7
el **clasificado: el clasificado de periódico** newspaper classified ad, 26
el **clavel** carnation, 37
el **claxon** horn, 25
el **cliente, la c.** customer, 18
la **clientela** clientele, 26
el **club** club, 14
cobrar to collect money, receive payment, 26
la **cocina** kitchen, 14
cocinar to cook, 30
el **cocinero, –a** cook, 30
el **coco** coconut, 23
el **cóctel: el cóctel de frutas** fruit cocktail, 13
el **coche** car, 11; **el coche de caballos** horse-drawn cart, 20; **el coche deportivo** sports car, 25
el **codo** elbow, 33
el **cohete** firecracker, 19
la **cola: hacer cola** to stand in line, 22
el **colador** strainer, 32
el **colchón: el colchón de aire** air mattress, 21
la **colección** collection, 32

coleccionar *to collect,* 8

el **colegio** *school,* 4

colgar (ue) (GS) *to hang,* 14

la **colina** *hill,* 15

la **colocación** *job, placement,* 26

colocado, –a *placed, employed,* 26

colocar(se) (GS) *to place, to put,* 14, 18; *to get a job (in, with),* 26

Colombia *Colombia (country),* 1

la **colonia** *colony,* 40

colonial *colonial,* 13, 23

el **colonizador, –a** *colonizer,* 40

el **color** *color,* 3; los colores: el televisor en colores *color TV set,* 24

el **colorete** *rouge,* 36

el **colorido** *colorfulness,* 34

la **columna** *column,* 36

la **comadre** *relationship between godmother and parents of child,* 30

la **combinación** *combination,* 9

el **comedero** *feeder, trough,* 37

el **comedor:** la silla de comedor *dining chair,* 14

comenzar (ie) (GS) *to begin,* 23

comer *to eat,* 7

comercial *commercial, business,* 16, 23

el **comerciante,** la **c.** *merchant,* 23

cómico, –a *funny,* 24; las tiras cómicas *comic strips,* 86

la **comida** *dinner, meal, food,* 7

como *like,* 9; *since, about,* 16; quedará como nuevo *it will be like new,* 25; tan...como *as . . . as,* 23; tanto (–a, –os, –as)...como *as much, as many . . . as,* 23

¿cómo? *what,* 1; *how,* 4, 5

¡cómo!: ¡cómo no! *why not!* 13

la **cómoda** *dresser,* 14

cómodo, –a *comfortable,* 21

el **compadre** *relationship between godfather and parents of child,* 30; *buddy,* 27

el **compañero, –a** *pal, classmate,* 3

la **compañía** *company,* 28

comparar *to compare,* 14

el **compás** *compass,* 40

la **competencia** *competition,* 9

competir (i, i) (GS) *to compete,* 32

componer (GS) *to compose,* 29

la **composición** *composition,* 3; *(musical) composition, piece,* 29

la **compra** *purchase, buy,* 14; ir de compras *to go shopping,* 16

el **comprador, –a** *buyer,* 27, 32

comprar *to buy,* 7

la **comprensión** *comprehension,* 1

con *with,* 3

el **concurso** *contest,* 29

conducir (GS) *to drive,* 25; la licencia de conducir *driving license,* 25

el **conejo** *rabbit,* 34

la **confección** *preparation,* 38

la **conferencia** *conference,* 39

la **conga** *conga (drum),* 29

el **congelador** *freezer,* 32

congelar(se) *to freeze, become frozen,* 31

conmigo *with me,* 7

conocer (GS) *to know (a person, place),* 13

conocido, –a *known,* 36

el **conocimiento** *understanding,* 28; *knowledge,* 38

la **conquista** *conquest,* 40

conquistar *to conquer,* 39

el **consejero, –a** *counsellor, advisor,* 26

la **conservación** *conservation,* 24

conservar *to conserve, save,* 38

considerado, –a *considered,* 28

considerar *to consider,* 32, 38

constituir *to constitute, make up,* 35

la **construcción** *construction,* 39

construido, –a *built,* 36

consultar *to consult, look in,* 24

contagioso, –a *contagious,* 17

contar (ue) (GS) *to tell (about),* 12, 18

contemplar *to contemplate,* 36, 39

contener (GS) *to contain, hold,* 39

contento, –a *happy,* 22

la **contesta** *answer, reply,* 28

contestar *to answer,* 1, 4

contigo *with you,* 7

el **continente** *continent,* 35

continuar *to continue,* 34

contra *against,* 9

el **contrario:** al contrario *on the contrary,* 9

contrastar *to contrast,* 35

el **contraste** *contrast,* 35

el **control** *control,* 24; de doble control *dual control,* 25

convencer *to convince,* 29

convenir (ie) (GS) *to suit, be convenient,* 36

la **conversación** *conversation,* 1, 6

conversar *to chat,* 5

un **convertible** *convertible,* 25

convertir(se) (ie, i) (GS) *to convert, change,* 31, 40

la **copia** *copy,* 35; las copias: sacar copias *to make copies,* 40

el **copiloto,** la **c.** *copilot,* 28

el **coral** *coral,* 27

el **corazón** *heart,* 22

la **corbata** *tie,* 3

el **cordel** *cord, string,* 27

correctamente *correctly, the right way,* 25

correcto, –a *correct,* 28, 36

corregido, –a *corrected,* 28

corregir (i, i) (GS) *to correct,* 28, 32

el **correo:** el correo aéreo *air mail,* 12

correr *to run,* 9; *to race,* 20

la **correspondencia** *correspondence,* 31

corresponder *to correspond,* 28

cortado, –a *cut,* 37

cortar *to cut,* 13, 27

la **cortina** *curtain,* 14

corto, –a *short (length),* 3

la **cosa** *thing,* 7

la **costa** *coast,* 23, 27

costar (ue) (GS) *to cost,* 14

el **costo** *cost,* 15

la **costumbre** *custom,* 34; de costumbre *usually, customarily,* 18

el **crédito:** la tarjeta de crédito *credit card,* 16

creer (GS) *to think, believe,* 8

la **crema** *cream,* 24

la **cresta** *crest,* 32

criollo, –a *creole,* 35; el pabellón criollo *Venezuelan dish of rice, beans, fried plantains, and shredded beef,* 32

cristal: de cristal *(made of) glass,* 28

la **cristalería** *glasswork, glassmaking,* 38

cristiano, –a *Christian,* 34

el **cruce** *crossing,* 25; el cruce de animales *animal crossing,* 25; el cruce de peatones *crosswalk,* 20; el cruce de trenes *railroad crossing,* 25

cruzar (GS) *to cross the street, etc.,* 20

el **cuaderno** *notebook,* 5

la **cuadra** *street, block,* 20

el **cuadro** *painting, picture,* 25, 33

¿cuál? *which?* 4; *which one?* 5

¿cuáles? *which? which ones?* 5, 6

cualquier, –a *any, anyone,* 26, 28, 38

cuando *when,* 5; de vez en cuando *every now and then,* 24

¿cuándo? *when?* 6

¿cuánto? *how much?* 10; *how?* 16

¿cuántos? –as *how many?* 2, 5

cuarenta *forty,* 5; cuarenta y uno *forty-one,* 5

cuarto, –a *fourth,* 18; menos cuarto *a quarter to (the hour),* 5; tres cuartos de *three quarters (fourths) of,* 19; un cuarto de *a quarter (fourth) of,* 19; y cuarto *a quarter after (the hour),* 5

el **cuarto** *room,* 6; el cuarto de baño *bathroom,* 28; el cuarto de dormir *bedroom,* 14; el cuarto oscuro *darkroom,* 40

cuatro *four,* 1

el **cuatro** *four-stringed guitar,* 32

cuatrocientos, –as *four hundred,* 16

cubano, –a *Cuban,* 14

cubierto, –a *covered,* 23

cubrir *to cover,* 14

la **cuchara** *spoon,* 7

la **cucharita** *teaspoon,* 7

el **cucharón** *large spoon,* 32
el **cuchillo** *knife,* 7
el **cuello** *neck,* 10
la **cuenta** *check, bill,* 7; la cuenta de banco *bank account,* 26; no cierre la cuenta *don't add up the bill yet,* 26
el **cuento** *story,* 30
la **cuerda** *rope, string,* 15, 29
Cuernavaca *city near Mexico City,* 12
el **cuero** *leather,* 28
el **cuerpo** *body,* 17, 31
la **cuesta** *hill,* 8
la **cueva** *cave,* 10
¡cuidado! *careful! watch out!* 9; con cuidado *carefully,* 20; tener (mucho) cuidado *to be (very) careful,* 25, 26
cuidar *to take care of,* 26
cultivar *to cultivate, grow,* 37
el **cultivo** *cultivation, growing,* 37
la **cultura** *culture,* 33, 39
cultural *cultural,* 36, 39
el **cumpleaños** *birthday,* 13
cumplidor, –a *reliable,* 26
cumplió...años *was . . . years old,* 25; **cumplirá...años** *will be . . . years old,* 28
el **cuñado, –a** *brother-in-law, sister-in-law,* 30
el **cura** *priest,* 30
curar *to cure,* 37
curioso, –a *curious,* 36
el **curso** *course,* 25
la **curva** *curve,* 27
cuyo, –a, –os, –as *whose,* 30

CH

el **Chac-Mool** *famous statue,* 39
el **champú** *shampoo,* 24
chao *good-bye (from Italian ciao),* 6
Chapultepec: el parque de Chapultepec *a park in Mexico City,* 22
la **chaqueta** *jacket,* 3
la **charla** *chat, talk,* 6
charlar *to chat,* 13
el **charro** *Mexican cowboy,* 22
checoslovaco, –a *Czechoslovakian,* 25
el **cheque: el cheque de viajero** *traveler's check,* 28
chequear *to check, inspect,* 26, 31
la **chica** *girl,* 1
Chicago *Chicago,* 31
el **chico** *boy,* 1
el **chicharrón** *fried pork rind,* 13
la **china** *orange (Puerto Rico),* 13
el **chiste** *joke,* 15
el **chivo** *goat,* 4, 22
chocar (GS) *to crash, collide,* 21

el **chocolate** *chocolate,* 1
el **chófer, la c.** *driver, chauffeur,* 25
el **churro** *Spanish fritter, cruller,* 11

D

Dallas *Dallas,* 31
las **damas** *checkers,* 8
dar (GS) *to give,* 2, 4
el **dato** *fact(s),* 28, 37
de *from,* 1; *of,* 1, 2; *in,* 3; *about,* 6; *with,* 9; *for,* 14; de acuerdo a *in accordance with, according to,* 32; de ancho *wide,* 23; de costumbre *usually, customarily,* 18; de diablos *like devils,* 34; de doble control *dual control,* 25; ¿de dónde? *(from) where?* 1; de frente *head-on,* 25; de la tarde *in the afternoon,* 19; de lejos *from a distance,* 27; de lujo *luxurious,* 25; de maravilla *a marvel,* 25; de memoria *by heart, from memory,* 32; de menos *less,* 32; de momento *suddenly,* 36; de noche *at night,* 12; de película *out of this world, extraordinary,* 36; ¿de quién? *whose?* 2; de repente *suddenly,* 39; de repuesto *spare (tire),* 25; de sangre *by blood,* 30; de segunda mano *second-hand,* 25; en caso de *in case of, in the event of,* 25
debajo de *under,* 10
deber *should,* 7
debido a *due to,* 35
decidido, –a *decided,* 20
decidir *to decide,* 8
decir (i) (GS) *to say,* 3; quiere decir *means,* 25
la **decisión** *decision,* 9
la **declaración: la declaración de aduana** *customs declaration,* 28
declarar *to declare,* 27, 28, 40
la **decoración** *decoration,* 19
decorar *to decorate,* 19
dedicarse (a) *to dedicate oneself (to),* 38
el **dedo** *finger,* 33
la **defensa** *defense,* 9, 23
dejar *to leave,* 7; *to leave behind,* 11; *to allow, to let,* 16, 26
del *of the (contraction of de + el),* 5, 9
la **delegación** *delegation, representative group,* 34
delgado, –a *thin,* 3
delicioso, –a *delicious,* 7
el **delta** *delta (of a river),* 35
demás *other, rest of the,* 19; los demás *the rest of, the others,* 9, 22
demasiado *too (much),* 16
demorarse *to take a long time, de-*

lay, 37; demores: no te demores *don't take long,* 26
dentro: dentro de *inside,* 10; por dentro *on the inside,* 34; ¡dentro! *it's in!* 9
depender (de) *to depend (on),* 40
el **deporte** *sports,* 5
deportivo: el coche deportivo *sports car,* 25
la **derecha: a la derecha** *to the right,* 20
derecho *straight (ahead),* 20
la **derrota** *defeat,* 8
desaparecer (GS) *to disappear,* 38
desayunarse *to eat breakfast,* 17
el **desayuno** *breakfast,* 7
descalzo, –a *barefoot,* 21
descansar *to rest,* 10, 11
el **descansar** *resting,* 31
el **descanso** *rest,* 27
el **descendiente, la d.** *descendant,* 40
describir *to describe,* 20, 21
descubierto, –a *discovered,* 35
el **descubridor, –a** *discoverer,* 30
descubrir *to discover,* 8
el **descuento: se hará un descuento** *(he) will give us a discount,* 33
desde *since,* 14, 27; desde hace... años *. . . years ago,* 25
desear *to want,* 26
deslizar(se) (GS) *to slide,* 33
el **desodorante** *deodorant,* 36
despacio *slowly,* 29
la **despedida** *good-bye, farewell,* 6
despedirse (i, i) (GS) *to say good-bye,* 19
el **despegue** *take-off,* 28
despertador: el reloj despertador *alarm clock,* 31
despertarse (ie) (GS) *to wake up,* 17
después *afterwards, then,* 5; después de *after,* 13; después que *after,* 26
el **destinatario** *addressee,* 12
el **detalle** *detail,* 26, 39
devolver (ue) (GS) *to return, give back,* 40
el **día** *day,* 8; al final del día *at the end of the day,* 26; al otro día *the next day,* 10; todo el día *all day long,* 8; los días: buenos días *good morning,* 4; todos los días *every day,* 5
el **diablo: de diablos** *like devils,* 34
diario, –a *daily,* 26
el **diario** *diary,* 11
dibujar *to draw,* 40
el **dibujo** *drawing,* 5
el **diccionario** *dictionary,* 40
diciembre *December,* 12
diecinueve *nineteen,* 1
dieciocho *eighteen,* 1
dieciséis *sixteen,* 1
diecisiete *seventeen,* 1
el **diente** *tooth,* 17; los dientes: cepillarse los dientes *to brush one's teeth,* 17

la **dieta** *diet,* 37
diez *ten,* 1; y diez *ten after (the hour),* 5
diferente *different,* 8
difícil *difficult,* 4
difícilmente *difficultly, hardly,* 19
¿diga? *hello?* 6
el **dinero** *money,* 10
el **dios,** la **diosa** *god, goddess,* 39
la **dirección** *direction,* 20
directamente *directly,* 27
el **directorio** *directory,* 6
dirigir (GS) *to direct,* 32
la **disciplina** *discipline,* 32
el **disco** *phonograph record,* 4, 8; *hockey puck,* 33; poner (un disco) *to play, to put on (a record),* 13
la **discoteca** *discotheque,* 35
la **discusión** *discussion,* 15
discutir *to discuss,* 15
el **disfraz** *disguise, costume,* 34
disfrazar(se) (GS) *to disguise, dress up in costume,* 34
disfrutar *to enjoy,* 11
dispuesto, –a *capable, able,* 28
disputado, –a *disputed,* 40
distinguir (GS) *to distinguish,* 32
distinto, –a *different,* 26, 28, 34
el **disyoqui** *disc jockey,* 36
la **diversión** *fun, amusement,* 22
divertidísimo, –a *very amusing,* 21
divertido, –a *fun, amusing,* 8; *merry,* 22; ¡qué divertido! *what fun!* 7
divertirse (ie, i) (GS) *to amuse oneself,* 19
dividir(se) *to divide,* 8, 28
doblar *to make a turn,* 20
doble: de doble control *dual control,* 25; doble circulación *two-way traffic,* 25
doce *twelve,* 1
la **docena** *dozen,* 26
el **doctor, –a** *doctor,* 17
el **documental** *documentary,* 24
el **documento** *document,* 28
el **dólar** *dollar,* 10
doler (ue) (GS) *to hurt,* 17
el **dolor** *pain, ache,* 17
doméstico, –a *domestic,* 37
dominar *to dominate,* 40
el **domingo** *Sunday,* 7
dominicano, –a *Dominican,* 28
el **dominó** *dominoes,* 8
don *title of respect used with a man's first name,* 2
donde *where,* 7; por donde *on which,* 23
¿dónde? *where?* 1; ¿de dónde? *from where?* 1
doña *title of respect used with a woman's first name,* 2
dorado, –a *gold-colored or -plated,* 18
dormido, –a *asleep,* 31
dormir(se) (ue, u) (GS) *to sleep,* 10; *to fall asleep,* 29

dos *two,* 1; de dos sentidos *two-way,* 20
Dr., –a. *abbreviations for* doctor, –a, 17
el **drama** *drama, play,* 34
el **Draqui** *Sir Francis Drake, English buccaneer,* 30
Dublín *Dublin,* 31
dudar *to doubt,* 19
el **dueño, –a** *owner,* 29
dulce: la pasta de dulce *solid fruit jelly,* 13; los dulces *candy, sweets,* 7
durante *during,* 8
duro, –a *hard, tough,* 26

E

e *and,* 26
la **economía** *economy,* 35
económico, –a *economical,* 25
la **edad** *age,* 22
el **edificio** *building,* 23
la **educación** *education,* 28; la educación física *physical education (gym),* 5
EE. UU. *abbreviation for* Estados Unidos, 2
efectivo: en efectivo *in cash,* 28
el **ejemplo** *example,* 2; por ejemplo *for example,* 8
el **ejercicio** *exercise,* 1, 10; el ejercicio de composición *composition exercise,* 3; el ejercicio de comprensión *listening comprehension exercise,* 1; el ejercicio de conversación *conversation exercise,* 1; el ejercicio escrito *written exercise,* 1
el *the,* 1
él *he,* 1
él *him (prep obj),* 16
eléctrico, –a *electric,* 27, 29
el **elefante** *elephant,* 10
elegante *elegant,* 16, 22
eliminar *to eliminate,* 34
ella *she,* 1
ellas *they (f only),* 3
ellos *they,* 2
embargo: sin embargo *however,* 38
el **embrague** *clutch,* 25
embullar *to urge, develop enthusiasm,* 26
el **empate** *tie (sports),* 33
el **emperador** *emperor,* 39
la **emperatriz** *empress,* 39
empezar (ie) (GS) *to begin,* 12; empezar a + inf *to begin to + inf,* 14
el **empleado, –a** *employee, worker,* 26
el **empleo** *job, employment,* 18
empujar *to push,* 19
en *in,* 2, 4; *on,* 5; *at,* 14; en caso

de *in case of, in the event of,* 25; en efectivo *in cash,* 28; en marcha atrás *in reverse,* 25; en particular *in particular,* 18, 39
encantado, –a *delighted,* 28
encantar *to enchant, delight,* 33
encapotado, –a *cloudy, overcast,* 31
encargarse *to charge, be responsible for,* 19
encender (ie) (GS) *to light (a fire),* 15; *to set on fire,* 19; *to turn on,* 24
encerar *to wax,* 32
encerrarse *to lock oneself up,* 27
la **enciclopedia** *encyclopedia,* 40
encontrar(se) (ue) (GS) *to meet,* 17; *to find,* 28
la **energía** *energy,* 24
enero *January,* 12
enfermarse *to get sick,* 17
la **enfermedad** *illness,* 17
la **enfermera** *nurse,* 17
enfermo, –a *ill, sick,* 5
enfriar *to cool, chill,* 26
el **enjuague** *rinse,* 36
enojado, –a *mad, angry,* 22
enojarse *to get angry,* 30
la **ensalada** *salad,* 7
el **ensayo** *rehearsal,* 29
enseguida *right away,* 18
enseñar *to show,* 11; *to teach, to show how,* 13; enseñar a + inf *to teach to + inf,* 13
ensillar *to saddle,* 26
entero, –a *whole,* 12
entonces *then,* 4
la **entrada** *admission (ticket),* 20; entrance, 23, 28; el pasillo de entrada *foyer, entry, hallway,* 14; la entrada en autopista *highway entrance,* 25
entrar *to go in, enter,* 7
entre *between, among,* 8
la **entrega:** la entrega de equipaje *baggage pick-up,* 28
entregar *to hand over,* 28
entretenerse (ie) (GS) *to amuse oneself,* 24
entretenido, –a *amusing, entertaining,* 8; *entertained,* 34
la **entrevista** *interview,* 29
el **envase** *container,* 37
envenenar *to poison,* 32
el **equilibrio** *equilibrium,* 32
el **equipaje:** la entrega de equipaje *baggage pick-up,* 28; el exceso de equipaje *excess luggage,* 28
el **equipo** *team,* 9; *equipment, gear,* 15; el equipo de sonido *sound system,* 36
el **equivalente** *equivalent,* 40
equivocarse (GS) *to make a mistake, to be mistaken,* 32
el **erizo de mar** *sea urchin,* 27
ésa *one, that thing (f), that,* 19
las **escalas:** hacer escalas en... *(to) stop in . . . ,* 28

la **escalera** *stairs,* 30
escapar *to get away, to escape,* 17
la **escena** *scene,* 34
escoger (GS) *to choose,* 24, 26, 32
escolar: el año escolar *academic year,* 26
escondido, –a *hidden,* 35
el **escor** *score,* 9
escribir *to write,* 12; la **máquina de escribir** *typewriter,* 40
el **escritorio** *teacher's desk,* 5
escuchar *to listen,* 8, 38
la **escuela** *school,* 4
ese, –a *that,* 10, 13
ése *that one, thing (m),* 19
el **esfuerzo** *effort,* 40
eso *that,* 30; **por eso** *for that reason,* 22
ésos *those ones, things (m),* 19
el **espacio** *space,* 25, 40
espacioso, –a *spacious, big,* 39
la **espalda** *back,* 17
España *Spain,* 1
el **español** *Spanish* (lang), 1; **se habla español** *Spanish is spoken,* 10
el **español, –a** *Spanish, Spaniard,* 23
el **espárrago** *asparagus,* 30
la **espátula** *spatula,* 32
especial *special,* 9
especialmente *especially,* 24
la **especificación** *specification,* 32
el **espectador** *spectator,* 9
el **espejo** *mirror,* 36
los **espejuelos** *eyeglasses,* 28; los **espejuelos de sol** *sunglasses,* 21
la **espera: el salón de espera** *waiting room,* 28
esperar *to wait (for),* 6
las **espinacas** *spinach,* 7
los **esposos** *husband and wife,* 30
el **esqueleto** *skeleton,* 34
el **esquí** *ski,* 33
el **esquiador, –a** *skier,* 9; *water skier,* 21
esquiar *to ski,* 9; **esquiar en tabla** *to surf,* 9
el **esquiar** *skiing,* 31
la **esquina** *corner, intersection,* 20
esta *this,* 13
estable *stable,* 31
establecer(se) (GS) *to settle, establish,* 39
el **establo** *stable,* 37
la **estación** *season,* 9; *station, terminal,* 11
el **estacionamiento** *parking,* 25
estacionar *to park;* 25; **prohibido estacionar** *no parking,* 25
las **estadísticas** *statistics,* 40
el **estado** *state,* 12; *state, condition,* 31
los **Estados Unidos** *the United States,* 1
estallar *to blow up, explode,* 19
la **estampilla** *postage stamp,* 8, 12
el **estanque** *pond,* 11, 20

estar (GS) *to be,* 5; **estar casado, –a** *to be married (to),* 30; **estar de acuerdo** *to agree,* 25; 29; **estar de moda** *to be fashionable,* 32
la **estatua** *statue,* 39, 40
la **estatura** *height,* 16
este *this (m),* 13
éste *this one, thing (m),* 19
el **este** *east,* 5, 16, 20
el **estéreo** *stereo (record player),* 26
estimado, –a *dear, esteemed,* 12
esto *this,* 30
Estocolmo *Stockholm,* 31
el **estómago** *stomach,* 17
estos *these,* 1, 13
éstos *these ones, things (m),* 19
la **estrella** *star,* 4; *ferris wheel,* 22; la **estrella de mar** *starfish,* 27
el **estribo** *stirrup,* 26
estrecho, –a *narrow,* 25
estricto, –a *strict,* 4
el **estudiante,** la **e.** *student,* 4
estudiar *to study,* 4
el **estudio** *study,* 24
la **estufa** *stove,* 32
estupendo, –a *fantastic,* 9
la **etiqueta** *label, tag,* 16
Europa *Europe,* 38
evitar *to avoid,* 24
exactamente *exactly,* 19
el **examen** *exam,* 5
el **examinador, –a** *examiner,* 25
examinar *to examine,* 17
excelente *excellent,* 23
la **excepción** *exception,* 9
el **exceso: el exceso de equipaje** *excess luggage,* 28
exclusivo, –a *exclusive,* 29
la **excursión** *excursion, pleasure trip,* 23
la **excusa** *excuse,* 22
la **exhibición** *exhibition,* 39
exhibir *to exhibit,* 38
exótico, –a *exotic,* 20
la **expedición** *expedition,* 35
la **experiencia** *experience,* 26
el **experimento** *experiment,* 32
el **experto, –a** *expert,* 33
la **explicación** *explanation,* 39
explicar (GS) *to explain,* 39
la **exploración** *exploration,* 15
la **expresión** *expression,* 26
extenderse (ie) (GS) *to extend,* 35
la **extensión** *stretch, extension,* 40
extenso, –a *extensive, long,* 28
extranjero, –a *foreign,* 31; la **matrícula extranjera** *foreign license plate,* 25

F

la **fábrica** *factory,* 23
fabricado, –a *manufactured, built, made,* 38

fabricar (GS) *to construct, build,* 27; *to manufacture, build,* 38
fabuloso, –a *fabulous,* 36
fácil *easy,* 4
fácilmente *easily,* 19
Fahrenheit *Fahrenheit,* 31
la **faja** *land belt,* 35
la **falda** *skirt,* 3
la **falta: la doble falta** *double fault (tennis),* 9
faltar *to be missing,* 19
la **fama** *fame, reputation,* 39
la **familia** *family,* 2
famoso, –a *famous, well-known,* 23
el **fantasma** *ghost,* 22
la **farmacia** *drugstore,* 14, 17
el **faro** *headlight,* 25
fascinado, –a *fascinated,* 39
¡faul! *foul!* 9
favor: por favor *please,* 5
favorito, –a *favorite,* 5
el **favorito, –a** *the favorite one,* 11
febrero *February,* 12
la **fecha** *date,* 12
federal *federal,* 40
feliz *happy,* 10
feo, –a *ugly, bad-looking,* 2, 3
la **ferretería** *hardware store,* 14
el **festival** *festival,* 34
la **fiebre** *fever,* 17
la **fiesta** *party,* 11
la **figura** *figure,* 33
la **fijación** *ski binding,* 33
fijo, –a *fixed, set,* 16; *stable,* 31
fin: al fin *finally,* 14; **el fin de autopista** *end of highway,* 25; **el fin de semana** *weekend,* 10; **en fin** *in short,* 9; **por fin** *finally,* 7
final *final,* 25; **al final** *at the end,* 20; **al final del día** *at the end of the day,* 26
finalmente *finally,* 22
la **finca** *farm,* 23
físico, –a: la educación física *physical education (gym),* 5
el **flan** *baked custard,* 7
la **flauta** *flute,* 29
la **flecha** *arrow,* 20, 26
la **flexión** *flection,* 32
la **flor** *flower,* 4, 20
la **flota** *fleet,* 27
flotante *floating,* 36
flotar *to float,* 21
el **folklore** *folklore,* 34
folklórico, –a *folkloric,* 34
el **folleto** *brochure,* 15
el **fondo** *bottom,* 35
la **forma** *form,* 38
formar(se) *to form,* 32
la **fórmula** *formula,* 31, 37
Fortín del Cerro *festival site,* 34
el **fósforo** *match,* 15
la **foto** *photograph,* 12
las **fotografías: sacar fotografías** *to take photos,* 40

el **fotógrafo, la f.** *photographer,* 36
el **fraile** *friar,* 40
francés, –a *French,* 25
el **francés** *French (lang),* 5
el **fregadero** *kitchen sink,* 32
freír (i, i) *to fry,* 32
frenar *to brake,* 25
el **freno** *brake,* 25; el freno de mano hand *(emergency) brake,* 25
frente: de frente *head-on,* 25; frente a *in front of,* 14
la **fresa** *strawberry,* 7
el **fresco** *refreshing wind,* 23; fresco, *mural,* 39
frío, –a *cold,* 19
el **frío** *cold weather,* 12; tener frío *to be cold,* 17
frito, –a *fried,* 11, 23
la **frontera** *border, frontier,* 38
la **fruta** *fruit,* 7
el **fuego** *fire,* 15
fuera: fuera de *out of,* 10; por fuera *on the outside,* 34
¡fuera! *it's out,* 9
fuerte *strong,* 3; *heavy,* 5
el **fuerte** *fort, fortress,* 23
fundar *to found, establish,* 23
el **fútbol** *soccer,* 9
el **futuro** *future,* 29

G

el **gabinete** *kitchen cabinet,* 32
las **gafas** *goggles, eyeglasses,* 33
el **galeón** *galleon (large ship used by the Spanish to transport treasures from the New World back to Spain),* 30
el **galón** *gallon,* 19
la **galletita** *cookie,* 19
la **gallina** *hen,* 37
ganadero, –a *cattle-raising,* 35
el **ganado** *cattle,* 23
ganar *to win,* 8; *to earn,* 26; ganarnos *to beat (win over) us,* 27
la **ganga** *bargain,* 16
garantizar (GS) *to guarantee,* 24
el **garbanzo** *chickpea,* 30
la **garganta** *throat,* 17
la **garza** *crane (bird),* 35
la **gasolina** *gas, gasoline,* 25
gastar *to spend,* 29
el **gasto** *expense,* 20
el **gato** *jack,* 25
los **gemelos, –as** *twins,* 36
la **generación** *generation,* 38
general *general,* 21
el **genio, la g.** *genius,* 35
la **gente** *people,* 11; menos gente que *fewer people than,* 15
la **geografía** *geography,* 5
el **gigante, la g.** *giant,* 39
el **gimnasio** *gymnasium,* 9
girar *to revolve,* 27
el **gladiolo** *gladiola,* 37

el **globo** *balloon,* 22
la **gloria** *glory,* 39
la **glorieta** *traffic circle,* 20
gobernar (ie) *to govern,* 40
el **gobierno** *government,* 40
el **golpe** *blow, hit,* 19
la **goma: la goma de pegar** *glue,* 40
gordo, –a *fat, heavy,* 16
la **gorra** *cap,* 3
gozar (GS) *to have fun,* 24
la **grabadora** *tape recorder,* 29
grabar *to record,* 29
gracias *thank you,* 4; las gracias *thanks,* 31
gracioso, –a *cute,* 24; ¡qué graciosa! *how cute!* 14
el **grado** *degree,* 17
la **graduación** *graduation,* 28
el **gramo (g.)** *gram,* 19
gran *(form of* **grande***) great, big,* 19, 21
grande *big,* 1, 4; grandes *great,* 14
el **grano** *grain,* 37
gratis: de gratis *for free,* 14
griego, –a *Greek,* 25
gritar *to shout,* 9
la **gritería** *yelling,* 22
el **grito** *scream, shout,* 19
grueso, –a *heavy,* 33
el **grupo** *group,* 26, 28, 30
la **Guajira** *territory in the northwest of Venezuela,* 38
el **guajiro, –a** *member of Venezuelan Indian tribe,* 35
el **guante** *baseball glove,* 9; *glove,* 16
guapo, –a *good-looking, handsome, pretty,* 3
el **guarache** *sandal (Mexico),* 38
guardar *to keep,* 11
la **guayaba** *guava (a tropical fruit),* 23, 26
la **Guelaguetza** *Mexican festival,* 34
el **guerrero** *warrior,* 39
el **guía, la g.** *guide,* 26
guiar *to drive,* 26
el **güiro** *musical instrument made of dried gourd,* 29
la **guitarra** *guitar,* 8, 11
gustar *to like, to be pleasing to,* 7
el **gusto** *pleasure,* 13; tanto gusto *glad to meet you,* 13

H

La **Habana** *Havana,* 31
haber (GS) *to have, to be,* 25, 28
había *there was, there were,* 22
la **habitación** *room,* 14
el **habitante, la h.** *inhabitant, dweller,* 34, 39, 40
habitar *to inhabit,* 35
el **habla** (f) *speech, language,* 28
hablar *to speak, talk,* 4

habrá *there will be, it will have,* 25
hacer (GS) *to do, to make,* 9; hacer caso (a) *to pay attention to,* 32; hacer escalas en… *(to) stop in . . . ,* 28
hacia *toward, to,* 14
el **hacha** (f) *ax,* 15
la **hada** (f) *fairy,* 34
la **hamaca** *hammock,* 35
el **hambre** (f): **muerto, –a de hambre** *dying of hunger,* 15; tener hambre *to be hungry,* 7
la **hamburguesa** *hamburger,* 7
el **hámster** *hamster,* 10
hasta *until,* 9; *as far as,* 11; *even,* 25; hasta luego *see you later,* 5; hasta mañana *see you tomorrow,* 6; hasta pronto *see you soon,* 6; hasta que *until,* 27
hay *there is,* 4; *there are,* 8; hay de todo *there's everything,* 10; hay que + inf *we have to + inf, it is necessary to + inf,* 22; hay tanto que ver *there's so much to see,* 10, 36; no hay nada *there's nothing,* 13
hecho, –a *made,* 28; ¡un sueño hecho realidad! *a dream come true!* 26
el **heladero, –a** *ice-cream vendor,* 35
el **helado** *ice cream,* 4, 7
el **helicóptero** *helicopter,* 35
la **herida** *cut, wound,* 17
la **hermana** *sister,* 2
el **hermanito** *little brother,* 19
el **hermano** *brother,* 2; los hermanos *brothers, brothers and sisters,* 2
hermosísimo, –a *very pretty, very beautiful,* 21
hervir (ie, i) (GS) *to boil,* 31
el **hielo** *ice,* 9
la **hierba** *grass,* 10
el **hierro** *iron,* 28
la **hija** *daughter,* 2, 16
el **hijo** *son,* 2, 17
el **hilo** *thread,* 38; de hilo *(made of) linen,* 28
hispánico, –a *Hispanic,* 28
hispano, –a *Hispanic,* 9, 23; *from Spain,* 23
Hispanoamérica *Spanish America,* 8
la **historia** *history,* 4; *story,* 38
histórico, –a *historic,* 40
el **hockey** *hockey,* 33
la **hoja** *leaf (tree),* 9; *sheet (of paper),* 28
hola! *hi!* 4
holandés, –a *Dutch,* 25
el **hombre** *man,* 25, 27, 28
el **hombro** *shoulder,* 16
hondo, –a *deep,* 7
Hong Kong *Hong Kong,* 31
el **honor** *honor,* 34, 40
la **hora** *time,* 5; *hour,* 8; a su hora *on time,* 28; le pagan por hora

they pay (her) by the hour, 26; por hora by the hour, 26

el **horario** schedule, 5

horizontal horizontal, 24

el **horizonte** horizon, 27

el **horno** oven, 26

el **horóscopo** horoscope, 22

el **hostal** inn, hotel, 30

la **hostería** inn, hostelry, 34

el **hotel** hotel, 23

hoy today, 5; hoy mismo today, right now, 25

hubo there was, 28

el **huerto** fruit or vegetable garden, 32

el **huevo** egg, 7

la **humedad** humidity, 37

hundirse to sink (oneself), 21

húngaro, –a Hungarian, 25

el **huracán** hurricane, 27

I

la **ida: de ida y vuelta** round trip, 11

la **idea** idea, 10

ideal ideal, 9

identificar (GS) to identify, 40

el **idioma** language, 28

la **iglesia** church, 30

la **iglesita** little church, 27

ilustrar to illustrate, 40

la **imagen** figure, small statue, 19; image, 24

imaginar(se) to imagine, think, 34

impaciente impatient, 18

impenetrable impenetrable, 35

el **imperio** empire, 39

el **impermeable** raincoat, 31

importante important, 15; lo importante the important thing, 28

importar to matter, 36

imposible impossible, 16

el **impuesto** tax, 28

inaugurar to inaugurate, open (to the public), 39

incluir to include, 35

incómodo, –a uncomfortable, 25

increíble incredible, 39

la **independencia** independence, 35, 40

el **indígena**, la **i.** native inhabitant, 38

indio, –a Indian, 33

el **indio, –a** Indian, 34, 38

individual individual, 26

la **industria** industry, 23

industrial industrial, 38

inestable unstable, 31

la **influencia** influence, 40

la **información** information, 39

informal informal, 30

Inglaterra England, 40

inglés, –a English, 25

el **inglés** English (lang), 4

el **ingrediente** ingredient, 32

inmediatamente immediately, 19

inmenso, –a immense, great, 27

innumerable countless, 39

inolvidable unforgettable, 29

la **inscripción** inscription, 39

el **insecto** insect, 8

insistir (en) to insist (on), 39

insoportable unbearable, 17

las **instrucciones** directions, instructions, 20

el **instructor, –a** instructor, 25

el **instrumento** instrument, 28

inteligente intelligent, 3

el **interés** interest, 32

interesante interesting, 4

interesar to interest, be of interest to, 35

interior inner, interior, 23

internacional international, 25, 28

interrumpir to interrupt, 18

la **interrupción** interruption, 12

la **intersección** intersection, 25

invadir to invade, 40

inventar to invent, 32

invertir (ie, i) (GS) to invest, 26

la **investigación** research, investigation, 39

el **invierno** winter, 9

la **invitación** invitation, 11

el **invitado** guest, 13

invitar to invite, 13; invitar a + inf to invite to + inf, 13

irlandés, –a Irish, 25

irse (GS) to go, 5; to go away, to leave, 17

Isabel la Católica Isabella I of Spain, 30

la **isla** island, 20, 23; Isla Verde beach near San Juan, P.R., 21, las islas: las islas Vírgenes Virgin Islands, 31

italiano, –a Italian, 25

izquierdo, –a: a la izquierda to the left, 14

J

el **jabón** soap, 36

el **jade** jade, 39

el **jaguar** jaguar, 39

el **jamón** ham, 7

japonés, –a Japanese, 20

el **jarabe** syrup, 17

el **jardín** garden, 13

el **jarrón** vase, 18

la **jaula** cage, 4, 10

Jesús Jesus, 34

el **jinete**, la **j.** (horse) rider, 26

la **jirafa** giraffe, 10

el **jonrón** home run, 27

joven young, 4; los jóvenes young people, 19

el **judo** judo, 32

el **juego** game, 1, 8; el juego de mesa table game, 8

el **jugador, –a** player, 33

jugar (ue) (GS) to play, 8

el **jugo** juice, 7

julio July, 12

junio June, 12

junto, –a together, 26, 28

la **juventud** youth, 29

K

el **kerosene** kerosene, 27

el **kilo** kilogram, 4, 19

el **kilogramo, kilo (Kg.)** kilogram, 10, 19

el **kilómetro** kilometer, 15; hace muchos kilómetros por litro it gets good kilometers (mileage) per liter, 25

L

la the, 1; her, it (obj pron), 16; la del the one with, 31; la verde the green one, 31

labios: el lápiz de labios lipstick, 36

el **laboratorio** laboratory, 5, 39

el **lado** side, 9; al lado de beside, 10

el **lago** lake, 22

la **laguna** lagoon, 35

la **lámpara** lamp, 14

la **lana** wool, 37; de lana (made of) wool, 28

la **langosta** lobster, 23

lanzarse to dive, throw oneself, 21

el **lápiz** (pl los **lápices**) pencil, 5, 6; el lápiz de cejas eyebrow pencil, 36; el lápiz de labios lipstick, 36

largo, –a long, 3; a lo largo along, throughout the length of, 23; de largo long, 23

las the, 1, 2; them (f pl obj pron), 16

la **lasca** slice, 26

lastimado, –a hurt, 37

lastimar(se) to hurt (oneself), 32

la **lata** tin can, 13, 26

el **látigo: el látigo volador** whip (amusement ride), 22

latino, –a Latin American, 29

el **lavaplatos** dishwasher, 32

lavar(se) to get washed, 17; to wash, 32

el **lazo** bond, tie, 40

el **lector, –a** reader, 29

la **leche** milk, 7; la leche malteada malt, 7

la **lechuga** lettuce, 7

leer (GS) to read, 2, 8

lejano, –a distant, 27

lejos far, 10; de lejos from a distance, 27

la **lengua** language, 5

lentamente slowly, 19

el **lente: el lente de contacto** *contact lens,* 28
lento, –a *slow,* 25
la **leña** *firewood,* 15
el **león** *lion,* 10
la **letra: el juego de letras** *letter game,* 4
el **letrero** *sign, poster,* 28
levantarse *to get up,* 17; *to lift, raise,* 21
la **leyenda** *legend,* 35
el **libertador, –a** *liberator,* 35
la **libra** *pound,* 19
libre *free,* 5, 8
la **librería** *bookstore,* 39
el **librero** *bookcase,* 14
el **libro** *book,* 5; **llevar los libros** *to do the books (accounting),* 26
la **licencia: la licencia de conducir** *driver's license,* 25; **sacar la licencia** *to get one's license,* 25
ligero, –a *light,* 26
la **limonada** *lemonade,* 7
la **limosina** *limousine,* 25
el **limpiabotas, la l.** *shoeshine person,* 35
limpiar *to clean,* 24
limpio, –a *clean,* 10
lindísimo, –a *very pretty, very beautiful,* 4
lindo, –a *beautiful, pretty,* 11
la **línea** *line,* 6
la **linterna** *flashlight,* 15, 25; **la linterna de papel** *paper lantern,* 19
la **lista** *roll, attendance list,* 5; *list,* 13; **pasar lista** *to call the roll,* 5
listo, –a *ready,* 9
el **litro** *liter,* 19; **hace muchos kilómetros por litro** *it gets good kilometers (mileage) per liter,* 25
liviano, –a *light,* 25
lo *it* (m), 16; **a lo largo** *along, throughout the length of,* 23; **lo importante** *the important thing,* 28; **lo mejor** *the best (part),* 26, 31; **lo mismo que** *the same as,* 16; **lo mucho que** *how much,* 36; **lo que** *what,* 1; *whatever,* 9; **por lo menos** *at least,* 15; **por lo visto** *it seems,* 18
el **lobo** *wolf,* 10
la **localización** *location,* 39
la **loción** *lotion,* 24; **la loción de afeitar** *after-shave lotion,* 36; **la loción para broncear** *suntan lotion,* 21
loco, –a *crazy,* 6
la **locura** *madness,* 36
lograr *to achieve, attain,* 28
la **lombriz** *worm,* 27
la **lona** *canvas (dropcloth),* 14
Londres *London,* 28, 31
los *the,* 16; *them* (m pl obj pron), 16
Los Ángeles *Los Angeles,* 31
la **luciérnaga** *firefly,* 27

luchar *to fight, struggle,* 29
luego *later,* 11; **hasta luego** *see you later,* 5
el **lugar** *place,* 8; **en otro lugar** *somewhere else,* 16
Luisiana *Louisiana,* 40
lujo: de lujo *luxurious,* 25
lujoso, –a *luxurious,* 23
la **luna** *moon,* 39
el **lunes** *Monday,* 5; **Lunes del Cerro** *festival in Oaxaca, Mexico,* 34
la **luz** (pl las **luces**) *light,* 20; **la luz de Bengala** *sparkler,* 34

LL

la **llama** *llama,* 10
la **llamada** *(phone) call,* 6
llamar(se) *to be called, named,* 1; *to call,* 6
llamativo, –a *showy,* 18
el **llano** *plain, field,* 35
la **llanura** *plain, field,* 15
la **llegada** *arrival,* 28; **el área de llegadas** (f) *arrival area,* 28
llegar (GS) *to arrive,* 5
llenar *to fill,* 19; *to fill out,* 28
lleno, –a *full,* 9
llevar *to carry, take along,* 15; **llevar los libros** *to do the books (accounting),* 26
llorar *to cry,* 9
llover (ue) (GS) *to rain,* 31
llueve *it's raining,* 9
la **lluvia** *rain,* 19
lluvioso, –a *rainy,* 31

M

el **macizo** *mountainous landmass,* 35
el **machete** *machete, large, heavy knife,* 37
la **madre** *mother,* 6
Madrid *Madrid,* 31
la **madrina** *godmother,* 30
el **maestro, –a** *teacher,* 4
magnífico, –a *great, splendid,* 22
mal *badly,* 4; *sick,* 17
el **malecón** *sea wall,* 35
la **maleta** *suitcase,* 11
el **maletín** *bag, small suitcase,* 21
malo, –a *bad,* 24
la **mamá** *mother,* 2
mami *mom,* 13
los **mandados** *orders, groceries,* 26
mandar *to send,* 12
el **mandatario, –a** *leader, chief executive* 39
el **mando** *control,* 28
manejar *to drive,* 18; *to manage, to handle,* 26
la **manera** *way, means,* 8, 20

la **manga** *fishing net,* 27
el **mango** *mango (a tropical fruit),* 20, 23
el **maní** *peanut,* 37
la **mano** *hand,* 33; **a mano** *by hand,* 27; **de segunda mano** *second-hand,* 25; **el freno de mano** *hand (emergency) brake,* 25; **la señal de mano** *hand signal,* 25
el **manojo** *handful, bunch,* 35
el **mantel** *tablecloth,* 28
mantener (ie) (GS) *to maintain, keep up,* 38
la **mantequilla** *butter,* 7
el **manual** *manual, handbook,* 18; **manuales: los cambios manuales** *manual shift,* 25
la **manzana** *apple,* 7; *block,* 23
mañana *tomorrow,* 6; **hasta mañana** *see you tomorrow,* 6
la **mañana** *morning,* 5; **por la mañana** *in the morning,* 5; **toda la mañana, tarde** *all morning, afternoon,* 27
el **mapa** *map,* 15
la **maqueta** *scale model,* 39
el **maquillaje** *make-up,* 36
la **máquina** *car,* 14; **la máquina de afeitar** *electric shaver,* 36; **la máquina de escribir** *typewriter,* 40
la **maquinaria** *machinery,* 38
el **mar** *sea,* 5, 21; **alta mar** *high seas, open seas,* 27; **el caballito de mar** *sea horse,* 27; **el Mar Caribe** *the Caribbean Sea,* 11; **la estrella de mar** *starfish,* 27
Maracaibo *city and lake in Venezuela, oil producing center,* 35
las **maracas** *maracas,* 29
la **maravilla** *wonder, marvel,* 24, 39; **de maravilla** *a marvel,* 25
maravilloso, –a *marvelous,* 11, 22
la **marca** *make, brand,* 25
marcar *to dial,* 6; *to indicate, show,* 17
marcha: en marcha atrás *in reverse,* 25
el **mariachi** *Mexican band player,* 36
la **marina** *marina,* 31
el **marisco** *shellfish,* 27
marzo *March,* 12
más *more,* 3
la **mata** *plant, tree,* 37
las **matemáticas** *mathematics,* 4
la **materia** *subject,* 5
el **material** *material,* 28
la **matrícula: la matrícula extranjera** *foreign license plate,* 25; **la placa de matrícula** *license plate,* 25
matricularse *to register, sign up,* 25
el **matrimonio** *married couple,* 30
máximo, –a *maximum,* 28, 35
Mayagüez *Mayaguez,* 31
mayo *May,* 12
mayor *older,* 7; *bigger,* 20
el **mayor, la m.** *the older one,* 18

mayormente *mainly, mostly,* 31
me *me,* 16; *myself,* 17
el **mecanógrafo, –a** *typist,* 40
la **mecedora** *rocking chair,* 14
la **media** *sock,* 33
mediano, –a *medium,* 16
la **medianoche** *midnight,* 11
la **medicina** *medication, medicine,* 17
el **médico, –a** *doctor,* 17
la **medida** *size, measurement,* 16
medio, –a *half,* 19; *median, average,* 35; *y media half past (the hour),* 5
el **mediodía** *noon,* 11
medir (i, i) (GS) *to measure,* 16; *medir...de cintura to measure... at the waist,* 16; *medir...de hombros to measure... at the shoulders,* 16
mejor *better,* 10, 20; *a lo mejor perhaps,* 17; *lo mejor the best (thing),* 26
el **melón** *melon,* 7
la **memoria** *memory,* 32; *de memoria by heart, from memory,* 32
menor *younger, smaller,* 20
el **menor**, la **m.** *the younger one,* 18; *minor child,* 20
menos: de menos *less,* 32; *más o menos more or less,* 9; *menos cuarto a quarter to (the hour),* 5; *mentos gente que fewer people than,* 15; *menos...que less...than,* 15; *por lo menos at least,* 15
mensualmente *monthly,* 26
la **mentira** *lie,* 32
menudo: a menudo *often,* 8
el **mercado** *market place,* 19
la **mercancía** *merchandise, goods,* 23, 26
el **merengue** *Latin-America dance,* 29
la **merienda** *snack, light meal in afternoon,* 22
el **mes** *month,* 11; *el mes pasado last month,* 11
la **mesa** *table,* 1, 7; *la mesa de comer dining table,* 14
la **mesita: la mesita de noche** *nightstand,* 14
Metepec *town in Mexico,* 38
meter(se) *to get oneself into,* 21; *to put, place,* 38
el **metro** *subway,* 11
mexicano, –a *Mexican,* 4
México *Mexico (country),* 1
mi *my,* 2, 4
Miami *Miami,* 31
el **micrófono** *microphone,* 29
el **miedo** *fright, fear,* 22; *tener miedo to be scared,* 22
miedoso, –a *cowardly,* 22
el **miembro**, la **m.** *member,* 29, 38
mientras: mientras (que) *while,* 8; *mientras tanto meanwhile,* 6
mil *a thousand,* 11
la **milla** *mile,* 15, 23

el **millón** *million,* 29
mínimo, –a *minimum,* 28
el **minuto** *minute,* 18
mío, –a, –os, –as *my, of mine,* 15
el **mío, –a, –os, –as** *mine,* 28
mirar *to look at,* 5
mis (pl of **mi**) *my,* 5
la **misa** *mass,* 27
la **misión** *mission,* 40
el **misionero, –a** *missionary,* 34, 40
mismo, –a *same,* 9; *hoy mismo today, right now,* 25; *lo mismo que the same as,* 16
el **Misterio** *crèche figures, Nativity scene,* 19
misteriosamente *mysteriously,* 39
misterioso, –a *mysterious,* 35
la **mitad** *half,* 26
mítico, –a *mythical,* 40
Mitla *ancient site near Oaxaca,* 39
la **mochila** *knapsack, backpack,* 15
la **moda: estar de moda** *to be fashionable,* 32
el **modelo**, la **m.** *(fashion) model,* 26; *model,* 30
moderno, –a *modern,* 4
módico, –a *moderate,* 26
modificado, –a *modified,* 40
el **modo** *way,* 8
el **molde** *cake pan,* 32; *mold,* 38
el **mole** *Mexican dish of chicken or turkey, with sauce,* 7
el **molusco** *mollusk,* 27
el **momento** *moment, minute,* 6; *de momento suddenly,* 36
la **moneda** *coin,* 28
monetario, –a *monetary,* 28; *la unidad monetaria monetary unit,* 28
el **mono** *monkey,* 4, 10
el **monopolio** *Monopoly (game),* 8
la **montaña** *mountain,* 5, 9; *la montaña rusa roller coaster,* 22
montañoso, –a *mountainous,* 35
montar *to ride,* 20; *la ropa de montar riding clothes,* 26; *montar a caballo to ride horseback,* 8; *montar las tiendas to pitch the tents,* 15
Monte Albán *ancient city near Oaxaca,* 39
Montreal *Montreal,* 31
la **montura** *(horse) saddle,* 26
el **monumento** *monument,* 35
morado, –a *purple,* 3
la **morena** *moray eel,* 27
moreno, –a *dark, dark-haired,* 3
morir(se) (ue, u) (GS) *to die,* 17; 24
la **mosca** *fly,* 27
Moscú *Moscow,* 31
la **mostaza** *mustard,* 7
el **mostrador** *counter,* 26
mostrar (ue) (GS) *to show,* 38
el **motel** *motel,* 33
la **moto** *motorcycle,* 11

la **motocicleta** *motorcycle,* 27
el **motor** *motor,* 25
mover (ue) (GS) *to move (around),* 24, 27
el **movimiento** *movement,* 35
el **muchachito, –a** *little kid,* 21
el **muchacho, –a** *boy, girl,* 8
muchísmo, –a, –os, –as *very many,* 21; *a lot (superlative),* 24
mucho *a lot (adv),* 4; *¿te falta mucho? do you have much left (to do)?* 24, 26
mucho, –a *a lot,* 13; *muchos, –as many, a lot,* 2
mudarse *to move (to a house),* 23
el **mueble** *furniture,* 14
la **mueblería** *furniture store,* 14
muerto, –a *dead,* 31
la **mujer** *woman,* 18
mundial *(of the) world,* 24
el **mundo** *world,* 13, 14, 23; *todo el mundo everyone,* 8
la **muñeca** *wrist,* 33
el **mural** *mural,* 33
el **museo** *museum,* 8
la **música** *music,* 5
musical *musical,* 8, 24
el **músico** *musician,* 22
muy *very,* 2, 3

N

el **nacimiento** *birth,* 28, 34
nacional *national,* 30, 35
la **nacionalidad** *nationality,* 25
nada *anything, nothing,* 7; *no hay nada there's nothing,* 13
nadar *to swim,* 9
nadie *no one, nobody,* 8
la **naranja** *orange (fruit),* 4, 7
la **nariz** *nose,* 33
nativo, –a *native,* 37
la **naturaleza** *nature,* 24
la **navaja: el rastrillo con navaja** *razor,* 36
el **navegante**, la **n.** *navigator,* 28
navegar *to sail, navigate,* 21
la **Navidad** *Christmas,* 12; *la tarjeta de Navidad Christmas card,* 19
la **neblina** *fog,* 31
necesario, –a *necessary,* 28
necesitar *to need,* 6
el **negocio** *business,* 18
negro, –a *black,* 3
el **neumático** *tire (of car),* 25
neutro: en neutro, primera, segunda *in neutral, first, second gear,* 25
nevar (ie) (GS) *to snow,* 31
ni *(not) even,* 31; *ni...ni neither ...nor,* 33
el **nieto, –a** *grandson, granddaughter,* 30
la **nieve** *snow,* 9

ningún, ninguno, –a *no, not any,* 28; *any, none,* 29; *none, not . . . anyone, nobody,* 33

el **niñito, –a** *little boy, girl* (dim), 21

el **niño, –a** *kid, little boy or girl,* 18; *baby,* 19

no *no,* 1; si no *otherwise,* 25

No. (número) *number,* 23

la **noche** *night,* 9; de noche *at night,* 12; esta noche *tonight,* 13; por la noche *at night,* 11

la **Nochebuena** *Christmas Eve,* 19

las **noches: buenas noches** *good evening, good night,* 6

nombrar *to name,* 25, 28, 40

el **nombre** *name,* 4

el **noreste** *northeast,* 20

normal *normal,* 17

el **noroeste** *northwest,* 20

el **norte** *north,* 5, 20

norteamericano, –a *North American,* 13, 24

nos *us,* 16; *ourselves,* 17

nosotras *we* (f), 3

nosotros *we* (m or m and f), 3

la **noticia** *news,* 25

el **noticiario** *newscast, news show,* 24

la **novela** *TV serial, soap opera,* 24

noventa *ninety,* 5

noviembre *November,* 12

la **nube** *cloud,* 31

nublado, –a *cloudy,* 15

la **nuera** *daughter-in-law,* 30

nuestro, –a, –os, –as *our,* 1, 8

Nueva Orleáns *New Orleans,* 40

Nueva York *New York,* 3, 31

nueve *nine,* 1

nuevo, –a *new,* 4; quedará como nuevo *it will be like new,* 25

Nuevo México *New Mexico,* 40

la **nuez** (pl las **nueces**) *nut(s),* 19

el **número** *number,* 1

nunca *never,* 2, 4

O

o *or,* 1, 3; más o menos *more or less,* 9

Oaxaca *Mexican state and its capital city,* 34

obedecer (GS) *to obey,* 26

el **objeto** *object,* 33

observar *to observe,* 32

los **obstáculos: la carrera de obstáculos** *obstacle race,* 26

octubre *October,* 11, 12

ocupado, –a *busy,* 6

ocupar *to occupy,* 35

ocurrir *to occur, happen,* 35

ochenta *eighty,* 5

ocho *eight,* 1

ochocientos, –as *eight hundred,* 16

el **oeste** *west,* 5, 16, 20

oficial *official,* 40

la **oficina** *office,* 28

ofrecer (GS) *to offer,* 23

¡oh! *oh!* 2

el **oído** *(inner) ear,* 17

oír *to listen, to hear,* 17

ojalá: ¡Ojalá que no! *I hope not!* 31

el **ojo** *eye,* 4

la **ola** *wave,* 21

el **olivo** *olive,* 40

el **olor** *smell,* 23

olvidar *to forget,* 13

la **olla** *kettle, pan,* 15

once *eleven,* 1

la **onza** *ounce,* 19

la **oportunidad** *opportunity,* 28

la **oposición** *opposition,* 9

oral *oral,* 38

el **orden** *order,* 25; poner en orden *to straighten up,* 14

ordeñar *to milk,* 37

la **oreja** *ear,* 33

el **órgano** *organ,* 32

el **orgullo** *pride,* 34

orgulloso, –a *proud,* 34

la **orientación** *orientation,* 39

la **orilla** *shore,* 21

el **oro** *gold,* 29

la **orquídea** *orchid,* 37

oscuro, –a *dark,* 27

el **oso** *bear,* 10

el **otoño** *autumn,* 9

otro, –a *other, another,* 6; al otro día *the next day,* 10; en otro lugar *somewhere else,* 16; otra vez *again,* 13; otros, –as *others,* 4; otras veces *other times,* 8

el **óvalo** *oval plaque that identifies nationality of car registry,* 25

la **oveja** *sheep,* 37

P

el **pabellón: el pabellón criollo** *Venezuelan dish of rice, beans, fried plantains, and shredded beef,* 32

paciencia: tener paciencia *to be patient,* 26

el **padre** *father,* 6; ¡qué padre! *out of sight!* 22

los **padres** *parents,* 7, 2

el **padrino** *godfather,* 30

la **paga** *pay,* 26

pagado, –a: bien pagado, –a *well paid,* 26

pagar (GS) *to pay,* 7

la **página** *page,* 39

el **país** *country,* 1

el **paisaje** *landscape,* 23

el **pájaro** *bird,* 23

la **pala** *shovel,* 15

el **palacio: el Palacio Nacional** *National Palace,* 36

la **palanca: la palanca de velocidades** *gear shift,* 25

la **paleta** *paddle,* 21

pálido, –a *pale,* 17

el **palitroque** *breadstick,* 26

la **palmera** *palm tree,* 21

el **palo** *stick,* 33

la **palomita** *popcorn,* 13

el **pan** *bread,* 7

la **pandereta** *tambourine,* 29

los **pantalones** *pants,* 3

la **pantalla** *screen,* 24

el **panteón** *pantheon, burial place,* 30

el **pañuelo** *handkerchief,* 16

el **papá** *father,* 2

la **papa** *potato,* 30, 40

las **papas: las papas fritas** *french fries,* 7

los **papás** *parents,* 2

el **papel** *paper,* 5

la **papita** *potato chip,* 13

el **paquete** *package,* 26

para *for,* 1, 4; para que *so that,* 39; ¿para qué? *what for?* 7

el **parabrisas** *windshield,* 25

la **parada** *stop,* 25; *stop (plane),* 28

el **parador** *inn, hostelry,* 25; *trading post,* 35

Paraguaipoa *small village in Venezuela,* 38

el **paraguas** *umbrella,* 31

paralelo, –a *parallel,* 35

pararse *to stop,* 20, 25; parar de + inf *to stop + gerund,* 31

parcialmente *partially,* 31

pardo, –a *brown,* 3

parecer (GS) *to look like, seem,* 27

la **pared** *wall,* 14

el **parentesco** *relationship, kinship,* 30

París *Paris,* 31

el **parque** *park,* 11; el parque de diversiones *amusement park,* 22

el **parqueo** *parking (space),* 28

el **párroco** *parish priest,* 27

la **parte** *part, place,* 8, 9; las partes: por todas partes *everywhere,* 21

participar *to participate,* 34

particular: en particular *particularly,* 18

el **partido** *game,* 9

el **pasaje** *fare,* 28

el **pasaporte** *passport,* 28

pasar *to spend time,* 8; *to happen,* 13; *to go by,* 14, 39; *to show, broadcast,* 24; *to go ahead, pass,* 25; ¡todo puede pasar! *anything can happen!* 26

el **pasatiempo** *pastime,* 8

la **Pascua** *Easter,* 34

pasear *to stroll, sightsee,* 11

el **pasear** *strolling,* 31

el **paseo** *boulevard,* 11; *ride, trip,* 20

el **pasillo** *hallway,* 14; el pasillo de entrada *foyer, entry hallway,* 14 el **paso** *step,* 24; cede el paso *yield right-of-way,* 20

la **pasta: la pasta de dientes** *toothpaste,* 36; la pasta de dulce *solid fruit jelly,* 13

el **pastel** *pastry,* 7

la **pastelería** *bakery, pastry shop,* 26

el **pastelillo** *pastry, turnover,* 26

la **pastilla** *pill, lozenge,* 17

el **pastor, –a** *shepherd, shepherdess,* 34

pastoral *pastoral,* 34

la **pastorela** *traditional Mexican play,* 34; las pastorelas *Christmas festivities,* 12

el **patín** *skate,* 9; el patín de hielo *ice skate,* 9

el **patinador, –a** *skater,* 33

patinar *to skate,* 8; patinar en hielo *to ice-skate,* 9

el **patio** *courtyard, yard, patio,* 4

el **pato** *duck,* 37

el **pavo** *turkey,* 34

el **payaso, –a** *clown,* 22

P.D. (posdata) *P.S. (postscript),* 12

el **peatón** *pedestrian,* 20

el **pecho** *chest,* 17

el **pedal** *pedal,* 25

el **pedazo** *piece, chunk,* 13

pedir (i, i) (GS) *to ask for, request,* 19

pegar (GS) *to hit,* 27

peinar *to comb,* 24

peinarse *to comb one's hair,* 17

el **peine** *comb,* 36

Pekín *Peking,* 31

la **pelea** *fight,* 27

pelear *to fight,* 29

el **pelícano** *pelican,* 10

la **película** *movie film,* 24; de película *out of this world, extraordinary,* 36

el **peligro** *danger,* 25, 28

peligroso, –a *dangerous,* 18

el **pelo** *hair,* 3

la **pelota** *ball (baseball, etc.),* 9

la **península** *peninsula,* 38

el **pensamiento** *pansy,* 37

pensar (ie) (GS) *to think,* 13; pensar en *to think about,* 31

la **pensión** *boarding house,* 26

peor *worse,* 20

el **peor, la p.** *the worst,* 20

el **pepito** *chesse doodle,* 13

pequeño, –a *small,* 4

el **pequeño, –a** *the small one,* 28

la **percusión** *percussion,* 29

perderse (ie) (GS) *to lose,* 8; *to miss,* 36

perdón *excuse me,* 4

perfectamente *perfectly,* 19

perfecto, –a *perfect,* 9

el **perfume** *perfume,* 37

el **periódico** *newspaper,* 14; el clasificado de periódico *newspaper classified ad,* 26

permanente *permanent, constant,* 39

el **permiso** *permission,* 13

permitir *to allow, let,* 20

pero *but,* 3

el **perro** *dog,* 2; el perro caliente *hot dog,* 7

la **persiana** *Venetian blind,* 14

la **persona** *person,* 34

personal *personal,* 26, 28

la **pesa** *scales (for weighing),* 27

pesadísimo, –a *very heavy,* 21

pesado, –a *boring, dull,* 8; *heavy,* 15, 25

la **pesca** *fishing,* 27

el **pescado** *fish,* 7

el **pescador, –a** *fisherman,* 18

pescar (GS) *to fish,* 27

la **peseta** *Spanish monetary unit,* 11

el **peso** *Mexican monetary unit,* 16; *weight,* 28

la **pesquería** *fishing, fishing trade,* 27

el **petróleo** *oil,* 35

petrolero, –a *oil,* 35

el **pez (pl los peces)** *fish,* 27

el **piano** *piano,* 29

el **picadero** *riding school,* 26

picar *to nibble,* 26

el **picnic** *picnic,* 23

el **pico** *peak,* 35

la **picuda** *barracuda,* 27

el **pícher** *pitcher,* 27

el **pie** *foot (measure),* 16, 23; *foot,* 17; a pie *on foot,* 11

la **piedra** *stone,* 8, 10

la **piel** *skin,* 24

el **pienso** *dry hay,* 37

la **pierna** *roast leg of pork,* 26; *leg,* 33

la **pieza** *piece (of music),* 29

los **pijamas** *pajamas,* 17

la **píldora** *pill,* 17

el **piloto** *pilot,* 28

la **pimienta** *(black) pepper,* 7

pincho: por si pincho *in case I get a flat tire,* 25

el **ping-pong** *ping-pong,* 9

el **pino** *pine tree,* 15

pintar *to paint,* 14

el **pintor, –a** *painter,* 11

la **pintura** *paint,* 14

la **piña** *pineapple,* 23; de piña *made of pineapple,* 28

la **piñata** *hanging papier-mâché or clay container filled with candy and gifts,* 16

la **pirámide** *pyramid,* 39

pisar *to step on,* 25

la **piscina** *swimming pool,* 14

el **piso** *floor,* 14

la **pista** *race track,* 26; *runway,* 28; *trail, track, rink,* 33

la **placa: la placa de matrícula** *license plate,* 25

el **placer** *pleasure,* 13

el **plan** *plan,* 6

la **planilla** *application form,* 28

el **plano** *plan, blueprint,* 14

la **planta** *plant,* 9

el **plástico: de plástico** *(made of) plastic,* 13

la **plata: de plata** *(made of) silver,* 18

la **plataforma** *platform,* 35

el **plátano** *banana,* 23

el **platanutre** *banana chip,* 13

plateado, –a *silver-colored, or plated,* 18

el **platillo** *small plate, saucer,* 7; los platillos *cymbals,* 29

el **plato** *dish, plate,* 7

la **playa** *beach,* 21

la **plaza** *plaza, square,* 34, 38

el **pleito** *fight, dispute,* 34

la **pluma** *pen,* 5

la **población** *population,* 34

poco *a little bit,* 4; al poco rato *in a little while,* 18; en poco tiempo *in a short time,* 15; poco a poco *little by little,* 9

pocos, –as *few,* 23

poder (ue) (GS) *to be able, can,* 13

el **poder** *power,* 39

la **policía** *police officer,* 20

el **polo** *polo,* 9; el polo acuático *water polo,* 21

el **polvo** *powder,* 36

el **pollo** *chicken,* 34; de pollo *(made of) chicken,* 28

Ponce *Ponce,* 31

ponchar *to strike out,* 27

poner(se) (GS) *to set, put,* 7; *to put on,* 17; poner atención *to pay attention,* 39; poner (huevos) *to lay (eggs),* 37

popular *popular,* 8

poquito: un poquito *a little,* 16

por *through,* 5; *by, through,* 11; *in order to, because of, for,* 18; *on,* 20; por cierto *certainly,* 28; por dentro *on the inside,* 34; por eso *for that reason,* 22; por favor *please,* 5; por fin *finally,* 7; por hora *by the hour,* 26; por lo menos *at least,* 15; por lo visto *it seems,* 18; ¿por qué? *why?* 6; por suerte *fortunately, luckily,* 26, 28; por supuesto *of course,* 18

el **por ciento** *percent,* 35

el **por puesto** *type of taxi in Venezuela,* 35

porque *because,* 6

el **portafolio** *briefcase,* 5

el **portal** *porch,* 30

portugués, –a *Portuguese,* 25

la **posada** *Christmas festivity,* 19; *inn, hostel,* 19; dar posada *to give shelter,* 19; pedir posada *to ask for shelter,* 19

el **postre** *dessert,* 7

el **pozo** *(water) well,* 27, 38

la **práctica** *practice,* 29

prácticamente *practically,* 38

practicar (GS) *to practice,* 4; *to play (sports),* 9

la **precaución** *precaution,* 28
el **precio** *price,* 16
la **preferencia: se dará preferencia** *preference will be given,* 28
pref_e_rir (ie, i) (GS) *to prefer,* 17
la **pregunta** *question,* 4
preguntar *to ask,* 1, 4
prehispánico, –a *pre-Hispanic, before the Spanish conquest,* 39
el **premio** *prize,* 11; el Premio Nóbel *Nobel Prize,* 33
preocupado, –a *worried,* 22
preocupar *to concern, worry,* 36
la **preparación** *preparation,* 19
preparado, –a *prepared,* 28
preparar *to prepare,* 5
presentar *to introduce,* 13; *to present,* 34
presente *present, here,* 5
la **presilladora** *stapler,* 40
la **presión** *pressure,* 31
prestar *to lend,* 14; prestar atención *to pay attention,* 37
la **prima** *female cousin,* 2
la **primavera** *spring,* 9
primer, –o, –a *first,* 18
primera: en neutro, primera, segunda *in neutral, first, second gear,* 25; salir en primera *to start in first gear,* 25
primero *firstly, first,* 5, 19; los primeros auxilios *first-aid,* 25
el **primo, –a** *male, female cousin,* 2
principal *main,* 27, 34, 36, 37
el **principiante, la p.** *beginner,* 26, 32
el **principio** *beginning,* 26
privado, –a *private,* 15
probablemente *probably,* 31, 33
pr_o_bar (ue) (GS) *to taste, try,* 30
el **problema** *problem,* 16
el **prócer, la p.** *leader,* 35
la **procesión** *procession, parade,* 19
la **producción** *production,* 38
producido, –a *produced,* 38
producir (GS) *to produce, make,* 37, 38
el **producto** *product,* 34, 37, 38
el **profesional** *professional,* 23
el **profesor, –a** *teacher, professor,* 33
el **programa** *program, show,* 24
programado, –a *programmed,* 25
prohibido: prohibido automóviles *no cars permitted,* 25; prohibido estacionar *no parking,* 25; prohibido pasar *do not pass,* 25; prohibido virar en U *no U-turn,* 25
la **promesa** *promise,* 13
prometer *to promise,* 13
el **pronóstico** *forecast, prediction,* 31
pronto *soon,* 6; de pronto *suddenly,* 13; hasta pronto *see you soon,* 6
la **propina** *tip,* 7
propio, –a *one's own,* 26, 35
proporcional *proportional,* 28
la **protección** *protection,* 24

el **protector, –a** *protector,* 40
proteger (GS) *to protect,* 33
la **provincia** *province,* 32
próximo, –a *next,* 25
el **proyecto** *project,* 40
público, –a *public,* 40
el **público** *public,* 26; *audience, public,* 29
el **pueblo** *town, townspeople,* 23, 39
el **puente** *bridge,* 20
el **puerco** *pig,* 30, 37
la **puerta** *door,* 11, 14
el **puerto** *port,* 23
Puerto Rico *Puerto Rico,* 1
puertorriqueño, –a *Puerto Rican,* 3
pues *but, so,* 15; *well,* 21; *since* 28
el **puesto** *stand, booth,* 23; *position,* 26, 28
la **pulgada** *inch,* 16
el **pulpo** *octopus,* 27
el **punto (pto.)** *point,* 35; el punto cardinal *cardinal point,* 20; en punto *on the dot, sharp,* 5
el **pupitre** *pupil's desk,* 5

Q

que *that, which,* 7; *who,* 8; *that, which, who, whom,* 30
que *than,* 20; más que *more . . . than,* 15
¿qué? *what?* 1
¡qué...!: ¡qué fresco, –a! *what nerve!, how fresh!* 40; ¡qué padre! *fantastic! out of sight!* 22, 36; ¡qué pena! *what a shame!* 29; ¡qué va! *no way!* 25
quedar(se) *to be located,* 15; *to remain, stay,* 27, 30
querer (ie) (GS) *to want,* 7; quiere decir *means,* 25; quisiera (one) *might want,* 38
querido, –a *dear* (fam), 12
el **queso** *cheese,* 4, 7
quien *who, whom,* 30
¿quién? –es *who?* 1, 2
la **quijada** *jaw,* 33
la **química** *chemistry,* 4
quince *fifteen,* 1
quinientos, –as *five hundred,* 16
el **quinqué** *hurricane lamp,* 27
quinto, –a *fifth,* 10
quisiera (one) *might want,* 38
quitar *to remove, take away,* 28
quizá *perhaps, maybe,* 4

R

el **radiador** *radiator,* 25
el **radio** *radio,* 14
el **rallador** *grater,* 32
el **ramo** *bunch (of flowers),* 36

rápido, –a *fast,* 20, 25
la **raqueta** *racquet,* 9
raro, –a *rare, strange,* 38
el **rastrillo: el rastrillo con navaja** *razor,* 36
el **rato** *while, short period of time,* 8; al poco rato *in a little while,* 18; hace un rato *a while ago,* 32; los ratos: los ratos libres *free time,* 8
el **ratoncito** *little mouse* (dim), 10
la **raya** *stripe,* 10; *line,* 24
la **razón** *reason,* 38; tener razón *to be right,* 7
real *royal,* 30
la **realidad: ¡un sueño hecho realidad!** *a dream come true!* 26
rebajar *to mark down (the price),* 16
el **receptor** *receiver,* 6
la **receta** *recipe,* 13
recetar *to write a prescription, to prescribe,* 17
recibir *to receive,* 18
el **recibo** *receipt,* 28, 37
recientemente *recently,* 34
recoger (GS) *to collect, pick up, to gather up,* 25, 28, 32
reconocer (GS) *to recognize,* 36
reconocido, –a *recognized,* 39
el **reconocimiento** *inspection, examination,* 35
rec_o_rdar (ue) (GS) *to remember,* 35
recorrer *to go through,* 8
el **recorrido** *route, path,* 35
el **recreo** *recess,* 5
el **recuerdo: como recuerdo** *as a souvenir,* 11
recuerdos *regards,* 12
la **red** *net,* 9
redondo, –a *round,* 14
la **referencia** *reference,* 40
refrescar *to cool, to refresh,* 21
el **refresco** *soft drink,* 7, 13, 26; los refrescos *snacks, refreshments,* 19
el **refrigerador** *refrigerator,* 26, 27
regalar *to give (a present),* 18
el **regalo** *gift,* 13
la **regata** *regatta, boat race,* 21
regatear *to bargain, to haggle,* 16
la **región** *region,* 34
registradora, –a: la caja registradora *cash register,* 26
la **regla** *ruler,* 5; *rule, regulation,* 25
regresar *to return,* 25, 27, 28
el **regreso** *return,* 27
regular *so-so,* 4
la **reina** *queen,* 34
re_í_r (í, i) (GS) *to laugh,* 22
la **reja** *bar, grille, wrought-iron work,* 23, 40
la **religión** *religion,* 40
el **reloj** *watch,* 5; el reloj despertador *alarm clock,* 31
el **remitente, la r.** *sender,* 12
la **remolacha** *beet,* 30

reparar *to repair, fix,* 27
repartir *deliver, hand out,* 19, 26
repasar *to review, go over,* 28
el **repaso** *review,* 31
repente: de repente *suddenly,* 39
repetir (i, i) (GS) *to repeat,* 29, 39
el **reporte** *report,* 35
el **reportero, –a** *reporter,* 29
el **representante, la r.** *representative,* 34
representar *to represent,* 38
la **república** *republic,* 38
repuesto: de repuesto *spare (tire),* 25
el **requisito** *requisite,* 28
la **reservación** *reservation,* 28
la **residencia** *residence,* 28
residir *to reside,* 28
respetar *to respect,* 28
responder *to answer,* 19
la **responsabilidad** *responsibility,* 39
el **restaurante** *restaurant,* 7
restaurar *to restore,* 34
el **resultado** *result,* 40
retratado, –a *photographed,* 40
retratar *to photograph,* 30
el **retrato** *portrait photograph, picture,* 14
reunirse *to gather, get together,* 19
revelar *to develop (photos),* 40
revés: al revés *backward,* 14
revisar *to inspect, check,* 25
la **revista** *magazine,* 40
revivir *to relive, revive,* 34
la **revolución** *revolution,* 34
el **rey** *king,* 34; los Reyes: el día de Reyes *the Feast of the Three Kings, the Epiphany,* 12
el **rimel** *mascara,* 36
el **rincón** *corner,* 36
el **río** *river,* 5, 15
Río de Janeiro *Rio de Janeiro,* 31
la **riqueza** *wealth, riches,* 35
el **ritmo** *rhythm,* 26, 29
el **robot** *robot,* 33
la **roca** *rock,* 32
la **rodilla** *knee,* 33
el **rodillo** *paint roller,* 14; *rolling pin,* 32
rogar (ue) (GS) *to beg,* 37
rojo, –a *red,* 3
Roma *Rome,* 31
La **Romana** *resort in the Dominican Republic,* 28
el **rompecabezas** *jigsaw puzzle,* 8
romper(se) *to break,* 19; *to fall apart,* 24
la **ropa** *clothing,* 3; *clothes,* 17; la ropa de montar *riding clothes,* 26
rubio, –a *blond,* 3
la **rueda** *wheel,* 33
el **ruido** *noise,* 19
la **ruina** *ruin,* 36, 38
rumano, –a *Rumanian,* 25
rural *rural,* 23

Rusia *Russia,* 40
ruso, –a *Russian,* 25

S

el **sábado** *Saturday,* 5
la **sabana** *savanna, grassy plain,* 35
saber (GS) *to know (a fact),* 1, 13, 16; saber + inf *to know how + inf,* 16
el **sabor** *flavor, taste,* 29
sabroso, –a *tasty, delicious,* 14, 26; *delightful,* 21
el **saco: el saco para dormir** *sleeping bag,* 15
sacar (GS) *to obtain, get, take out,* 25; *to take out, borrow,* 40; sacar copias *to make copies,* 40; sacar fotografías *to take photos,* 40; sacar la licencia *to get one's license,* 25
sacrificar (GS) *to sacrifice,* 39
la **sal** *salt,* 7
la **sala** *living room,* 14; *room,* 39
salado, –a: el agua salada *salt water,* 27
la **salida** *departure,* 28; salidas: el salón de salidas *departure room,* 28
salir (GS) *to go out, leave,* 19; salir en primera *to start in first gear,* 25
el **salón** *room,* 28; *drawing room,* 30; el salón de espera *waiting room,* 28; el salón de salidas *departure room,* 28; el salón familiar *family room,* 14
la **salsa** *Latin American dance,* 29
saltar (de) *to jump (out of, from),* 22
el **salto** *waterfall,* 35
la **salud** *health,* 28, 30
saludar *to say hello,* 6
el **saludo** *greeting,* 6
la **sandalia** *sandal,* 21
la **sandía** *watermelon,* 7
el **sandwich** *sandwich,* 7; el sandwich cubano *Cuban sandwich,* 14
la **sangre** *blood,* 30; de sangre *by blood,* 30
San Juan *San Juan,* 31
sanjuanero, –a *from San Juan,* 23
Santa Claus *Santa Claus,* 19
el **santo** *name day,* 22
Santo Domingo *capital of the Dominican Republic,* 20
la **sardina** *sardine,* 27
la **sartén** *frying pan,* 15
la **satisfacción** *satisfaction,* 38
se *himself,* 17; *themselves,* 17
el **secador** *dryer,* 36
secar *to dry,* 36
la **sección** *section,* 40
seco, –a *dry,* 15

secundario, –a *secondary,* 26; la escuela secundaria *high school,* 26
la **sed: tener sed** *to be thirsty,* 7
la **seda: de seda** *(made of) silk,* 28
seguir (i, i) (GS) *to follow, continue,* 19, 32
según *according to,* 13
segundo, –a *second,* 18; de segunda mano *second-hand,* 25; en neutro, primera, segunda *in neutral, first, second gear,* 25
seguramente *surely,* 25
la **seguridad** *security,* 28; el cinturón de seguridad *safety belt,* 25, 28
seguro (que) *of course,* 4, 13
seis *six,* 1
seiscientos, –as *six hundred,* 16
el **selector** *selector, dial,* 24
la **selva** *jungle,* 35
el **semáforo** *traffic light, semaphore,* 20
la **semana** *week,* 5; el fin de semana *weekend,* 10; la semana pasada *last week,* 11; (seis días) a la semana *(six days) a week,* 5
semanalmente *weekly,* 26
sembrar (ie) (GS) *to sow, plant,* 37
sentado, –a *seated,* 17
sentarse (ie) (GS) *to sit down,* 28
el **sentido: de dos sentidos** *two-way,* 20
sentir(se) (ie, i) (GS) *to feel (health),* 17
la **señal** *sign,* 20; la señal de mano *hand signal,* 25
señalar *to signal, indicate,* 31
el **señor** *man,* 2; *mister, sir,* 4
la **señora** *woman,* 2; *Mrs.,* 6
la **señorita** *Miss,* 4
la **separación** *separation, distance,* 25
septiembre *September,* 12
ser (GS) *to be,* 1, 3
la **serie** *series,* 24; la serie mundial *World Series,* 24
serio, –a *serious,* 17
la **serpiente** *snake,* 10
el **servicio** *service,* 28, 39
la **servilleta** *napkin,* 7
servir (i, i) (GS) *to serve,* 26
sesenta *sixty,* 5
setecientos, –as *seven hundred,* 16
setenta *seventy,* 5
sets *sets,* 9; en sets *in sets,* 9
si *if,* 4; por si pincho *in case I get a flat tire,* 25; si no *otherwise,* 25
sí *yes,* 1
la **sidra** *apple cider,* 19
siempre *always,* 5; siempre que *whenever,* 9
siete *seven,* 1
el **siglo** *century,* 23
el **significado** *importance, meaning,* 39
el **signo** *sign,* 36
el **silbato** *whistle,* 26
el **silencio** *silence, quiet,* 9, 31

la **silla** *chair*, 14; la silla de comedor *dining chair*, 14

simpático, –a *nice*, 3

sin *without*, 7; sin embargo *however*, 38; sin olvidar *without forgetting*, 25

sino *but (rather)*, 29

el **síntoma** *symptom*, 17

el **sitio** *place*, 23

situado, –a *situated*, 35

sobre *on, on top of*, 5; *about, concerning*, 13

el **sobre** *envelope*, 12

la **sobrinita** *little niece*, 26

el **sobrino, –a** *nephew, niece*, 30

el **sóccer** *soccer*, 32

social *social*, 33

la **sociedad** *society*, 38

el **sofá** *couch, sofa*, 14

la **soga** *rope*, 35

el **sol** *sun*, 9, 22; hace sol *it's sunny*, 9; los espejuelos de sol *sunglasses*, 21

solamente *only*, 2

el **soldado, la s.** *soldier*, 34

soleado, –a *sunny*, 31

solicitar *to look for*, 26

solo, –a *alone*, 18

sólo *only*, 26

el **solo** *solo (musical)*, 29

la **sombra** *shade*, 21; *shadow*, 24

el **sombrero** *hat*, 38

sonar (ue) (GS) *to sound*, 29; suena *it rings*, 6

el **sonido** *sound*, 14, 24

sonreír(se) (í, i) *to smile*, 33

sonriente *smiling*, 36

soñar (ue) con (GS) *to dream about*, 33

la **sopa** *soup*, 7

soplar *to blow*, 31

soportable *bearable*, 31

el **soporte** *support, base*, 39

sorprendido, –a *surprised*, 22

Sra. *Mrs. (abbreviation for* **señora**), 16

Srta. *Miss (abbreviation for* **señorita**), 12

el **strike** *strike (baseball)*, 27

su *your (pol) his*, 4; *her*, 4; *their*, 7, 8

suave *soft*, 24

suavemente *softly*, 27

subir *to go up*, 8; *to raise*, 21

submarino, –a *underwater*, 21

Sudamérica *South America*, 28

el **suegro, –a** *father-in-law, mother-in-law*, 30

el **sueldo** *salary*, 26, 28

el **suelo** *ground*, 28

suelto, –a *loose*, 25

el **sueño** *dream*, 26, 28; ¡un sueño hecho realidad! *a dream come true!* 26

la **suerte: por suerte** *fortunately, luckily*, 26, 28; ¡qué suerte! *how lucky!* 5

el **suéter** *sweater*, 3

suficiente *enough*, 16

suizo, –a *Swiss*, 25

sumar *to add*, 28

el **supermercado** *supermarket*, 13

supervisar *to supervise*, 38

supuesto: por supuesto *of course*, 18

el **sur** *south*, 5, 20

el **sureste** *southeast*, 20

el **surfeador, –a** *surfer*, 21

surfear *to surf*, 21

el **suroeste** *southwest*, 20

sus *your (pol)*, 1; *her*, 5; *his, your (pol)*, 56; *their*, 6, 7, 8

los **sustos: la casa de los sustos** *fun house*, 22

suyo, –a, –os, –as *his, her, your (pol), .your (pl), their*, 15; las suyas *yours (pol)*, 28

T

la **tabla** *board*, 21; esquiar en tabla *to surf*, 9; la tabla de surfear *surfboard*, 21

el **tablón** *bulletin board*, 26

tacaño, –a *stingy*, 14

el **taco** *typical Mexican dish*, 33

tal: ¿qué tal? *how are you?* 4; tal vez *perhaps*, 11

la **talla** *size*, 16

el **taller** *(repair) shop*, 26; *workshop, factory*, 38

el **tamaño** *size*, 32

también *too, also*, 1

el **tambor** *drum*, 29

la **tambora** *bass drum*, 29

tampoco *either*, 3

tan *so (much)*, 16, 22; tan...como *as . . . as*, 23

el **tanque** *tank*, 25

tanto, –a, –os, –as *so much*, 11; *so many*, 13; tanto, –a, –os, –as...como *as much, as many . . . as*, 23; mientras tanto *meanwhile*, 6; tanto gusto *glad to meet you*, 13

la **tapa** *snack*, 11

el **tapiz** *tapestry, carpet*, 38

la **taquilla** *box office*, 20

el **taquillero, –a** *ticket seller*, 20

tarde *late*, 5; más tarde *later*, 11; ya es tarde *it's late*, 5

la **tarde** *afternoon*, 5; de la tarde *in the afternoon*, 19; por la tarde *in the afternoon*, 5; toda la mañana, tarde *all morning, afternoon*, 27; las tardes: buenas tardes *good afternoon*, 6

la **tarea** *homework*, 5

la **tarjeta: la tarjeta de crédito** *credit card*, 16; la tarjeta de Navidad *Christmas card*, 19; la tarjeta de visitante *visitor's card*, 28

el **taxi** *taxi*, 11

la **taza** *cup*, 4, 7

te *you (fam obj pron)*, 16

te *yourself (ref obj pron)*, 17

el **teatro** *theater*, 11

el **techo** *ceiling*, 14

la **teja** *(roof) tile*, 35, 40

el **tejido** *woven material*, 35

Tel Aviv *Tel Aviv*, 31

la **tela** *cloth*, 38

la **tele** *TV, television*, 24

el **teleférico** *cable railway*, 10

el **teléfono** *telephone*, 6; *telephone number*, 6

el **telegrama** *telegram*, 36

el **teleguía** *TV schedule*, 24 •

la **telesilla** *chairlift (to transport skiers)*, 33

el **televidente, la t.** *television viewer*, 29

televisado, –a *televised, broadcasted*, 24

la **televisión** *television*, 8

el **televisor** *TV set*, 24; el televisor en blanco y negro *black and white TV set*, 24; el televisor en colores *color TV set*, 24

el **tema** *theme*, 18

temer *to fear*, 37

la **temperatura** *temperature*, 9

la **tempestad** *storm*, 31

el **templo** *temple*, 39

temprano *early*, 5

el **tenedor** *fork*, 7

tener (ie) (GS) *to have*, 2; tener (mucho) cuidado *to be (very) careful*, 25, 26; tener éxito *to succeed*, 29; tener ganas de *to feel like*, 36; tener paciencia *to be patient*, 26; tener que + inf *to have to + inf*, 10; tener tiempo de *to have time to*, 28

el **tenis** *tennis*, 9

Tenochtitlán *ancient Aztec capital (stood where Mexico City stands today)*, 39

tentar (ie) (GS) *to tempt*, 34

teórico, –a *theoretical*, 25

el **tepuy** *massif (mountainous landmass)*, 35

tercer, –o, –a *third*, 18

el **tercio** *one-third*, 35

terminar *to end*, 5; al terminar *at the end, when you're through*, 24; terminar de + inf *to finish + gerund*, 30

el **termómetro** *thermometer*, 17, 31

la **terraza: la terraza cubierta** *covered terrace*, 14

el **terreno** *land*, 28

el **territorio** *territory*, 35, 40

la **tertulia** *get-together*, 18

textil *textile*, 38

el **texto** *text*, 40

la **tía** *aunt*, 2

el **tiburón** *shark*, 27

el **tiempo** *time,* 8; *weather,* 9; **en poco tiempo** *in a short time,* 15; **a tiempo** *on time,* 26; *in time, early,* 28; **tener tiempo de** *to have time to,* 28

la **tienda** *tent,* 15; *store,* 16; **la tienda de artesanía** *handicrafts store,* 18; **la tienda de campaña** *camping tent,* 15; **montar las tiendas** *to pitch the tents,* 15

la **tierra** *dirt, soil,* 20

el **tigre** *tiger,* 10

las **tijeras** *scissors,* 40

el **timbal** *kettle drum,* 29

el **tío, –a** *uncle, aunt,* 2; **los tíos** *aunts and uncles,* 2

típico, –a *typical,* 16

el **tipo** *type,* 33

tirado, –a *drawn, pulled,* 22

tirar(se) *to shoot, throw,* 9, 26; *to dive,* 21

las **tiras: las tiras cómicas** *comic strips,* 8

el **tiro: el tiro al blanco** *shooting gallery,* 22; *target shooting,* 26

el **título** *diploma (academic),* 28

la **tiza** *chalk,* 5

la **toalla** *towel,* 21

el **tobillo** *ankle,* 32

el **tobogán** *toboggan,* 9

el **tocadiscos** *record player,* 29

tocar (GS) *to play (a song),* 14; *to play (an instrument),* 22; *to sound,* 26

el **tocino** *bacon,* 30, 37

todavía *still,* 6

todo, –a *all (of),* 13; *all, every,* 15; **por toda la capital** *throughout the capital,* 23; **toda la mañana, tarde** *all morning, afternoon,* 27; **todo Madrid** *all of Madrid,* 25; **¡todo puede pasar!** *anything can happen!* 26

el **todo** *everything,* 13; **hay de todo** *there's everything,* 10

todos, –as *all,* 40; *everyone,* 5; **todos los días** *every day,* 5; **por todas partes** *everywhere,* 21

Tokio *Tokyo,* 31

el **tolteca,** la **t.** *Toltec (member of an ancient pre-Colombian civilization),* 39

tomado, –a *taken,* 9

tomar *to pick, pick up,* 6; *to have, eat, or drink,* 11

el **tomate** *tomato,* 7

tonto, –a *silly,* 40

el **tonto, –a** *fool,* 13

la **tormenta** *storm,* 27

el **toro** *bull,* 36

la **toronja** *grapefruit,* 7

Toronto *Toronto,* 31

la **torre** *tower,* 23

la **torta** *cake,* 22

la **tortilla** *thin, flat, round cake, made of cornmeal or flour,* 33

la **tortuga** *turtle,* 10, 27

la **tostada** *toast,* 26

la **tostadora** *toaster,* 25

totalmente *totally,* 36

trabajar *to work,* 10; **trabajar de (aeromozo)** *to work as (a flight attendant),* 28

el **trabajo** *job, work,* 26

el **tractor** *tractor,* 37

la **tradición** *tradition,* 33, 34

tradicional *traditional,* 34

tradicionalmente *traditionally,* 38

traer (GS) *to bring,* 13

el **tráfico** *traffic,* 20

el **traje** *costume, suit,* 34; **el traje de baño** *swimsuit,* 21

¡trampa! *cheat!* 9

la **trampa** *trap,* 27

tranquilo, –a *quiet, peaceful,* 13, 19

trapear *to mop,* 27

trasplantar *to transplant,* 37

el **tratado** *treaty,* 40

tratarse (de) *to deal (with),* 34

trazar (GS) *to draw, trace,* 40

trece *thirteen,* 1

treinta *thirty,* 5

el **tren** *train, subway,* 10; **el cruce de trenes** *railroad crossing,* 25; **en tren** *by train,* 10

el **trencito** *little train (dim),* 20

tres *three,* 1; **tres cuartos de** *three quarters (fourths) of,* 19

trescientos, –as *three hundred,* 16

la **tribu** *tribe,* 34

el **trigo** *wheat,* 40

el **trineo** *sleigh, sled,* 33

la **tripulación** *crew,* 28

triste *sad,* 2, 22

triunfar *to triumph,* 29

el **triunfo** *triumph,* 8

el **trombón** *trombone,* 29

la **trompa** *elephant's trunk,* 10

la **trompeta** *trumpet,* 29

tropical *tropical,* 13, 20, 23

el **truco** *trick,* 22

tú *you (fam),* 1

tu(s) *your (fam),* 2, 4, 5

el **tubo** *(hair) roller,* 36

Tula *ancient city of the Toltecs, near Mexico City,* 39

la **tumba** *tomb,* 39

el **tuno** *student troubadour,* 11

el **turismo** *tourism,* 26

el **turista,** la **t.** *tourist,* 20, 21

turístico, –a *tourist,* 23

el **turno** *turn,* 19, 26

tuyo, –a, –os, –as *your, yours, (fam),* 15

el **tuyo** *yours (fam),* 28

la **tuya** *yours (fam),* 28

U

u *or,* 26

Ud. *abbreviation for* **usted,** 4

Uds. *abbreviation for* **ustedes,** 3

último, –a *latest,* 13; *last,* 16

el **umpire** *umpire,* 27

un *a, an,* 1, 3; *one,* 2; **un cuarto de** *a quarter (fourth) of,* 19; **un poquito** *a little,* 16; **¡un sueño hecho realidad!** *a dream come true!* 26

único: lo único *the only thing,* 24

la **unidad: la unidad monetaria** *monetary unit,* 28

el **uniforme** *uniform,* 4

unir *to unite, join,* 40

la **universidad** *university,* 12, 26

universitario, –a *(of the) university,* 28

uno, –a *one,* 1, 2; **unos, –as** *some, a few,* 8, 11

la **uña** *nail,* 36

urgentemente *urgently,* 16

usar *to use,* 2, 24; *to wear,* 3, 4

el **uso** *use,* 38

usted *you (pol sing),* 4

ustedes *you (pl),* 3

el **utensilio** *utensil,* 32

útil *useful,* 26

V

la **vaca** *cow,* 37

las **vacaciones** *vacation,* 12

la **vacuna: el certificado de vacuna** *vaccination certificate,* 28

el **vagabundo, –a** *vagabond, hobo,* 34

la **vajilla** *dishes, china,* 38

valer (GS) *to cost,* 25

valiente *brave, courageous,* 39

el **valle** *valley,* 40

el **vampiro, –a** *vampire,* 34

la **vara** *pole,* 27

variable *variable,* 21

la **variedad** *variety,* 9; **las variedades** *variety show,* 24

varios, –as *varied, several,* 8; *several,* 18

el **vaso** *drinking glass,* 7

vasto, –a *vast extensive,* 35

las **veces** (pl of la **vez**) *times,* 12; **a veces** *sometimes,* 8; **otras veces** *other times,* 8

la **vecindad** *neighborhood,* 17

el **vecino, –a** *neighbor,* 27, 30

la **vegetación** *vegetation,* 23, 29

el **vegetal** *vegetable,* 7

el **vehículo** *vehicle,* 25, 33

veinte *twenty,* 1; **menos veinte** *twenty to (the hour),* 5; **veinticinco** *twenty-five,* 5; **veinticuatro** *twenty-four,* 5; **veintidós** *twenty-two,* 5; **veintinueve** *twenty-nine,* 5; **veintiocho** *twenty-eight,* 5; **veintiséis** *twenty-six,* 5; **veintisiete** *twenty-seven,* 5; **veintitrés** *twenty-three,* 5; **veintiuno** *twenty-one,* 5

la **vela** *sailing (sport),* 9; *sail,* 21
la **velada** *night watch,* 15
el **velero** *sailboat,* 21
la **veleta** *weathervane,* 31
la **velocidad** *speed,* 22; a toda velocidad *at full speed,* 22; cambiar la velocidad *to shift gears,* 25; la velocidad máxima *maximum speed,* 25; velocidades: la palanca de velocidades *gear shift,* 25
el **venado** *deer,* 10
vencer *to conquer, win over,* 34
el **vendaje** *bandage,* 17
el **vendedor, –a** *sales clerk,* 10
vender *to sell,* 7
Venecia *Venice,* 35
venezolano, –a *Venezuelan,* 35
venir (ie) (GS) *to come,* 13; venir a + inf *to come to + inf,* 13
la **venta** *sale,* 14
la **ventaja** *advantage,* 15
la **ventana** *window,* 14
ver (GS) *to see,* 7; a ver *let's see,* 26
el **verano** *summer,* 9; el campamento de verano *summer camp,* 26
veras: ¿de veras? *really?* 6
la **verdad: de verdad** *for real,* 39; es verdad *that's true,* 4
verdadero, –a *true,* 35
verde *green,* 3
la **verdura** *green vegetable,* 7
el **verso** *verse,* 19
vertical *vertical,* 24
vestido, –a *dressed,* 27
el **vestido** *dress,* 3
vestirse (i, i) (GS) *to get dressed,* 17
la **vez** (pl las **veces**) *time,* 12; a la vez *at the same time,* 26; cada vez *every time, each time,* 24; de vez en cuando *every now and then,* 7; otra vez *again,* 13; tal vez *perhaps,* 11

la **vía: la vía de bicicletas** *bicycle lane,* 25; la vía pública *public thoroughfare,* 25
viajar *to travel,* 15
el **viaje** *trip,* 11; el viaje de vuelta *return trip,* 31; ir de viaje *to go on a trip,* 28
viajero: el cheque de viajero *traveler's check,* 28
la **vida** *life,* 23
viejo, –a *old,* 2, 8, 20, 23
el **viento** *wind,* 9
la **villa** *town, village,* 27
el **violín** *violin,* 29
virar: prohibido virar en U *no U-turn,* 25
la **virgen** *virgin,* 36
el **virreinato** *viceroyalty,* 40
el **virrey** *viceroy,* 30
el **virus** *virus,* 17
la **visión** *vision,* 28
la **visita** *visit,* 11; *guests, company,* 12
el **visitante, la v.** *visitor,* 27; la tarjeta de visitante *visitor's card,* 28
visitar *to visit,* 11
la **vista** *view,* 30; a la vista *in sight,* 18
visto *seen,* 33; por lo visto *it seems,* 18
los **víveres** *food supplies,* 15
el **vivero** *bin for live fish,* 27
vivir *to live,* 8
el **vocabulario** *vocabulary,* 1
el **volante** *steering wheel,* 25
volar (ue) (GS) *to fly,* 28, 32
el **vólibol** *volleyball,* 9
el **volumen** *volume,* 24
voluntario, –a *voluntary,* 40
volver (ue) (GS) *to return,* 14; vuelve *go back (you, fam com),* 20
la **voz** (pl las **voces**) *voice,* 36
la **vuelta: de ida y vuelta** *round-trip,* 11; dar una vuelta *to ride around,*

go for a ride, 20; las vueltas: dar vueltas *to go around,* 22

X

Xilomén *Goddess of tender corn,* 34
Xochimilco *floating gardens near Mexico City,* 36

Y

y *and,* 1
ya *already,* 11; ya es tarde *it's late,* 5; ya que *since,* 38
la **yarda** *yard,* 16
el **yate** *yacht,* 4, 23
el **yerno** *son-in-law,* 30
yo *I,* 1
el **yodo** *iodine,* 17
la **yola** *yawl, gig,* 27
yugoslavo, –a *Yugoslav,* 25

Z

zafar *to untie, loosen,* 28
la **zanahoria** *carrot,* 7
el **zapato** *show,* 3
zodiacal *of the zodiac,* 36
el **zodíaco** *zodiac,* 36
la **zona** *zone,* 16, 20, 23; la zona postal *zip or postal code,* 12; la Zona Rosa *commercial section of Mexico city,* 16
el **zoológico** *zoo,* 10
la **zorra** *fox,* 4

English-Spanish Vocabulary

This vocabulary includes only the active words in the 24 units of **Nuestros amigos** and the 16 units of **El mundo de la juventud.** These are the words listed in heavy type at the end of each unit.

Spanish nouns are listed with the definite article. Following each definition is a numeral that refers to the unit in which the word is first made active. Spanish idioms are listed under the English word or words that the student would be most likely to look up.

English words that may have different meanings in Spanish (e.g., game: **el juego, el partido**) are listed only once, followed by the various Spanish equivalents. To be sure of using a Spanish word correctly in context, you should refer to the unit in which it is introduced.

Abbreviations

adj	*adjective*	inf	*infinitive*	pol	*polite*
adv	*adverb*	lang	*language*	poss	*possessive*
conj	*conjunction*	m	*masculine*	prep	*preposition*
demon	*demonstrative*	n	*noun*	pron	*pronoun*
f	*feminine*	obj	*object*	ref	*reflexive*
fam	*familiar*	pl	*plural*	subj	*subject*

A

a *un, una,* 3
about *sobre,* 13
absent *ausente,* 5
absorbent *absorbente,* 24
accelerator *el acelerador,* 25
to **accept** *aceptar,* 28
to **accompany** *acompañar,* 39
according to *según,* 13; *de acuerdo a,* 31
accordion *el acordeón,* 29
activity *la actividad,* 8
ad *el anuncio,* 24; newspaper classified ad *el clasificado de periódico,* 26
to **add** *agregar,* 32
addressee *el destinatario,* 12
to **adjust** *ajustar,* 24
to **administer** *administrar,* 39
admission (ticket) *la entrada,* 21
advantage *la ventaja,* 15
adventure *la aventura,* 15
to **advise** *aconsejar,* 37
affectionately *afectuosamente,* 12
after *después de,* 13; *después que,* 26
afternoon *la tarde,* 5, 19; good afternoon *buenas tardes,* 6; in the afternoon *por la tarde,* 5
afterwards *después,* 5
again *otra vez,* 13
against *contra,* 9
age *la edad,* 22
ago *hace* + *time,* 23
to **agree** *estar de acuerdo,* 25, 29
agronomy *la agronomía,* 37

ahead *adelante,* 22
air *el aire,* 25; air mail *el correo aéreo,* 12
airline *la aerovía,* 28
airplane *el aeroplano, el avión,* 28
airport *el aeropuerto,* 23
alcohol *el alcohol,* 17
all *todo, –a, –os, –as,* 15
alley *el callejón,* 11
to **allow** *dejar,* 16
almost *casi,* 8
alone *solo, –a,* 18
along *a lo largo,* 23
already *ya,* 11
also *también,* 1
although *aunque,* 22
always *siempre,* 5
American *americano, –a,* 4
amplifier *el amplificador,* 29
to **amuse oneself** *entretenerse (ie), divertirse (ie),* 19
amusement *la diversión,* 22; amusement park *el parque de diversiones,* 22
amusing *entretenido, –a, divertido, –a,* 8
anchor *el ancla (f),* 30
ancient *antiguo, –a,* 23
and *y,* 1; *e,* 26
angry: to get angry *enojarse,* 30
ankle *el tobillo,* 31
to **announce** *anunciar,* 28
another *otro, –a,* 6
to **answer** *contestar,* 1, 4; *responder,* 19
antacid *el antiácido,* 17
antenna *la antena,* 24

anthropology *la antropología,* 39
anxiously *ansiosamente,* 10
any *cualquier, –a,* 26, 38
anyone *cualquier, –a,* 38
apartment *el apartamento,* 11
to **appear** *aparecer,* 28
to **applaud** *aplaudir,* 34
applause *el aplauso,* 29
apple *la manzana,* 7; apple cider *la sidra,* 19
appliance *el aparato,* 32
application form *la planilla,* 28
appreciated *apreciado, –a,* 12
to **approach** *acercar(se),* 34
approximately *aproximadamente,* 19
April *abril,* 12
aquatic *acuático, –a,* 20
arch *el arco,* 40
area *el área (f),* 31
arm *el brazo,* 33; arm chair *la butaca,* 14
around: around here *por aquí,* 8
arrival *la llegada,* 28
to **arrive** *llegar,* 5
arrow *la flecha,* 20
art *el arte (pl las artes),* 38
article *el artículo,* 18, 40
artist *el artista, la a.,* 23
as . . . as *tan...como,* 23; as much, as many . . . as *tanto, –a, –os, –as... como,* 23
to **ask** *preguntar,* 4; to ask for *pedir (i, i),* 19
asleep *dormido, –a,* 31; to fall asleep *dormirse (ue, u),* 29
asparagus *el espárrago,* 30

aspirin   *la aspirina,* 17
assistant   *el ayudante, la a.,* 26
at   *a,* 5
athlete   *el atleta, la a.,* 26
to attend   *asistir a,* 25
attention   *la atención,* 5; to pay attention   *hacer caso (a),* 32; *prestar atención,* 37; *poner atención,* 39
audience   *el público,* 29
August   *agosto,* 12
aunt   *la tía,* 2
autumn   *el otoño,* 9
avenue   *la avenida,* 11
aviation   *la aviación,* 28
avocado   *el aguacate,* 30
ax   *el hacha (f),* 15
Aztec   *el azteca, la a.,* 39

B

back (adv)   *atrás,* 20
backpack   *la mochila,* 15
backward   *al revés,* 14
bacon   *el tocino,* 30, 37
bad   *malo, –a,* 24; badly   *mal,* 4
bag   *la bolsa,* 18
bait   *la carnada,* 27
bakery   *la pastelería,* 26
balcony   *el balcón,* 23
ball   *la bola* (bowling); *el balón* (volley, soccer); *la pelota* (baseball, bowling), 9; *la bola,* 27
balloon   *el globo,* 22
banana   *el plátano,* 23; banana chip *el platanutre,* 13
band   *la banda,* 29
bandage   *el vendaje,* 17
bank   *el banco,* 26; bank account *la cuenta de ahorros,* 26
barber   *el barbero, –a,* 27
barefoot   *descalzo, –a,* 21
bargain   *la ganga,* 16; to bargain *regatear,* 16
barometer   *el barómetro,* 31
barrel   *el barril,* 35
base   *la base,* 35
baseball   *el béisbol,* 9
basket   *la canasta,* 9
basketball   *el básquetbol,* 9
bat   *el bate,* 9
to bathe   *bañarse,* 21
bathed   *bañado, –a,* 35
bathing suit   *el traje de baño,* 15
bathroom   *el baño,* 14; *el cuarto de baño,* 28
battery (of car)   *la batería,* 25
bay   *la bahía,* 23
to be   *ser,* 1; *estar,* 5
beach   *la playa,* 21
bear   *el oso,* 10
bearable   *soportable,* 31
beautiful   *lindo, –a,* 11
beauty   *la belleza,* 39
because   *porque,* 6

bed   *cama,* 14; to go to bed   *acostarse (ue),* 17
bedroom   *el cuarto de dormir,* 14
beet   *la remolacha,* 30
before   *antes,* 12; *ante,* 29
to beg   *rogar (ue),* 37
to begin   *empezar (ie),* 12; *comenzar (ie),* 23; to begin to   *empezar + a + inf,* 22
beginner   *el principiante, la p.,* 31
beginning   *el principio,* 26
to believe   *creer,* 8
bell   *la campana,* 10
belt   *el cinturón,* 3; seat (safety) belt *el cinturón de seguridad,* 25, 28
bench   *la banca,* 10; *el banco,* 30
beside   *al lado de,* 10
besides   *además,* 3
better   *mejor,* 10
between   *entre,* 8
bicycle   *la bicicleta,* 8
big   *grande,* 21
bigger   *mayor,* 20
bilingual   *bilingüe,* 26
bill   *la cuenta,* 7
biology   *la biología,* 5
bird   *el pájaro,* 23
birth   *el nacimiento,* 34
birthday   *el cumpleaños,* 13
bit: a (little) bit   *poco,* 4
black   *negro, –a,* 3
blender   *la batidora,* 32
blond   *rubio, –a,* 3
blood   *la sangre,* 30
blouse   *la blusa,* 3
blow   *el golpe,* 19
to blow   *soplar,* 31
blue   *azul,* 3
blueprint   *el plano,* 14
blurred   *borroso, –a,* 22
board   *la tabla,* 21
boarding house   *la pensión,* 26
boat   *el bote,* 11; *el barco,* 21
body   *el cuerpo,* 17, 31
to boil   *hervir (ie, i),* 31
bond   *el lazo,* 40
book   *el libro,* 5
bookcase   *el librero,* 14
bookstore   *la librería,* 39
boot   *la bota,* 3
booth   *la caseta,* 22; *el puesto,* 23
border   *la frontera,* 38
boring   *aburrido, –a,* 4
botanical   *botánico,* 20
bottle   *la botella,* 10
bottom   *el fondo,* 35; from top to bottom   *de arriba abajo,* 40
bowling (game)   *los bolos,* 9; bowling alley   *la bolera,* 9
box office   *la taquilla,* 20
boy   *el chico,* 1; *el muchacho,* 8
brake   *el freno,* 25; to brake   *frenar,* 25
brand   *la marca,* 25
brave   *valiente,* 39
bread   *el pan,* 7

to break   *romper,* 19
breakfast   *el desayuno,* 7; to eat breakfast   *desayunarse,* 17
breeze   *la brisa,* 21
bridge   *el puente,* 20
briefcase   *el portafolio,* 5
briefly   *brevemente,* 19
bright   *brillante,* 21
brightness   *la claridad,* 24
to bring   *traer,* 13, 27
brochure   *el folleto,* 15
brother   *el hermano,* 2; brother-in-law   *el cuñado,* 30
brown   *pardo, –a,* 3
to brush oneself   *cepillarse,* 17
to build   *fabricar,* 38
building   *el edificio,* 23
bull   *el toro,* 36
bunch (of flowers)   *el ramo,* 36
bus   *el autobús,* 11; *el camión,* 33
business   *el negocio,* 18
busy   *ocupado, –a,* 6; *activo, –a,* 23
but   *pero,* 3; *sino,* 29
butter   *la mantequilla,* 7
button   *el botón,* 24
to buy   *comprar,* 7
buyer   *el comprador, –a,* 31

C

cable railway   *el teleférico,* 10
cactus   *el cacto,* 10
cafeteria   *la cafetería,* 28
cage   *la jaula,* 10
cake   *el bizcocho,* 13; *la torta,* 22
calendar   *el calendario,* 39
to call   *llamar,* 6
camera   *la cámara,* 24
to camp out   *acampar,* 15
camping: camping site   *el campamento,* 15; camping tent   *la tienda de campaña,* 15
can, to be able   *poder (ue),* 13, 28
canary   *el canario,* 22
to cancel   *cancelar,* 15, 36
candidate   *el candidato, –a,* 26
candy   *los dulces,* 7; *el caramelo,* 22
cane   *la caña,* 27
canoe   *la canoa,* 35
canteen   *la cantimplora,* 15
cap   *la gorra,* 3
capital (city)   *la capital,* 2
car   *el carro,* 2; *el coche,* 11; *la máquina,* 14; *el automóvil,* 25; sports car   *el coche deportivo,* 25
caravel   *la carabela,* 30
card   *la tarjeta,* 16
cards (playing)   *las cartas,* 8
care: to take care of   *cuidar,* 26
careful!   *¡cuidado!* 9; to be careful *tener cuidado,* 25; carefully   *con cuidado,* 14
cargo   *la carga,* 23
Caribbean   *el Caribe,* 8

carnation *el clavel,* 37
carrot *la zanahoria,* 7
carrousel *el carrusel,* 22
to **carry** *llevar,* 15
cash: cash box *la caja,* 26; **in cash** *en efectivo,* 28
castanets *las castañuelas,* 29
castle *el castillo,* 21, 39
category *la categoría,* 32
cathedral *la catedral,* 30, 34
cattle *el ganado,* 23
cause *la causa,* 39
cave *la cueva,* 10
ceiling *el techo,* 14
celebration *la celebración,* 19
cent *el centavo,* 20
centigrade *el centígrado,* 17
centimeter *el centímetro,* 16
century *el siglo,* 23
ceramics *la cerámica,* 38
chair *la silla,* 14; **arm chair** *la butaca,* 14; **dining-room chair** *la silla de comedor,* 7; **rocking chair** *la mecedora,* 14
chalk *la tiza,* 5
champion *el campeón,* 32
change (money) *el cambio,* 20, 29; **to change** *cambiar(se),* 9, 30; **to change one's mind** *cambiar de idea,* 36
channel *el canal,* 24
charge: to take charge *encargarse,* 19
chat *la charla,* 6; **to chat** *conversar,* 5; *charlar,* 13
cheap *barato, –a,* 16
cheat! *¡trampa!* 9
to **check** *revisar,* 25; *chequear,* 31
checkers *las damas,* 8
cheese *el queso,* 7; **cheese doodle** *el pepito,* 13
chemistry *la química,* 4
chess *el ajedrez,* 8
chest *el pecho,* 17
chicken *el pollo,* 34
chickpea *el garbanzo,* 30
children *los hijos,* 2
to **chill** *enfriar,* 26
chocolate *el chocolate,* 7
to **choose** *escoger,* 32
Christmas *la Navidad,* 12; **Christmas card** *la tarjeta de Navidad,* 19; **Christmas Eve** *la Nochebuena,* 19; **Christmas festivity** *las pastorelas,* 12; *la posada,* 19; **Christmas gift** *el aguinaldo,* 19
church *la iglesia,* 30
circle *el círculo,* 40
city *la ciudad,* 2
civilization *la civilización,* 39
class *la clase,* 4
clean *limpio, –a,* 10; **to clean** *limpiar,* 24
cleanliness *el aseo,* 36
clock: alarm clock *el despertador,* 30

close: to get close *arrimarse,* 38
closer *más cerca,* 15
cloth *la tela,* 38
clothes *la ropa,* 17
cloud *la nube,* 31
cloudy *nublado, –a,* 15; *encapotado, –a,* 31
clown *el payaso, la p.,* 22
club *el club,* 14
clutch *el embrague,* 25
coast *la costa,* 23
coat *el abrigo,* 3
cockpit *la cabina,* 28
coconut *el coco,* 23
codfish fritter *el bacalaíto,* 13
coffee maker *la cafetera,* 26
coin *la moneda,* 28
cold *el frío,* 12; **to be cold** *tener frío,* 17
to **collect** *coleccionar,* 8; *recoger,* 28, 32; **to collect money** *cobrar,* 26
color *el color,* 3
colorfulness *el colorido,* 34
comb *el peine,* 36; **to comb (one's hair)** *peinar(se),* 24
combination *la combinación,* 9
to **come** *venir (ie),* 13; **to come to** *venir + a + inf,* 13
comfortable *cómodo, –a,* 21
company *la compañía,* 28
to **compare** *comparar,* 14
compass *la brújula,* 15; *el compás,* 40
to **compete** *competir (i, i),* 32
competition *la competencia,* 9
to **compose** *componer,* 29
composition *la composición,* 3, 29
comprehension *la comprensión,* 1
to **concern** *preocupar,* 36
conference *la conferencia,* 39
to **conquer** *vencer,* 34; *conquistar,* 39
conservation *la conservación,* 24
to **conserve** *conservar,* 38
to **consider** *considerar,* 38
construction *la construcción,* 39
to **consult** *consultar,* 24
contagious *contagioso, –a,* 17
to **contain** *contener (ie),* 39
contest *el concurso,* 29
continent *el continente,* 35
contrary: on the contrary *al contrario,* 9
control *el control,* 24
to **be convenient** *convenir (ie),* 36
conversation *la conversación,* 1, 6
to **convert** *convertir (ie, i),* 31
to **convince** *convencer,* 29
cook *el cocinero, –a,* 30; **to cook** *cocinar,* 30
cookie *la galletita,* 19
copy *la copia,* 35; **to make copies** *sacar copias,* 40
cord *el cordel,* 27
corner *el rincón,* 36
correct *correcto, –a,* 36; **correctly** *correctamente,* 25

to **correct** *corregir (i, i),* 32
to **cost** *costar (ue),* 14, 15
costume *el disfraz,* 34
cotton *el algodón,* 17; **cotton candy** *el algodón de azúcar,* 22
couch *el sofá,* 14
counter *el mostrador,* 26
countless *innumerable,* 39
country *el país,* 1
countryside *el campo,* 23; **country house** *la casa de campo,* 15
courageous *valiente,* 39
courtyard *el patio,* 4
cousin *el primo, –a,* 2
to **cover** *cubrir,* 14; **to cover up** *abrigar,* 31
covered *cubierto, –a,* 23
cow *la vaca,* 37
cowardly *miedoso, –a,* 22
cowboy (Mexican) *el charro,* 22
crab *el cangrejo,* 27
craftsman, –woman *el artesano, –a,* 38
to **crash** *chocar,* 21
crazy *loco, –a,* 6
cream *la crema,* 24
credit card *la tarjeta de crédito,* 16
creole *criollo, –a,* 35
crew *la tripulación,* 28
to **cross** *atravesar (ie),* 15; *cruzar (the street),* 20
crosswalk *el cruce de peatones,* 20
cruller *el churro,* 11
to **cry** *llorar,* 9
Cuban *cubano, –a,* 14
to **cultivate** *cultivar,* 37
cultivation *el cultivo,* 37
cultural *cultural,* 39
culture *la cultura,* 39
cup *la taza,* 7
to **cure** *curar,* 37
curious *curioso, –a,* 36
current *actual,* 24
curtain *la cortina,* 14
custard (baked) *el flan,* 7
custom *la costumbre,* 34
customer *el cliente, la c.,* 18
cut *cortado, –a,* 37; **to cut** *cortar,* 13, 27
cute *gracioso, –a,* 24
cymbals *los platillos,* 29

D

daily *diario, –a,* 26
dance *el baile,* 6; **to dance** *bailar,* 6
danger *el peligro,* 28
dangerous *peligroso, –a,* 18
dark *moreno, –a,* 3
date *la fecha,* 12
daughter *la hija,* 16; **daughter-in-law** *la nuera,* 30
day *el día,* 8; **all day long** *todo el*

día, 8; the day before yesterday anteayer, 12; the next day al otro día, 10

dead muerto, –a, 31

to **deal** (with) tratarse de, 34

dear querido, –a, 12

December diciembre, 12

to **decide** decidir, 8

decided decidido, –a, 20

decision la decisión, 9

to **declare** declarar, 28

to **decorate** decorar, 19

decorated decorado, –a, 23

decoration la decoración, 19

to **dedicate oneself (to)** dedicarse (a), 38

deer el venado, 10

defeat la derrota, 8

defense la defensa, 9

degree el grado, 17

to **delay** demorarse, 37

delicious delicioso, –a, 7; sabroso, –a, 26

delighted encantado, –a, 28

delightful sabroso, –a, 21

deodorant el desodorante, 36

departure la salida, 28

to **depend (on)** depender (de), 40

to **describe** describir, 21

desk (pupil's) el pupitre, 5

dessert el postre, 7

detail el detalle, 36

to **develop** (photos) revelar, 40

dial el selector, 24

to **dial** marcar, 6

diary el diario, 11

dictionary el diccionario, 40

to **die** morir(se) (ue, u), 24

different diferente, 8; distinto, –a, 26, 28, 34

difficult difícil, 4

dinner la cena, 7

to **direct** dirigir, 32

direction la dirección, 20; directions las instrucciones, 20

to **disappear** desaparecer, 38

discipline la disciplina, 32

to **discover** descubrir, 8

discovered descubierto, –a, 35

discoverer el descubridor, –a, 30

to **discuss** discutir, 15

discussion la discusión, 15

disguise el disfraz, 34

to **disguise** disfrazar, 34

dish el plato, 7; dishes la vajilla, 38

dishwasher el lavaplatos, 32

distant lejano, –a, 27

to **distinguish** distinguir, 32

to **dive** tirarse, lanzarse, 21

to **divide** dividir, 8

to **do** hacer, 9

doctor el médico, la m.; el doctor, –a, 17

document el documento, 28

documentary el documental, 24

dog el perro, 2

dollar el dólar, 10

domestic doméstico, –a, 37

Dominican dominicano, –a, 28

dominoes el dominó, 8

donkey el burro, 37

door la puerta, 11, 14

to **doubt** dudar, 19

dozen la docena, 26

to **draw** dibujar, trazar, 40

drawing el dibujo, 5

dream el sueño, 26; to dream about soñar (ue) con, 33

dress el vestido, 3; to dress up in costume disfrazar, 34

dressed vestido, –a, 27; to get dressed vestirse (i, i), 17

dresser la cómoda, 14

to **drink** beber, 7

drinking glass el vaso, 7

to **drive** manejar, 18; conducir, 25

driver el chófer, 25

driving: driving license la licencia de conducir, 25; driving school la autoescuela, 25

to **drown** ahogarse, 21

drugstore la farmacia, 17

drum el tambor, 29; drums la batería, 29; bongo drum el bongó, 29

dry seco, –a, 15; to dry secar, 36

dryer el secador, 36

duck el pato, 37

during durante, 8

E

each cada, 9

ear (inner) el oído, 17; (outer) la oreja, 33

early temprano, 5

to **earn** ganar, 26

earring el arete, 36

Easter la Pascua, 34

easy fácil, 4; easily fácilmente, 19

to **eat** comer, 7; to eat breakfast desayunarse, 17

economical económico, –a, 25

economy la economía, 35

edge el borde, 23

effort el esfuerzo, 40

egg el huevo, 7

eight ocho, 1; at eight o'clock a las ocho, 5

eighteen dieciocho, 1

elbow el codo, 33

electric eléctrico, –a, 29

elegant elegante, 22

elephant el elefante, 10; elephant's trunk la trompa, 10

eleven once, 1

emperor el emperador, 39

empire el imperio, 39

employee el empleado, –a, 26

empress la emperatriz, 39

encyclopedia la enciclopedia, 40

to **end** terminar, 5

energy la energía, 24

English (lang) el inglés, 4

to **enjoy** disfrutar, 11

enough bastante, 13; suficiente, 16; that's enough ¡basta! 29

to **enter** entrar, 7

entrance la entrada, 23, 28; entrance hallway el pasillo de entrada, 14

envelope el sobre, 12

to **establish** fundar, 23; establecer(se), 39

even aún, 11; hasta, 25

every: every now and then de vez en cuando, 24; every time cada vez, 24

everyone todo el mundo, 8

everything todo, 13

everywhere por todas partes, 21

examiner el examinador, –a, 25

exciting animado, –a, 9; excitingly animadamente, 39

excuse me perdón, 4

exercise el ejercicio, 10

exhibition la exhibición, 39

expedition la expedición, 35

expense el gasto, 20

expensive caro, –a, 20

experience la experiencia, 26

to **explain** explicar, 39

explanation la explanación, 39

expression la expresión, 26

to **extend** extenderse (ie), 35

extraordinary de película, 36

eyeglasses las gafas, 33

F

fabulous fabuloso, –a, 36

face la cara, 22

fact el dato, 37

factory la fábrica, 23

to **fall** caer, 9; to fall apart romperse, 24; to fall down caerse, 26

fame la fama, 39

family la familia, 2; family room el salón familiar, 14

famous famoso, –a, 23

fantastic! ¡qué padre! 36

far lejos, 10

fare el pasaje, 28

farewell la despedida, 6

farm la finca, 23

farmer el campesino, –a, 27

fashionable: to be fashionable estar de moda, 32

fast rápido, –a, 20, 25

to **fasten** amarrar, 28

fat gordo, –a, 16

father el papá, 2; el padre, 6; father-in-law el suegro, 30

favorite favorito, –a, 5

fear el miedo, 22; to fear temer, 37

February *febrero,* 12
federal *federal,* 40
to **feel** *sentir(se) (ie, i),* 17; to feel like *tener ganas de,* 36
festival *el festival,* 34
fever *la fiebre,* 17
few *pocos, –as,* 23
fifteen *quince,* 1
fifth *quinto, –a,* 18
fifty *cincuenta,* 5
fight *la pelea,* 27
to **fight** *pelear,* 29
to **fill (out)** *llenar,* 19, 28
fin *la aleta,* 21
final *final,* 25; finally *al fin,* 14; *finalmente,* 22
to **find** *encontrar (ue),* 28
finger *el dedo,* 33
to **finish** *acabar,* 8; *terminar de + inf,* 30
firecracker *el cohete,* 19
firewood *la leña,* 15
first *primer, primero, –a,* 18
fish *el pescado,* 7; *el pez,* 27; fish hook *el anzuelo,* 27
to **fish** *pescar,* 27
fisherman, –woman *el pescador, –a,* 18
fishing *la pesca,* 27
to **fit** *caber,* 28, 31
five *cinco,* 1
flag *la bandera,* 34
flashlight *la linterna,* 15
flavor *el sabor,* 29
to **float** *flotar,* 21
floor *el piso,* 14
flower *la flor,* 20
flute *la flauta,* 29
to **fly** *volar (ue),* 28
fog *la neblina,* 31
folkloric *folklórico, –a,* 34
to **follow** *seguir (i, i),* 19, 29, 32
food *la comida,* 7; food supplies *los víveres,* 15
fool *el tonto, –a,* 13
foot *el pie,* 11, 17; on foot *a pie,* 11
for *para,* 4; for example *por ejemplo,* 8
forecast *el pronóstico,* 31
foreign *extranjero, –a,* 31
forest *el bosque,* 15
to **forget** *olvidar,* 13
fork *el tenedor,* 7
form *la forma,* 2; to form *formar(se),* 31
formula *la fórmula,* 37
fortress *el fuerte,* 23
fortunately *por suerte,* 28
forty *cuarenta,* 5
foul! *¡faul!* 9
four *cuatro,* 1
fourteen *catorce,* 1
fourth *cuarto, –a,* 18
free *libre,* 8; for free *de gratis,* 14
to **freeze** *congelar(se),* 31

freezer *el congelador,* 32
French (lang) *el francés,* 5
fried *frito, –a,* 23; french fried potatoes *la papas fritas,* 7
friend *el amigo, –a,* 1
to **frighten** *asustar,* 30
frightened *asustado, –a,* 26
from *de,* 1; *desde,* 8
frontier *la frontera,* 38
fruit *la fruta,* 7
full *lleno, –a,* 9
fun: to have fun *gozar,* 24
funny *cómico, –a,* 24
furniture *el mueble,* 14
future *el futuro,* 29
to **fry** *freír (i, i),* 32

G

gallon *el galón,* 19
game *el juego,* 8; *el partido,* 9
garden *el jardín,* 13
gas *la gasolina,* 25; gas pedal *el acelerador,* 25; gas station *la gasolinera,* 26
general *general,* 21
generation *la generación,* 38
genius *el genio, la g.,* 34
geography *la geografía,* 5
to **get: to get off** *bajarse,* 22; to get oneself into *meterse,* 21; to get up *levantarse,* 17
get-together *la tertulia,* 18; to get together *reunirse,* 19
ghost *el fantasma,* 22
giant *el gigante, la g.,* 39
gift *el regalo,* 13; to give (a gift) *regalar,* 18
giraffe *la jirafa,* 10
girl *la chica,* 1; *la muchacha,* 8
to **give** *dar,* 14, 27; to give back *devolver (ue),* 40
glad: to be glad *alegrarse,* 37
gladiola *el gladiolo,* 37
glassmaking *la cristalería,* 38
glory *la gloria,* 39
glove *el guante,* 9, 16
glue *la goma de pegar,* 40
to **go** *ir,* 5; *pasar,* 39; to go ahead *pasar,* 25; to go around *dar vueltas,* 22; *andar,* 28; to go away (leave) *irse,* 17; to go down *bajar,* 8; to go for a ride *dar una vuelta,* 20; to go on a trip *ir de viaje,* 28; to go through *recorrer,* 8; to go up *subir,* 8
goat *el chivo,* 22; *la cabra,* 36
goddaughter *la ahijada,* 30
godfather *el compadre, el padrino,* 30
godmother *la comadre, la madrina,* 30
godson *el ahijado,* 30
goggles *las gafas,* 33

gold *el oro,* 29
good *buen, bueno, –a,* 9; good-bye *adiós,* 5; *chao,* 6; good evening *buenas noches,* 6; good-looking *guapo, –a,* 3; good morning *buenos días,* 4
government *el gobierno,* 40
to **grab** *agarrar,* 9
gram *el gramo (g.),* 19
granddaughter *la nieta,* 30
grandfather *el abuelo,* 2
grandmother *la abuela,* 2
grandparents *los abuelos,* 2
grandson *el nieto,* 30
grapefruit *la toronja,* 7
grass *la hierba,* 10
great *gran, grande,* 21
green *verde,* 3
to **greet** *saludar,* 6
greeting *el saludo,* 6
grille: wrought iron grille *la reja,* 40
groceries *los mandados,* 26
grocery store *la bodega,* 10
ground *el suelo,* 28
group *el grupo,* 9, 13, 26, 30
to **grow** *cultivar,* 37
growing *el cultivo,* 37
to **guarantee** *garantizar,* 24
guava *la guayaba,* 23
to **guess** *adivinar,* 25
guest *el invitado, –a,* 13
guide *el guía, la g.,* 26
guitar *la guitarra,* 11
gym (class) *la educación física,* 5
gymnasium *el gimnasio,* 9

H

hair *el pelo,* 3; *el cabello,* 24
half *medio, –a,* 19; *la mitad* (n), 26
hallway *el pasillo,* 14
ham *el jamón,* 7
hamburger *la hamburguesa,* 7
hammock *la hamaca,* 35
hamster *el hámster,* 10
hand *la mano,* 33; by hand *a mano,* 27; hand signal *la señal de mano,* 25; to hand out *repartir,* 19
handicrafts *la artesanía,* 23
handkerchief *el pañuelo,* 16
to **handle** *manejar,* 26
to **hang** *colgar (ue),* 14
to **happen** *ocurrir,* 35
happiness *la alegría,* 19
happy *feliz* (pl *felices),* 10; *alegre,* 16; *contento, –a,* 22; happily *alegremente,* 10
hard *duro, –a,* 26; hardly *difícilmente,* 19
hardware store *la ferretería,* 14
hat *el sombrero,* 38
to **have** *tener,* 2; *haber,* 27; to have just *acabar + de + inf,* 14; to have time to *tener tiempo,* 28

hay: dry hay *el pienso,* 37
he *él,* 1
head *la cabeza,* 17
headlight *el faro,* 25
health *la salud,* 30
to **hear** *oír,* 17
heart *el corazón,* 22; by heart *de memoria,* 32
heat *el calor,* 17
heavy *pesado, –a,* 25; *grueso, –a,* 33
height *la altura,* 23
hello! *¿aló?, ¿bueno?, ¿diga?* 6
helmet *el casco,* 33
help *la ayuda,* 14; to help *ayudar,* 12
hen *la gallina,* 37
her *su(s),* 4
here *aquí,* 4; *acá,* 26
hey! *¡oye!* 2
hi! *¡hola!* 4
hidden *escondido, –a,* 35
high *alto, –a,* 31
highway *la autopista, la carretera,* 20
hike *la caminata,* 15; to go hiking *hacer caminatas,* 9
hill *la cuesta,* 8; *la colina,* 15
him *él* (prep obj), 16
himself *se,* 17
his *su(s),* 4
Hispanic *hispano, –a,* 23; *hispánico, –a,* 28
historic *histórico, –a,* 40
history *la historia,* 4
to **hit** *pegar,* 27
hobo *el vagabundo, –a,* 34
hockey *el hockey,* 33
to **hold** *aguantar,* 21, 28
home *casa,* 14; at home *en casa,* 14; (toward) home *a casa,* 14
homework *la tarea,* 5
horizon *el horizonte,* 27
horizontal *horizontal,* 24
horoscope *el horóscopo,* 22
horse *el caballo,* 8
hot *caliente,* 21; hot dog *el perro caliente,* 7
hotel *el hotel,* 23
hour *la hora,* 8; by the hour *por hora,* 26
house *la casa,* 1, 2
how . . .! *¡qué...!* 5
how? *¿cómo?* 4, 5; how are you? *¿qué tal?* 4; how many? *¿cuántos?, –as,* 2, 5; how much? *¿cuánto?* 10
however *sin embargo,* 38
humidity *la humedad,* 37
hunger *el hambre* (f), 15
hungry: to be hungry *tener hambre,* 15
hurricane *el huracán,* 27
hurt *lastimado, –a,* 37; to hurt *doler (ue),* 17; to hurt (oneself) *lastimar(se),* 32

I

I *yo,* 1
ice *el hielo,* 9
ice cream *el helado,* 7; ice cream vendor *el heladero, –a,* 35
ice-skate *el patín de hielo,* 9; to ice-skate *patinar en hielo,* 9
idea *la idea,* 10
ideal *ideal,* 9
to **identify** *identificar,* 40
if *si,* 4; if not *si no,* 25
ill *enfermo, –a,* 5
illness *la enfermedad,* 17
to **illustrate** *ilustrar,* 40
to **imagine** *imaginar(se),* 34
immediately *inmediatamente,* 19
immense *inmenso, –a,* 27
impatient *impaciente,* 18
importance *el significado,* 39
important *importante,* 15
impossible *imposible,* 16
in *en,* 2, 4
inch *la pulgada,* 16
independence *la independencia,* 35
Indian: member of Venezuelan Indian tribe *el guajiro, –a,* 35
individual *individual,* 26
industrial *industrial,* 38
industry *la industria,* 23
informal *informal,* 30
information *la información,* 39
ingredient *el ingrediente,* 32
to **inhabit** *habitar,* 35
inhabitant *el habitante, la h.,* 34
inn *la posada,* 19
inside *dentro de,* 10; *adentro,* 19; on the inside *por dentro,* 34
to **insist (on)** *insistir (en),* 39
to **inspect** *revisar,* 25
instead of *en vez de,* 32
instructor *el instructor, –a,* 25
instrument *el instrumento,* 28
intelligent *inteligente,* 3
to **interest** *interesar,* 35
interesting *interesante,* 4
international *internacional,* 25, 28
to **interrupt** *interrumpir,* 18
interruption *interrupción,* 12
intersection *la intersección,* 25
interview *la entrevista,* 29
to **introduce** *presentar,* 13
investigation *la investigación,* 39
invitation *la invitación,* 11
to **invite** *invitar,* 13; to invite to *invitar + a + inf,* 13
iodine *el yodo,* 17
iron *el hierro,* 28
island *la isla,* 23
it *lo* (m obj pron), 16

J

jacket *la chaqueta,* 3
January *enero,* 12

Japanese *japonés, –a,* 20
jaw *la quijada,* 33
jigsaw puzzle *el rompecabezas,* 8
job *el trabajo,* 26
to **join** *unir,* 40
joke *el chiste,* 15; *la broma,* 21
to **joke** *bromear,* 21
joy *el empleo,* 18
judo *el judo,* 32
juice *el jugo,* 7
July *julio,* 12
to **jump** *brincar,* 10; to jump from *saltar de,* 22
June *junio,* 12
jungle *la selva,* 35

K

to **keep** *guardar,* 11
ketchup *el catchup,* 7
kettle *la olla,* 15
kid *el niño, –a,* 19
kilogram *el kilo (Kg),* 19
kilometer *el kilómetro,* 15
king *el rey,* 34
kitchen *la cocina,* 14; kitchen sink *el fregadero,* 32
knee *la rodilla,* 33
knife *el cuchillo,* 7
to **know** *conocer* (person, place), 13; *saber* (a fact), 16, 28
knowledge *el conocimiento,* 38
known *conocido, –a,* 36

L

laboratory *el laboratorio,* 5, 39
lake *el lago,* 22
lamp *la lamparita* (dim), 14
land *el terreno,* 24
landscape *el paisaje,* 23
lane *el carril,* 20
language *la lengua,* 5
last *último, –a,* 16
late *tarde,* 5
later *luego,* 11
Latin American *latino, –a,* 29
to **laugh** *reír (i, i),* 22
leaf (tree) *la hoja,* 9
to **learn** *aprender,* 13; to learn to *aprender + a + inf,* 13
leather *el cuero,* 28
to **leave** *salir,* 19
left *la izquierda,* 14; to the left *a la izquierda,* 14
leg *la pierna,* 33
legend *la leyenda,* 35
lemonade *la limonada,* 7
to **lend** *prestar,* 14
less *de menos,* 32
to **let** *permitir,* 20
letter *la carta,* 11

lettuce   *la lechuga*, 7
library   *la biblioteca*, 25
lie   *la mentira*, 32
life   *la vida*, 23
to **lift**   *levantar*, 21
light   *la luz* (pl *las luces*) (n), 20; *liviano, –a* (adj), 25; *ligero, –a* (adj), 26
to **light** (a fire)   *encender (ie)*, 15
like   *como*, 9
to **like**   *gustar*, 7
line   *la línea*, 6; *la raya*, 10
lion   *el león*, 10
lipstick   *el lápiz de labios*, 36
to **listen**   *oír*, 17; *escuchar*, 38
liter   *el litro*, 19
little: little by little   *poco a poco*, 9
to **live**   *vivir*, 8
to **liven up**   *animar*, 11
living room   *la sala*, 14
llama   *la llama*, 10
to **load**   *cargar*, 31
lobster   *la langosta*, 23
to **lock oneself up**   *encerrarse*, 27
long   *largo, –a*, 3, 23
to **look: to look after**   *atender (ie)*, 18; to look at   *mirar*, 5; to look for *buscar*, 6, 40; to look up   *buscar*, 40
to **lose**   *perder(se) (ie)*, 8, 36
loudspeaker   *la bocina*, 28
love   *el cariño*, 10; with love   *cariñosamente*, 12
luck   *la suerte*, 5; luckily *por suerte*, 26
lunch   *el almuerzo*, 7; to lunch *almorzar (ue)*, 11
luxurious   *lujoso, –a*, 23; *de lujo*, 25
lying· lying down   *acostado, –a*, 31

M

machete (knife)   *el machete*, 37
machinery   *la maquinaria*, 38
mad   *enojado, –a*, 22
made   *hecho, –a*, 28
madness   *la locura*, 36
magazine   *la revista*, 40
mail: air mail   *el correo aéreo*, 12
main   *principal*, 27, 34; mainly *mayormente*, 31
to **maintain**   *mantener*, 38
to **make**   *hacer*, 9
make-up   *el maquillaje*, 36
malt   *la leche malteada*, 7
man   *el señor*, 2; *el hombre*, 27
to **manage**   *manejar*, 26; *administrar*, 39
manual   *el manual*, 18
to **manufacture**   *fabricar*, 38
manufactured   *fabricado, –a*, 38
many   *mucho, –a, –os, –as*, 2
map   *el mapa*, 15
maracas   *las maracas*, 29
marble   *la canica*, 8

March   *marzo*, 12
mark (grade)   *la calificación*, 18
to **mark down** (the price)   *rebajar*, 16
marketplace   *el mercado*, 19
married: married couple   *el matrimonio*, 30; to be married   *estar casado, –a (con)*, 30
to **marry**   *casar(se)*, 30
marvel   *la maravilla*, 24
marvelous   *maravilloso, –a*, 22
mascara   *el rimel*, 36
mask   *la careta*, 21
mass   *la misa*, 27
match   *el fósforo*, 15
material   *el material*, 28
mathematics   *las matemáticas*, 4
to **matter**   *importar*, 36
mattress   *el colchón*, 21; air mattress   *el colchón de aire*, 21
maximum   *máximo, –a*, 35
May   *mayo*, 12
me   *me* (obj pron), 16, 17
to **mean**   *querer decir*, 25
meaning   *el significado*, 39
meanwhile   *mientras*, 27
to **measure**   *medir (i, i)*, 16
meat   *la carne*, 30, 37
medicine   *la medicina*, 17
medium   *mediano, –a*, 16
to **meet**   *encontrarse (ue)*, 17
melon   *el melón*, 7
member   *el miembro, la m.*, 29, 38
memory   *la memoria*, 32
merchandise   *la mercancía*, 23
merchant   *el comerciante, la c.*, 23
Mexico   *México*, 1
Mexican   *mexicano, –a*, 4
microphone   *el micrófono*, 29
midnight   *la medianoche*, 11
mile   *la milla*, 15, 23
milk   *la leche*, 7
milkshake   *el batido*, 7
million   *el millón*, 29
mine (child)   *el mío, –a, –os, –as*, 28
minor (child)   *el menor, la m.*, 18, 20
minute   *el minuto*, 18
mirror   *el espejo*, 36
Miss   *la señorita*, 4; *Srta.* (abbreviation), 12
missing: to be missing   *faltar*, 19
missionary   *el misionero, –a*, 40
mistake: to make a mistake   *equivocarse*, 32
Mister   *el señor*, 4; *Sr.* (abbreviation)
modern   *moderno, –a*, 4
mold   *el molde*, 38
mom   *mami*, 13
moment   *el momento*, 6
Monday   *el lunes*, 5
monetary   *monetario, –a*, 28
money   *el dinero*, 10
monkey   *el mono*, 10
Monopoly (game)   *el monopolio*, 8
month   *el mes*, 11; monthly *mensualmente*, 26
monument   *el monumento*, 35

moon   *la luna*, 39
to **mop**   *trapear*, 27
more   *más*, 3; more . . . than *más...que*, 15
morning   *la mañana*, 5; in the morning *por la mañana*, 5
motel   *el motel*, 33
mother   *la mamá*, 2; *la madre*, 6; mother-in-law   *la suegra*, 30
motor   *el motor*, 25
motorcycle   *la moto*, 11; *la motocicleta*, 27
mountain   *la montaña*, 9
mountainous   *montañoso, –a*, 35
mouse   *el ratoncito* (dim), 10
mouth   *la boca*, 33
to **move**   *mudarse* (to a house), 23; *mover (ue)*, 24
movement   *el movimiento*, 35
movie   *la película*, 24
Mrs.   *la señora*, 6; *Sra.* (abbreviation), 16
museum   *el museo*, 8
music   *la música*, 5
musician   *el músico*, 22
mustard   *la mostaza*, 7
my   *mi(s)*, 4
mysterious   *misterioso, –a*, 35

N

nail   *la uña*, 36
name   *el nombre*; 4; name (Saint) day   *el santo*, 22
to **name**   *nombrar*, 25; to be named *llamarse*, 1
napkin   *la servilleta*, 7
narrow   *estrecho, –a*, 25
national   *nacional*, 30, 35
nationality   *la nacionalidad*, 25
native inhabitant   *el indígena, la i.*, 38
nature   *la naturaleza*, 24
near   *cerca*, 10; *cerca de*, 23; *cercano, –a*, 23; to go near   *acercar(se)*, 34
neck   *el cuello*, 10
to **need**   *necesitar*, 6
neighbor   *el vecino, –a*, 30
neighborhood   *el barrio*, 10; *la vecindad*, 17
neither   *tampoco*, 3; *ni*, 33; neither . . . nor   *ni...ni*, 33
nephew   *el sobrino*, 30
what nerve!   *¡qué fresco!, –a* 40
net   *la red*, 9
never   *nunca*, 4
new   *nuevo, –a*, 4
New York   *Nueva York*, 3
news   *la noticia*, 25
newscast   *el noticiario*, 24
newspaper   *el periódico*, 14
next   *próximo, –a*, 25
nice   *simpático, –a*, 3; how nice!

¡qué bien! 6; it's nice out *hace buen tiempo*, 9

niece *la sobrina*, 30; little niece *la sobrinita*, 26

night *la noche*, 11, 13; at night *por la noche*, 11; *de noche*, 12; last night *anoche*, 11; tonight *esta noche*, 13

nightstand *la mesita de noche*, 14

nine *nueve*, 1

nineteen *diecinueve*, 1

ninety *noventa*, 5

no *no*, 1; *not*, 1; no one *ningún, ninguno, –a*, 33

nobody *nadie*, 8; *ningún, ninguno, –a*, 33

noise *el ruido*, 19

none *ningún, ninguno, –a*, 29, 33

noon *el mediodía*, 11

normal *normal*, 17

north *el norte*, 20; North American *norteamericano, –a*, 24; northeast *el noreste*, 20; northwest *el noroeste*, 20

nose *la nariz*, 33

note *el apunte*, 39; to note *anotar*, 11

notebook *el cuaderno*, 5

nothing *nada*, 7

November *noviembre*, 12

now *ahora*, 4; right now *hoy mismo*, 25

number *el número*, 1

numerous *numeroso, –a*, 20

nut *la nuez (pl las nueces)*, 19

O

to **obey** *obedecer*, 26

to **obtain** *sacar*, 25

to **occupy** *ocupar*, 35

to **occur** *ocurrir*, 35

October *octubre*, 11, 12

of *de*, 1, 2; of course *seguro (que)*, 4; *claro*, 14; *por supuesto*, 18

to **offer** *ofrecer*, 23

office *la oficina*, 28; customs office *la aduana*, 28

often *a menudo*, 8

oil *el aceite*, 25; *el petróleo*, 35; oil (producing) *petrolero, –a*, 35

old *viejo, –a*, 23; older *mayor*, 7

on *en*, 5; *arriba de*, 10; on top of *sobre*, 5; *arriba de*, 10

one *un, uno, una*, 1, 2

one-hundred *cien, ciento*, 5

only *solamente*, 2; *sólo*, 26

open *abierto, –a*, 33

to **open** *abrir*, 13

opponent *el adversario, –a*, 9

opposition *la oposición*, 9

or *o*, 3; *u*, 26

oral *oral*, 38

orange *la naranja*, 7; *la china (Puerto Rico)*, 13; (color) *anaranjado, –a*, 14

orchid *la orquídea*, 37

order: in order *en orden*, 14

ostrich *el avestruz*, 10

other *otro, –a*, 6; others *los demás*, 22

otherwise *si no*, 25

ought to *deber*, 7

ounce *la onza*, 19

our *nuestro, –a, –os, –as (poss adj)*, 8

ourselves *nos (ref obj pron)*, 17

out of *fuera de*, 10

outside *afuera*, 18; on the outside *por fuera*, 34

outskirts *las afueras*, 28

oven *el horno*, 26

own: one's own *proprio, –a*, 26, 35

owner *el dueño, –a*, 29

P

package *el paquete*, 26

paddle *la paleta*, 21

page *la página*, 39

pain *el dolor*, 17

paint *la pintura*, 14; paint brush *la brocha*, 14; paint roller *el rodillo*, 14

to **paint** *pintar*, 14

painter *el pintor, –a*, 11

pajamas *los pijamas*, 17

pal *el compañero, –a*, 3

pale *pálido, –a*, 17

palm (tree) *la palmera*, 21

pansy *el pensamiento*, 37

pants *los pantalones*, 3

paper *el papel*, 13

parade *la procesión*, 19

parents *los papás*, 2; *los padres*, 7

park *el parque*, 11; to park *estacionar*, 25

parking (space) *el parqueo*, 28

part *la parte*, 9

partially *parcialmente*, 31

particular: in particular *en particular*, 39; particularly *en particular*, 18

party *la fiesta*, 11

to **pass** *pasar*, 5, 25, 39

passport *el pasaporte*, 28

pastime *el pasatiempo*, 8

pastry *el pastel*, 7

path *el recorrido*, 35

patient: to be patient *tener paciencia*, 26

to **pay** *pagar*, 7

peaceful *tranquilo, –a*, 13, 19

peanut *el cacahuate*, 19; *el maní*, 37

pedal *el pedal*, 25

pedestrian *el peatón*, 20

pelican *el pelícano*, 10

pen *la pluma*, 5

pencil *el lápiz (pl los lápices)*, 5; eyebrow pencil *el lápiz de cejas*, 36

peninsula *la península*, 38

people *la gente*, 11; young people *los (las) jóvenes*, 19

pepper (black) *la pimienta*, 7

per cent *el por ciento*, 35

percussion *la percusión*, 29

perfect *perfecto, –a*, 9; perfectly *perfectamente*, 19

perfume *el perfume*, 37

perhaps *quizá*, 4; *tal vez*, 11; *a lo mejor*, 17

permanent *permanente*, 39

permission *el permiso*, 13

person *la persona*, 34

personal *personal*, 26

phone call *la llamada*, 6

photograph *la foto*, 12; to photograph *retratar*, 30

photographed *retratado, –a*, 40

photographer *el fotógrafo, la f.*, 36

piano *el piano*, 29

to **pick up** *recoger*, 25, 32

picnic *el picnic*, 23

picture *el retrato*, 14

piece *el pedazo*, 13; *la pieza* (of music), 29

pig *el puerco*, 30, 37

pilot *el piloto*, 28

pill *la pastilla*, 17; *la píldora*, 17

pin: rolling pin *el rodillo*, 32

pineapple *la piña*, 23

ping-pong *el ping-pong*, 9

to **pitch tents** *montar las tiendas*, 15

place *el lugar*, 8; *el sitio*, 23

plain (field) *la llanura*, 15

plan *el plan*, 6

plant *la planta*, 9, 37; to plant *sembrar (ie)*, 37

plastic *el plástico*, 13

play: traditional Mexican play *la pastorela*, 34; to play *jugar (ue)*, (game), 8; *tocar* (song, instrument), 22

player *el jugador, –a*, 33

plaza *la plaza*, 34

pleasant *agradable*, 23

please *por favor*, 5; to please *agradar*, 36

pleasing: to be pleasing to *gustar*, 7

pleasure *el gusto, el placer*, 13

pole *la vara*, 27

police officer *el policía*, 20

popcorn *la palomita*, 13

population *la población*, 34

porch *el portal*, 30

pork *el puerco*, 30

port *el puerto*, 23

to **portray** *retratar*, 30

position *el puesto*, 26

pot: pot holder *la almohadilla*, 32

potato *la papa*, 30

pottery *la alfarería*, 38

pound *la libra*, 19

powder *el polvo,* 36
practically *prácticamente,* 38
practice *la práctica,* 29; to practice *practicar,* 9
precaution *la precaución,* 28
to **prefer** *preferir,* 17
pre-Hispanic *pre-hispánico, –a,* 39
preparation *la preparación,* 19
to **prepare** *preparar,* 5
prepared *preparado, –a,* 28
to **prescribe** *recetar,* 17
present *presente,* 5
pressure *la presión,* 31
pretty *bonito, –a,* 3
previous *anterior,* 26
price *el precio,* 16
priest *el cura,* 30; parish priest *el párroco,* 27
private *privado, –a,* 15
probably *probablemente,* 31, 33
problem *el problema,* 16
to **produce** *producir,* 38
produced *producido, –a,* 38
product *el producto,* 38
professional *el profesional, la p.,* 23
program *el programa,* 24
project *el proyecto,* 40
promise *la promesa,* 13
to **promise** *prometer,* 13
to **protect** *proteger,* 33
protection *la protección,* 24
protector *el protector, –a,* 40
proud *orgulloso, –a,* 34
public *el público* (n), 26; *público, –a,* (adj), 40
Puerto Rican *puertorriqueño, –a,* 3
pulled *tirado, –a,* 22
purchase *la compra,* 14
purple *morado, –a,* 3
purse *la cartera,* 16
to **push** *empujar,* 19
to **put** *poner,* 7, 28; *meter,* 38; to put on *ponerse,* 17
pyramid *la pirámide,* 39

Q

quality *la calidad,* 24
queen *la reina,* 34
question *la pregunta,* 4

R

rabbit *el conejo,* 34
racquet *la raqueta,* 9
radiator *el radiador,* 25
radio *el radio,* 14
rain *la lluvia,* 19; to rain *llover (ue),* 9, 31
raincoat *el impermeable,* 31
ram *el carnero,* 36

rare *raro, –a,* 38
razor *el rastrillo con navaja,* 36
to **read** *leer,* 8
reader *el lector, –a,* 29
ready *listo, –a,* 9
real: for real *de verdad,* 39; really? *¿de veras?* 6
reason *la razón,* 38
receipt *el recibo,* 28, 37
to **receive** *recibir,* 18
receiver *el receptor,* 6
recently *recientemente,* 34
recess *el recreo,* 5
recipe *la receta,* 13
to **recognize** *reconocer,* 36
record *el disco,* 8; to play a record *poner un disco,* 8; record player *el tocadiscos,* 29
to **record** *grabar,* 29
recorder: cassette recorder *el magnetofón,* 29
red *rojo, –a,* 3
referee *el árbitro,* 9
reference *la referencia,* 40
to **refresh** *refrescar,* 21
refreshments *los refrescos,* 19
refrigerator *el refrigerador,* 26
regards *recuerdos,* 12
regatta *la regata,* 21
region *la región,* 34
to **register** *matricularse,* 25
rehearsal *el ensayo,* 29
relationship *el parentesco,* 30
to **relive** *revivir,* 34
to **remain** *quedarse,* 30
to **remember** *acordarse (ue),* 18; *recordar (ue),* 35
to **remove** *quitar,* 28
to **rent** *alquilar,* 11
to **repair** *reparar,* 27
to **repeat** *repetir (i, i),* 29
report *el reporte,* 35
reporter *el reportero, –a,* 29
to **represent** *representar,* 38
reputation *la fama,* 39
research *la investigación,* 39
reservation *la reservación,* 28
to **respect** *respetar,* 28
responsibility *la responsabilidad,* 39
to **rest** *descansar,* 10
restaurant *el restaurante,* 7
to **restore** *restaurar,* 34
result *el resultado,* 40
to **return** *volver (ue),* 14; *regresar,* 25, 27, 38; *devolver (ue),* 40
review *el repaso,* 31
rhythm *el ritmo,* 29
rice *el arroz,* 7
ride *el paseo,* 20; *el aparato* (in the amusement park), 22; to ride *montar a caballo* (horseback), 8; *montar,* 20; to go for a ride *dar una vuelta,* 20
rider *el ciclista, la c.,* 20
right *la derecha,* 20; right away *enseguida,* 18; to be right *tener*

razón, 7; to the right *a la derecha,* 20
ring *el anillo,* 36; to ring *sonar (ue),* 6
rink *la pista,* 33
rinse *el enjuague,* 36
river *el río,* 15
road *el camino,* 23
robe *la bata,* 35
robot *el robot,* 33
roll (class list) *la lista,* 5, 13
roller (hair) *el tubo,* 36
room *el cuarto,* 6; *la habitación,* 14; *el salón,* 28; *la sala,* 39; drawing room *el salón,* 30; family room *el salón familiar,* 14
rope *la cuerda,* 15; *la soga,* 35
rouge *el colorete,* 36
round *redondo, –a,* 14; round-trip *de ida y vuelta,* 11
route *el recorrido,* 35
royal *real,* 30
rug *la alfombra,* 14
ruin *la ruina,* 38
rule *la regla,* 25; to rule *declarar,* 27
ruler *la regla,* 5
to **run** *correr,* 9
runway *la pista,* 28
rural *rural,* 23

S

sad *triste,* 22
sail *la vela,* 21; to sail *navegar,* 21
sailboat *el velero,* 21
salad *la ensalada,* 7
salary *el sueldo,* 26
sale *la venta,* 14; sales clerk *el vendedor, –a,* 10
salt *la sal,* 7
same *mismo, –a,* 9
sand *la arena,* 21; sand castle *el castillo de arena,* 21
sandal *la sandalia,* 21
sandwich *el sandwich,* 7; *el bocadillo,* 11
sardine *la sardina,* 27
Saturday *el sábado,* 5
saucepan *la cacerola,* 32
saucer *el platillo,* 7
to **save** *ahorrar,* 26, 29; *conservar,* 38
saxophone *el saxofón,* 29
to **say** *decir,* 27; to say good-bye *despedirse (i, i),* 17
scales (for weighing) *la pesa,* 27
scared: to be scared *tener miedo,* 22
scene *la escena,* 34
schedule *el horario,* 5
school *el colegio,* 4; high school *la secundaria,* 26
scissors *las tijeras,* 40
scream *el grito,* 19
screen *la pantalla,* 24

sea *el mar,* 21
seat *el asiento,* 28; seat belt *el cinturón de seguridad,* 25
seated *sentado, –a,* 17
second *segundo, –a,* 18
section *la sección,* 40
security *la seguridad,* 28
to **see** *ver,* 7; see you later *hasta luego,* 5; see you soon *hasta pronto,* 6
seem: it seems *por lo visto,* 18
to **sell** *vender,* 7
to **send** *mandar,* 12
sender *el remitente, la r.,* 12
September *septiembre,* 12
series *la serie,* 24
serious *serio, –a,* 17
to **serve** *servir (i, i),* 26
service *el servicio,* 28, 29
to **settle** *establecer(se),* 39
seven *siete,* 1
seventeen *diecisiete,* 1
seventy *setenta,* 5
several *varios, –as,* 18
shade *la sombra,* 21
shame: what a shame *¡qué pena!* 29
shampoo *el champú,* 24
shark *el tiburón,* 27
sharp (on the dot) *en punto,* 5
to **shave** *afeitar(se),* 36
shaver: electric shaver *la máquina de afeitar,* 36
she *ella,* 1
sheep *la oveja,* 37
sheet (of paper) *la hoja,* 28
shelter: to give shelter *dar posada,* 19
shepherd *el pastor, –a,* 34
shirt *la camisa,* 3; T-shirt *la camiseta,* 16
shoe *el zapato,* 3
to **shoot** *tirar,* 9
shop: repair shop *el taller,* 26; to go shopping *ir de compras,* 16
shore *la orilla,* 21
short *corto, –a* (length); *bajo, –a* (height), 3
shoulder *el hombro,* 16
to **shout** *gritar,* 9
shovel *la pala,* 15
to **show** *mostrar (ue),* 38
showy *llamativo, –a,* 18
shrimp *el camarón,* 27
sick: to get sick *enfermarse,* 17
side *el lado,* 9
sidewalk *la acera,* 20
sight *vista,* 18; in sight *a la vista,* 18
sign *la señal,* 20; *el letrero,* 28; *el signo,* 36
to **signal** *señalar,* 31
silly *tonto, –a,* 40
silver *la plata,* 18
since *pues,* 28; *ya que,* 38
to **sing** *cantar,* 11

sink: kitchen sink *el fregadero,* 32; to sink *hundirse,* 21
sister *la hermana,* 2; sister-in-law *la cuñada,* 30
to **sit down** *sentarse (ie),* 28
six *seis,* 1
sixteen *dieciséis,* 1
sixty *sesenta,* 5
size *la medida, la talla,* 16; *el tamaño,* 32
to **skate** *patinar,* 8
skater *el patinador, –a,* 33
ski *el esquí,* 33
skin *la piel,* 24
to **skin-dive** *bucear,* 21
skirt *la falda,* 3
sky *el cielo,* 31
sled *el trineo,* 33
to **sleep** *dormir (ue, u),* 10
sleeping: sleeping bag *el saco de dormir,* 15
sleigh *el trineo,* 33
to **slide** *deslizar(se),* 33
slow *lento, –a,* 25; slowly *lentamente,* 19; *despacio,* 29
small *pequeño, –a,* 4
smell *el olor,* 23
to **smile** *sonreír(se) (i, i),* 33
smiling *sonriente,* 36
snack *la tapa,* 11; *la merienda,* 22
snail *el caracol,* 39
snake *la serpiente,* 10
snow *la nieve,* 9; to snow *nevar (ie),* 31
so *tan,* 22; *así que,* 28; so much, so many *tanto, –a, –os, –as,* 11, 13; so-so *regular,* 4; so that *para que,* 39
soap *el jabón,* 36; soap opera *la novela,* 24
soccer *el fútbol,* 9
society *la sociedad,* 38
sock *el calcetín,* 3; *la media,* 33
soft *suave,* 24; soft drink *el refresco,* 13, 26
soil *la tierra,* 20
soldier *el soldado, la s.,* 34
some *algún, alguno, –a, –os, –as,* 4, 30; *unos, –as,* 8
someone *alguien,* 33
something *algo,* 7
sometimes *a veces,* 8
somewhere else *en otro lugar,* 16
son *el hijo,* 17; son-in-law *el yerno,* 30
song *la canción,* 1, 11
soon *pronto,* 6
sound *el sonido,* 24; to sound *tocar,* 26; *sonar (ue),* 29
soup *la sopa,* 7
south *el sur,* 20; southeast *el sureste,* 20; southwest *el suroeste,* 20
space *el espacio,* 25, 40
spacious *espacioso, –a,* 39
Spanish-America *Hispanoamérica,* 8
spatula *la espátula,* 32

to **speak** *hablar,* 4
speed *la velocidad,* 22; at full speed *a toda velocidad,* 22
to **spend** *gastar,* 29
spirit *el ánimo,* 9
splendid *magnífico, –a,* 22
spoon *la cuchara,* 7; large spoon *el cucharón,* 32
sports *el deporte,* 5
spring *la primavera,* 9
squirrel *la ardilla,* 10
stable *estable,* 31
stairs *la escalera,* 30
stapler *la presilladora,* 40
state *el estado,* 31
statue *la estatua,* 40
to **stay** *quedarse,* 30
step *el paso,* 24
stereo *el estéreo,* 26
steward/ess *el aeromozo, –a,* 28
stick (hockey) *el palo,* 33
still *todavía,* 6; *aún,* 23
stingy *tacaño, –a,* 14
stone *la piedra,* 10
to **stop** *parar,* 20; *pararse,* 25; to stop in *hacer escalas en,* 28; to stop + gerund *parar de + inf,* 31
store *la tienda,* 16
storm *la tormenta,* 27; *la tempestad,* 31
story *el cuento,* 30; *la historia,* 38
straight (ahead) *derecho,* 20
to **straighten up** *poner en orden,* 14
strainer *el colador,* 32
strange *raro, –a,* 38
strawberry *la fresa,* 7
stream *el arroyo,* 23
street *la calle,* 11; *la cuadra* (block), 20
to **strike out** *ponchar,* 27
string *la cuerda,* 29
to **stroll** *pasear,* 11
strong *fuerte,* 3
student *el alumno, –a,* 4
subject *la materia,* 5
subway *el metro,* 11
suddenly *de pronto,* 13; *de momento,* 36; *de repente,* 39
sugar *el azúcar (f),* 7
suit *el traje,* 21, 34
suitcase *la maleta,* 11
summer *el verano,* 9
sun *el sol,* 22
Sunday *el domingo,* 7
sunglasses *los espejuelos de sol,* 21
sunny *soleado, –a,* 31
supermarket *el supermercado,* 13
to **supervise** *supervisar,* 38
surely *seguramente,* 25
to **surf** *esquiar en tabla,* 9; *surfear,* 21
surfer *el surfeador, –a,* 21
surprised *sorprendido, –a,* 22
sweater *el suéter,* 3
to **sweep** *barrer,* 26
to **swim** *nadar,* 9
swimming pool *la piscina,* 14

symptom *el síntoma*, 17
syrup *el jarabe*, 17

T

table *la mesa*, 7
tablecloth *el mantel*, 28
to **take** *tomar*, 6; to take out *sacar*, 25, 39; to take photos *sacar fotografías*, 40
tall *alto*, *–a*, 3
tambourine *la pandareta*, 29
tape: adhesive tape *la cinta adhesiva transparente*, 40; (recording) tape *la cinta (magnetofónica)*, 29; tape recorder *la grabadora*, 29
tapestry *la tapiz*, 38
to **taste** *probar (ue)*, 30
tax *el impuesto*, 28
taxi *el taxi*, 11
to **teach** *enseñar*, 13, 27; to teach to *enseñar + a + inf*, 13
teacher *el maestro*, *–a*, 4; *el profesor*, *–a*, 33
team *el equipo*, 9
teaspoon *la cucharita*, 7
telegram *el telegrama*, 36
telephone *el teléfono*, 6; on the telephone *por teléfono*, 6
televised *televisado*, 24
television *la televisión*, 8; *el televisor, la tele*, 24; black and white television *el televisor en blanco y negro*, 24; color television *el televisor en colores*, 24; television schedule *la teleguía*, 24
to **tell (about)** *contar (ue)*, 12, 18
temperature *la temperatura*, 9
temple *el templo*, 39
ten *diez*, 1
tennis *el tenis*, 9
tent *la tienda*, 15
terrace *la terraza*, 14
territory *el territorio*, 35
text *el texto*, 40
than *que*, 20
thank you *gracias*, 4
that *que*, 7, 30; (demon adj) *aquel*, 29; (neuter demon pron) *eso, aquello*, 30
that one (demon pron) *aquél*, 29
the *el, la*, 1; *los, las*, 2
theater *el teatro*, 11
their *su(s)*, 7
them *las* (f pl obj pron), *los* (m pl obj pron), 16
themselves *se* (ref obj pron), 17
then *entonces*, 4
there (location) *ahí, allí*, 10; *allá*, 12
there: there is, there are *hay*, 10; there's everything *hay de todo*, 10; there was, there were *había*, 22; there will be *habrá*, 25
thermometer *el termómetro*, 31

they *ellos* (m), 2; *ellas* (f), 3
thin *delgado*, *–a*, 3
thing *la cosa*, 7
to **think** *pensar (ie)*, 13; to think about *pensar en*, 31
third *tercer, –o, –a, –os, –as*, 18
thirsty: to be thirsty *tener sed*, 7
thirteen *trece*, 1
thirty *treinta*, 5
this *esto* (neuter demon pron), 30
thousand *mil*, 11
thread *el hilo*, 38
three *tres*, 1
throat *la garganta*, 17
through *por*, 5; through there *por allá*, 8
to **throw away** *botar*, 27
thus *así*, 10
ticket *el boleto*, 20; ticket seller *el taquillero, –a*, 20; train ticket *el billete de tren*, 11
tie *la corbata*, 3; *el lazo*, 40
tiger *el tigre*, 10
time *la hora* (hour), 5; *el tiempo*, 8; *la vez*, 12; at the same time *a la vez*, 26; every time *cada vez*, 24; free time *ratos libres*, 8; in time *a tiempo*, 28; on time *a tiempo*, 26; to take a long time *demorarse*, 37
tin can *la lata*, 26
tip *la propina*, 7
tire (of car) *el neumático*, 25
tired *cansado*, *–a*, 6; to get tired *cansarse*, 17
to *a*, 1; to the (contraction) *al*, 5
toast *la tostada*, 26
toaster *la tostadora*, 26
toboggan *el tobogán*, 9
today *hoy*, 5; *hoy mismo*, 25
together *junto, –a*, 26
tomato *el tomate*, 7
tomorrow *mañana*, 6
tonight *esta noche*, 13
too (much) *demasiado*, 16
tooth *el diente*, 17
toothbrush *el cepillo de dientes*, 36
toothpaste *la pasta de dientes*, 36
top: from top to bottom *de arriba abajo*, 34
tourism *el turismo*, 26
tourist *el turista, la t.*, 21; *turístico, –a* (adj), 23
toward *hacia*, 14
towel *la toalla*, 21
tower *la torre*, 23
town *el pueblo*, 23; *la villa*, 27
to **trace** *trazar*, 40
track *la pista*, 33; race track *la pista*, 26
tradition *la tradición*, 34
traditional *tradicional*, 34; traditionally *tradicionalmente*, 38
traffic *el tráfico*, 20; traffic circle *la glorieta*, 20; traffic light *el semáforo*, 20
trail *la pista*, 33

train *el tren*, 10
to **transplant** *trasplantar*, 37
trap *la trampa*, 27
to **travel** *viajar*, 15
tray *la bandeja*, 18
treaty *el tratado*, 40
tree *el árbol*, 9
trick *el truco*, 22
trip *el viaje*, 11; return trip *el viaje de vuelta*, 31
triumph *el triunfo*, 8
to **triumph** *triunfar*, 29
trombone *el trombón*, 29
truck *el camión*, 33
true *cierto*, *–a*, 19
trumpet *la trompeta*, 29
truth *la verdad*, 4
turkey *el pavo*, 34
turn *el turno*, 19, 26; to make a turn *doblar*, 20; to turn off *apagar.* 24
turtle *la tortuga*, 10, 27
twelve *doce*, 1
twenty *veinte*, 1
twins *los gemelos, –as*, 36
two *dos*, 1; two-way *de dos sentidos*, 20
typewriter *la máquina de escribir*, 40

U

ugly *feo*, *–a*, 3
umbrella *el paraguas*, 31
unbearable *insoporatable*, 17
uncle *el tío*, 2
uncomfortable *incómodo*, *–a*, 25
under *debajo de*, 10
underwater *submarino*, 21
unforgettable *inolvidable*, 29
uniform *el uniforme*, 4
unit *la unidad*, 28
to **unite** *unir*, 40
United States of America *Estados Unidos (EE. UU.)*, 1
university *la universidad*, 12, 26
unstable *inestable*, 31
until *hasta*, 9; *hasta que*, 22
urgently *urgentemente*, 16
us *nos* (obj pron), 16
use *el uso*, 38; to use *usar*, 24
useful *útil*, 26
usually *de costumbre*, 18
utensil *el utensilio*, 32

V

vacation *las vacaciones*, 12
vagabond *el vagabundo*, *–a*, 34
vampire *el vampiro*, *–a*, 34
variety *la variedad*, 9; variety show *las variedades*, 24
vase *el jarrón*, 18

vegetable *la vegetal, la verdura,* 7
vegetation *la vegetación,* 23
Venezuelan *venezolano, –a,* 35; northern Venezuelan territory *la Guajira,* 38
very *muy,* 3
vicinity *las cercanías,* 26
view *la vista,* 30
violin *el violín,* 29
visit *la visita,* 11; to visit *visitar,* 11
visitor *el visitante, la v.,* 27
voice *la voz,* 36
volleyball *el vólibol,* 9
volume *el volumen,* 24

W

waist *la cintura,* 16
to **wait for** *esperar,* 27
to **wake up** *despertarse (ie),* 17
to **walk** *andar,* 6; *caminar,* 10
wall *la pared,* 14
to **want** *querer (ie),* 7, 28
warm *caluroso, –a,* 31
to **warn** *avisar,* 18
warning *el aviso,* 28
washed: to get washed *lavarse,* 17
watch *el reloj,* 5
water *el agua* (f), 7; water well *el pozo,* 27; salt water *el agua salada,* 27
waterfall *la cascada,* 23
watermelon *la sandía,* 7
wave *la ola,* 21
way *el modo,* 8; *la manera,* 20; no way *¡qué va!* 25
we *nosotros, nosotras,* 3
to **wear** *usar,* 4
weather *el tiempo,* 9; the weather is bad *hace mal tiempo,* 9
wedding *la boda,* 30
week *la semana,* 5; last week *la semana pasada,* 11; weekly *semanalmente,* 26

weekend *el fin de semana,* 10
well *bien,* 4; *pues,* 21; *el pozo,* 38
west *el oeste,* 20
what? *¿qué?* 1; *¿cómo?* 4, 5; what time? *¿a qué hora?* 5
wheel *la rueda,* 28, 33; steering wheel *el volante,* 25
when *cuando,* 5; whenever *siempre que,* 9; when? *¿cuándo?* 6
where *donde,* 7; where? *¿dónde?* 1; to where? *¿adónde?* 5
which *que,* 7, 30; which? *¿cuál?* 5; which ones? *¿cuáles?* 6
while (conj) *mientras (que),* 8; **while** (short period of time) *el rato,* 8; in a little while *al poco rato,* 9, 18
whip (ride) *el látigo,* 22
whistle *el silbato,* 26
white *blanco, –a,* 3; white lily *la azucena,* 37
who *que,* 8, 30; *quien,* 30; who? *¿quién?, ¿quiénes?* 2
whole *entero, –a,* 12
whom *que,* 30; *quien,* 30
whose *cuyo, –a, –os, –as,* 30
why? *¿por qué?* 6; why not! *¡cómo no!* 13
wide *ancho, –a,* 23; *de ancho,* 23
to **win** *ganar,* 8, 27; to win over *vencer,* 34
wind *el viento,* 9; *el fresco,* 23; it's windy *hace viento,* 9
window *la ventana,* 14
windshield *el parabrisas,* 25
wing *el ala* (f), 28
winter *el invierno,* 9
witch *la bruja,* 34
with *con,* 3; with me *conmigo,* 7; with you (fam) *contigo,* 7
without *sin,* 7
wolf *el lobo,* 10
woman *la señora,* 2; *la mujer,* 18
wool *la lana,* 37
to **work** *trabajar,* 10; to work as *trabajar de,* 28
workshop *el taller,* 38

world *el mundo,* 23; World Series *la serie mundial,* 24
worried *preocupado, –a,* 22
to **worry** *preocupar,* 36
worse *peor,* 20
wound *la herida,* 17
wrist *la muñeca,* 33

Y

yacht *el yate,* 23
yard *la yarda,* 16
year *el año,* 24; academic year *el año escolar,* 26; last year *el año pasado,* 24; yearly *anual,* 23
yelling *la gritería,* 22
yellow *amarillo, –a,* 3
yes *sí,* 1
yesterday *ayer,* 11
yield (right-of-way) *cede el paso,* 20
you (fam) *tú* (subj pron), 1; (pol) *usted, Ud.* (sing), *ustedes, Uds.* (pl), 4
you (fam) *te* (obj pron), 16
young *joven,* 4
younger *menor,* 20
your(s) (poss adj) (fam) *tu(s),* 4, 5; *tuyo, –a, –os, –as,* 15; (pol) *su(s),* 4, 5; *suyo, –a, –os, –as,* 15
your(s) (poss pron) (fam) *el tuyo, la tuya,* 28; (pol) *las suyas,* 28
yourself (ref obj pron) (fam) *te,* 17; (pol) *se,* 17
youth *la juventud,* 29

Z

zebra *la cebra,* 10
zero *cero,* 1
zip (postal) code *la zona postal,* 12
zodiac *el zodíaco,* 36
zone *la zona,* 23
zoo *el zoológico,* 10

Grammatical Index

Grammatical Index

Abbreviations

adj	*adjective*	fam	*familiar*	masc	*masculine*	pret	*preterit*
art	*article*	fut	*future*	n	*note on page*	pron	*pronoun*
com	*command*	imp	*imperfect*	neg	*negative*	prog	*progressive*
cond	*conditional*	ind	*indicative*	obj	*object*	refl	*reflexive*
def	*definite*	indef	*indefinite*	part	*participle*	reg	*regular*
demon	*demonstrative*	indir	*indirect*	poss	*possessive*	sing	*singular*
dir	*direct*	inf	*infinitive*	prep	*preposition*	sub	*subject*
f	*and following page*	irr	*irregular*	pres	*present*	subj	*subjunctive*

NOTE: 1. In each entry, **I** refers to **Nuestros amigos,** and **II** refers to **El mundo de la juventud.** All page references that follow **I** and/or **II** are to the respective volume.
2. Stem-changing verbs are followed by their vowel changes in the present and preterit tenses.

a: when asking or telling time, **I,** 47f; contraction with def art, **I,** 53; with prepositional obj for clarity or emphasis, **I,** 67, 78, 91f, 169; after certain verbs, **I,** 146; personal **a** with dir obj, **I,** 117, 136; **II,** 133, 180; personal **a** with **conocer, I,** 136; **ir + a + inf, I,** 99, 125, 146; **II,** 4, 191; **iba + a + inf, II,** 191

abierto (past part of **abrir**): **II,** 43

abrir: cond tense **II,** 20; formal com, **II,** 27; past part, **II,** 43; pres subj tense, **II,** 197

absolute superlative: **I,** 216f, 252

acabar + de + inf: I, 146

accent marks: see written accents

active voice: compared with the passive voice, **II,** 148

adjectives: gender, **I,** 28; **II,** 13; agreement with noun, **I,** 28; **II,** 13; adj of nationality, **II,** 13; **cuyo, –a, –os, –as, II,** 85; use with def art, **II,** 103; **cualquier, cualquiera, II,** 211; for position in sentence, spelling changes, and other information see descriptive adjectives, demonstrative adjectives, limiting adjectives, possessive adjectives, comparatives

adverbs: formation with **–mente, I,** 196f . . . ago, **I,** 243

agreement: art with noun, **I,** 15, 16; sub and verb, **I,** 26; **II,** 42, 166; of adj and noun, **I,** 28; **II,** 13; **II,** 73; dir obj with noun referred to, **I,** 165; poss pron with noun referred to, **II,** 61; of subj and verb in refl construction, **II,** 138f; past part with sub in passive voice, **II,** 148f, 153, 154f, 158

al: contraction of **a + el, I,** 53

alphabet: **I,** 42f

andar: pret tense, **II,** 51; in pres prog tense, **II,** 166; in past prog tense, **II,** 170

aprender: aprender **+ a + inf, I,** 146; fut tense, **II,** 5; cond tense, **II,** 20; pres subj tense, **II,** 197

aquel: see demonstrative adjective

aquél: see demonstrative pronoun

articles: see definite articles, indefinite articles

bueno: spelling changes before masc sing noun, **I,** 223

buscar: pret tense, **I,** 189; **II,** 117; 250; pres subj tense, **II,** 250

caber: fut tense, **II,** 9; cond tense, **II,** 20; pret tense, **II,** 51; pres tense, **II,** 108

caer(se): pres tense, **II,** 108; pret tense, **II,** 121; pres part, **II,** 164

cardinal numbers: see numbers

cerrar (ie): formal com forms, **II,** 27; pres tense, **II,** 68, 244; pres subj tense, **II,** 204, 244

cien(to): II, 77

comer: pres tense, and other **–er** verbs conjugated like **comer, I,** 69f; **II,** 244; imp, and other **–er** verbs conjugated like **comer, I,** 228; pres subj tense, **II,** 244; formal com forms, **II,** 27

commands (imperative mood): defined, **I,** 208; **II,** 26f, 45, 197, 220; forms of **preguntar** and **contestar, I,** 40; reg fam com forms, **I,** 208; **II,** 45; 220; irr fam com forms, **I,** 238; formal com forms, **II,** 26f, 45, 220, 245; irr formal com, **II,** 27f; neg formal com, **II,** 26f,

220, 245; neg fam com, **II,** 220f, 245; attachment of obj pron to positive com, **II,** 45, 216; **nosotros, –as** (let's) com, **II,** 216, 245; indir com, **II,** 216, 245

¿cómo?: I, 60

comparatives: of superiority/inferiority: **más/menos...que, I,** 153, 206, 252f; of equality: **tan/tanto...como, I,** 241, 252f; irr comparative adj, **I,** 206

compound tenses: defined, **II,** 42, 124; 158; pres perfect, **II,** 42, 124f, 158; past perfect, **II,** 124f

comprar: cond tense, **II,** 20

con: special contraction with prep pron, **I,** 169; use with relative pron **quien(es), II,** 84

conditional tense: defined, **II,** 19f; endings of reg and irr **–ar, –er,** and **–ir** verbs, **II,** 20; similarity of endings to imp tense endings of **–er** and **–ir** verbs, **II,** 20; irr verb stems, **II,** 20; written accents on endings, **II,** 20

conducir: pres tense, **II,** 117

conjunctions: defined, **II,** 30; when **y** changes to **e, II,** 30; when **o** changes to **u, II,** 30

conocer: pres tense, **I,** 136; **II,** 117, 251; pret tense, **I,** 136; pres subj tense, **II,** 230, 251; with personal **a, I,** 136

contar (ue): pres tense, **II,** 68, 244; pres subj tense, **II,** 204, 244

continuar: in pres prog tense, **II,** 166; in past prog tense, **II,** 170

contractions: **al (a + el), I,** 53; **del (de + el), I,** 100

convenir: conjugated like **venir, II,** 187; usage, **II,** 187; see **venir**

correr: pret, **I,** 189

G 6
H 7
I 8
J 9